西安事变

图文集

XI'ANSHIBIAN TUWENJI

西安市档案馆 编

西北大学出版社

·西安·

图书在版编目（CIP）数据

西安事变图文集 / 西安市档案馆编. —— 西安 : 西北
大学出版社, 2025.8. —— ISBN 978-7-5604-5548-8

Ⅰ. K264.806

中国国家版本馆CIP数据核字第2025YT3367号

西安事变图文集
XI'ANSHIBIAN TUWENJI

西安市档案馆　编

出版发行　西北大学出版社
（西北大学校内　邮编：710069　电话：029-8833301　88302590）
http://www.nwupress.com　E-mail:xdpress@nwu.edu.cn

经　　销　全国新华书店
印　　刷　陕西龙山海天艺术印务有限公司
开　　本　889毫米×1194毫米　1/16
印　　张　19.25

版　　次　2025年8月第1版
印　　次　2025年8月第1次印刷
字　　数　350千字

书　　号　ISBN 978-7-5604-5548-8
定　　价　298.00元

如有印装质量问题，请拨打电话029-88302966予以调换

西安事变在中国抗战史上的独特地位（代序）

自1931年九一八事变起，日本帝国主义不断扩大对华侵略，中国人民进行了十四年(1931—1945)艰苦卓绝的抗日战争。抗日战争以1937年七七卢沟桥事变为界，可以分为既有区别又密切联系的两大阶段，即前六年（1931—1937）为局部抗战阶段，后八年（1937—1945）为全面抗战阶段。而震惊中外的西安事变始末（1936年12月—1937年2月），就发生在局部抗战与全面抗战两大阶段之间，从而鲜明地凸现出它在中国抗战史上的独特地位。

毛泽东曾明确指出，九一八事变后，中日民族矛盾已上升为主要矛盾。"中国人民的抗日战争，是在曲折的道路上发展起来的。这个战争，还是在1931年就开始了。"毛泽东所说的"曲折的道路"，实际上揭示了中国抗战曾经历局部抗战这一过渡阶段。

长期以来，国民党蒋介石集团和南京国民政府推行了一整套"攘外必先安内"的总体战略，在将主要力量用于对内"剿共"、剪除异己、压迫民众的同时，对日本侵略采取了忍辱、妥协、退让的政策。这既是日本法西斯侵华势头愈演愈烈的主要原因，也是中国抗战前六年一直被限于局部性的主要症结所在。

作为东北边防司令长官的张学良，不仅在九一八事变前未做任何准备，而且又下达了不予抵抗的命令，他对东北三省的迅速沦陷负有不可推卸的责任。对此，张学良晚年在接受采访时从不讳言。但笔者认为，在东北易帜后，张学良已将东北的军事和外交大权交给了南京政府；张学良此举只不过是按照蒋介石的惯例处理对日问题，以示紧跟南京政府，步调保持一致"而已"。还在20世纪90年

代，笔者之一发表的几篇论文就着重指出，南京政府当时的对日政策包括军事和外交两个方面，即"军事上不抵抗，外交上不屈服"，后者值得肯定，但又对前者起了遮羞盖丑的作用；并认为不抵抗主义或不抵抗政策发端于1928年济南惨案之时，其"始作俑者是蒋介石，而不是张学良"。据近年披露的蒋介石日记，他在1928年5月10日曾写下如下一段文字："会议议至下午四时，决取不抵抗主义，宣告中外，而各军渡河北伐，完成革命为唯一方针。故对日本，凡可忍辱，必须至最后亡国之时，乃求最后历史之光荣。"这就更加证实了笔者的上述观点。

中国的局部抗战大体经历了三次高潮和两次低潮。第一次高潮由三种武装力量的抗日斗争组成，即东北军部分爱国官兵的抗战、东北义勇军的抗战以及第十九路军和第五军的一·二八淞沪抗战。第二次高潮主要体现在南京政府直接领导并指挥的长城抗战，以及冯玉祥等与中共合作领导的察哈尔抗日同盟军的抗战。而中共领导的东北各地抗日游击队和东北人民革命军（后来的东北抗日联军）的抗日斗争也相继兴起，并逐步发展成为东北战场抗日武装的主力。第三次高潮则是傅作义所部第三十五军等在蒋介石支持和阎锡山晋军援助下的绥远抗战。蒋介石和南京政府在大打"剿共"内战的同时，其对日政策也发生了"从军事上不抵抗，外交上不屈服"到"一面预备交涉，一面积极抵抗"，再到所谓"积极抵抗，以战迫和"的演变。因此，上述的抗战，除了中共领导的东北游击战持续不断之外，其他局部抗战在取得有限的胜利后，或者得不到支援和补给，或者被中途制止，或者被凶残扼杀，有的甚至由南京政府派人与日方签订丧权辱国的协定，大都以失败告终。当然，中国的局部抗战打击了日本侵略者，阻滞或延缓了日军的武装进攻，振奋了全国人民的民族精神，推动了群众抗日救亡运动的发展，为抗日民族统一战线的实现建立了一定基础，是不应忽视的。

1935年到1936年，中国的政局出现了急剧的变化：华北事变使民族危机空前严重，蒋介石的媚日外交宣告破产；《八一宣言》的发表和红军长征到达陕北的胜利鼓舞人心，一二·九学生运动掀起了全国抗日救亡的新高潮；国民党第五次全国代表大会和中共瓦窑堡会议的相继召开，标志着国共两党政策都有不同程度的调整，也标志着国共两党秘密接触谈判的开始；以"抗日反蒋"为旗帜的两广事变的发生，预示着国民党营垒的进一步分裂；张学良、杨虎城奉蒋介石令在陕南、陕北的"剿共"行动连遭惨败，其思想或缓或快地向联共抗日方向转变，并与蒋介石产生了尖锐的矛盾，而蒋介石则声称"你就是拿枪把我打死，我的'剿共'政策也绝不改变"，并在华清池行辕会商"进剿计划"的晚宴上公开宣布剥夺张学良的兵权。

正是在这样的背景和形势下，当蒋介石即将发布第六次"围剿"红军命令的1936年12月12日，张学良、杨虎城两位将军为了抗日救国，毅然决然地发动了西安事变，并在中国共产党的支持和调停下实现了事变的和平解决。尽管当时西安的左翼报刊和共产党人的电文中出现过"一二·一二革命"和"西安起义"的字样，但笔者认为，西安事变绝不是什么反蒋起义或通常意义上的革命，也不是以阴谋手段夺权的政变，而是逼蒋介石联共抗日的正义兵谏。张学良、杨虎城在"八项主张"通电和多次讲话中强调的"对介公为最后之诤谏，保其安全，促其反省"；他们只求救国主张实现，既不要钱，也不要地盘，并"置生死毁誉于度外，是绝对纯洁的"，充分表明了事变的性质。还需要指出，从1936年12月12日事变爆发到12月25日张学良送蒋介石回宁，不到半月时间；而从1936年12月25日到1937年2月9日中央军入西安、西安行营主任顾祝同到西安接防，时间则达一个半月左右。但学术界和宣传舆论不仅忽略了前期三方谈判之外的国共两党领袖间的直接秘密晤谈（周恩来与宋子文、宋美龄的晤谈，特别是周恩来与蒋介石的晤谈，重点涉及停止

内战、拥蒋联共抗日和国共合作问题，双方都表示了和解的态度，做出了一定的承诺），而且对后期在南京、溪口、潼关的斗争、较量及谈判协商如何过渡到国共合作的详情不甚了解。事实上，后期的内容相当重要，例如，上述国共两党领袖的直接秘密晤谈关于红军的归宿问题，到此时已正式纳入潼关谈判之中。蒋介石、顾祝同答应李克农：红军从陕南撤回陕北，第一个月给善后费50万，以后军费每月30万，并留几个人成立红军办事处（后来的西安"八办"）。同时张冲和潘汉年亦抵达西安，准备接周恩来南下。于是，红军由非法变为合法，国共两党的进一步深层谈判拉开了帷幕。而中国共产党致国民党三中全会电的发出和国民党三中全会的召开，就成为国共合作初步形成的标志。

西安事变及其和平解决是中国局部抗战阶段最后一个格外重大的历史事件，它既上承历次局部抗战胜败的经验教训，又下启全民族团结抗战的锁钥，在中国抗战史上确立了极其重要而又独特的历史地位。首先，西安事变及其和平解决改变了前六年派别林立、分散片面、各自为政、相互掣肘的抗战状态，将局部抗战转向举国一致的全民族团结抗战，为中国抗战的彻底胜利奠定了坚实的基础。其次，西安事变及其和平解决以"联合抗日"为主旨，否定了"反共"与"反蒋"，从而结束了国共两大政党之间的相互仇杀，将国共内战转向携手合作、共同御侮，成为中国历史前进的一大关键。应该说，这既是蒋介石国民党和南京国民政府在遭到重击后的一次历史性进步，也是中国共产党抗日民族统一战线总政策和统战工作的历史性胜利。再次，西安事变及其和平解决也证明了张学良、杨虎城两将军的高瞻远瞩、无私无畏和救国主张的正确。他们两人虽然先后受到了极不公正的待遇，以至失去自由或生命，但都不改初衷地关心抗战事业，多次要求上战场杀敌报国。他们不愧为伟大的爱国者，并由此成为全国人民心目中永远的民族英雄。张学良、杨虎城所领导的东北军和第十七路军，在完成了逼蒋抗日的使命后又回归国民党营垒。虽然两支军队不久后被改编，不相统属，但他们中的绝大部分依然义无反顾地奔赴各个战场，英勇抗敌，为争取抗战的胜利做出了重要贡献。而原东北军张学思、吕正操等部，在中国共产党的领导下，也终于实现了打回东北老家的夙愿。最后，西安事变及其和平解决所体现的崇高的爱国主义精神，在全面抗战阶段产生了广泛的影响，成为激励广大人民群众有力出力、有钱出钱、有物出物、有智出智以支持抗战的巨大精神力量。当然，这种爱国主义精神也是推动祖国和平统一和实现伟大民族复兴的宝贵的精神财富。

李晓宁、李云峰

2025年5月于西北大学

目录

1927 年 4 月，蒋介石在南京成立国民政府。其时直接听命于南京政府的军队被称为"中央军"，蒋介石嫡系部队以外的国民党军队被称为"杂牌军"。冯玉祥的西北军（始于 1924 年"北京政变"时成立的中华民国国民军，因冯玉祥曾任西北边防督办而得名，或称前西北军、大西北军），阎锡山的晋军，李宗仁、白崇禧的桂军，龙云的滇军，刘湘的川军，张学良的东北军，杨虎城的第十七路军（亦称西北军，或为后西北军、小西北军）等地方实力派的部队都属于"杂牌军"。"杂牌军"待遇和权力分配上备受歧视，其首领的政治诉求也多不被认可，因此地方实力派经常与蒋介石发生矛盾以至兵戎相见。1929 年的蒋桂战争、蒋冯战争，特别是 1930 年冯玉祥、阎锡山、李宗仁、白崇禧联合反蒋的中原大战（桂系出兵后又中途退回），就是国民党新军阀争权夺利、祸国殃民的显例。

九一八事变以前，东北军的首领张学良与第十七路军首领杨虎城尚无交集。两者出身迥异，经历不同，但都怀有一颗救国救民的雄心，杨虎城因 1926 年的"二虎守长安"而一举成名，张学良则以 1928 年的"东北易帜"而声誉鹊起。

第一节　张学良与东北军

张学良（1901—2001），字汉卿，号毅庵，曾化名李毅、李宜，辽宁海城县人，乳名双喜，后改为小六子。为奉系旧军阀、"东北王"张作霖的长子。国民党陆军一级上将。

一、早年立誓救国并主张息争御侮

从十五六岁步入社会起，张学良就积极参加各种反日爱国活动，并立誓"努力以救中国"。1919年5月，张学良入东北陆军讲武堂第一期炮兵科学习，毕业后历任团长、旅长、军长、军团长等职，率部参加两次直奉战争和对抗北伐军的战争。在此期间，张学良结识了孙中山，孙中山对张学良寄予厚望，并以"天下为公"题词相赠。张学良又多次提出"息内争，御外侮"和平统一的政治主张，促成其父发表息争通电和出关通电。

少年时期的张学良

1919年入东北陆军讲武堂学习的张学良

1924年孙中山为张学良题写的"天下为公"横幅

二、沉稳应对皇姑屯事件

1924年的第二次直奉战争，因直系将领冯玉祥倒戈而奉系获胜。1927年张作霖在北京自任中华民国陆海军大元帅，并成立安国军政府，成为北洋政府的最后一个主宰者。1928年4月，蒋介石以国民革命军总司令身份指挥四个集团军对以张作霖为首的北方军阀举行"第二次北伐"。6月2日，张作霖发布"出关通电"，宣布退回东北。6月4日，日军策划的"皇姑屯事件"致张作霖被炸成重伤，于当日送回奉天（今沈阳）官邸后去世。时在滦州前线的张学良闻讯后秘密潜回奉天，决定节哀忍痛而秘不发丧，使日军趁乱劫夺满蒙的阴谋未能得逞。

1927年张作霖自任中华民国陆海军大元帅，并成立安国军政府

1927年春，张学良担任奉军第三、第四方面军军团长，率部在河南阻止武汉国民政府北伐军前进

1928年6月4日凌晨，张作霖由北京乘专车返回奉天，途经皇姑屯车站附近的三洞桥时，被日本关东军预埋的炸药炸成重伤，不治身亡，史称皇姑屯事件。图为张作霖乘坐的那一节车厢

三、通电宣布东北易帜

　　张学良继任奉系首领后，于1928年7月1日回电国民革命军，表示赞成和平统一。此间，日本两度向张学良发出警告，劝勿归顺国民政府，张学良不为所动。12月29日，张学良发出通电，宣布"遵守三民主义，服从国民政府，改易旗帜"，史称"东北易帜"。1929年1月，奉军被改编为东北边防军，简称"东北军"，张学良任东北边防司令长官。1月10日，张学良通过"杨常事件"，巩固了其在东北的地位。1月29日，奉天省改称辽宁省。3月29日，奉天市改称沈阳市。

张学良继任奉系首领后
戴孝检阅部队

　　1928年12月29日，张学良宣布东三省易帜（热河已于7月19日先行易帜），以"分治合作"的方式统一于南京国民政府。随之，奉军改编为东北边防军，张学良任东北边防司令长官兼东北政务委员会主席

1929年1月10日，张学良以"阻挠新政，破坏统一"的罪名处决了黑龙江省省长常荫槐（左）和奉军总参议兼东三省兵工厂督办杨宇霆（右），史称"杨常事件"。此举巩固了其在东北的地位

四、致力于"东北新建设"

张学良主政东北后，确定了"培养实用人才，建设新东北，以促进国家现代化，消弭邻邦的野心"的方针，提出"东北新建设"的口号，大力推行东北新建设。在东北新建设中，张学良实行多项措施并举的方针，对东北地区的经济形态、政治体制、文化教育、社会民生等进行了一系列现代意义上的改革。到1931年九一八事变爆发前，东北新建设大致进行了3年多时间，取得了一系列重要成就。

1928年7月9日，张学良任东北大学校长，确立了"培养实用人才，建设新东北"的办学方针

张学良题写的"东北新建设"

张作霖、张学良父子主政东北期间，东北自建自营铁路11条，里程达1845.76千米，居全国之冠。图为1930年10月建成的北宁铁路沈阳总站

1929年建在北大营的沈阳国际短波无线电台，是当时中国最大最新的无线电台，首开中国与欧美各国国际通讯网络

1931年绘制的《象形中华民国人物舆地全图》

五、武装调停中原大战

1930 年 4 月，蒋介石与冯玉祥、阎锡山、李宗仁之间爆发被称为中原大战的全国性内战（桂系出兵后又中途退回）。面对双方接踵而至的游说拉拢，张学良经过较长时间的思考和权衡，认为"阎冯二氏的为人，一向反复无常"，而就蒋介石收买自己部属马廷福、马廷福率兵叛变一事，已知蒋介石"亦系一阴谋的野心家"，但为统一对外的整体大局，"必须从速实现全国统一，早停内战"，遂于 9 月 18 日发出武装调停的"巧电"，支持蒋介石，并率东北军主力再次入关，控制平津地区，迫使冯玉祥、阎锡山势力和反蒋派成立的北平国民政府迅速瓦解。中原大战双方动员兵力七八十万，伤亡总计二十四万人，战地人民流离失所，产业破坏，损失无法估计。1930 年 10 月 9 日，张学良正式就任中华民国陆海空军副司令之职。

1930 年 4 月，中原大战爆发。蒋介石派吴铁城（右二）、张群（右三）、胡若愚（右一）来沈阳游说张学良助蒋

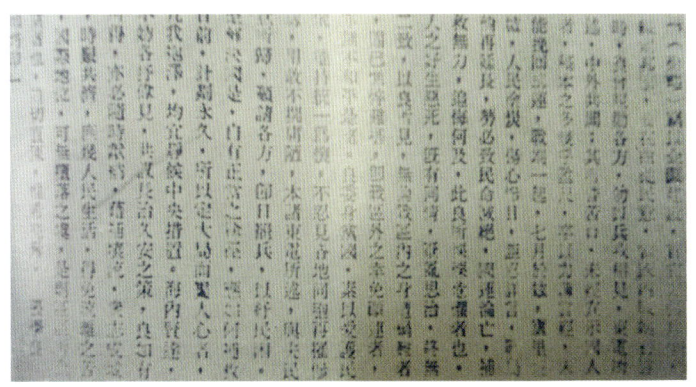

1930 年 9 月 18 日，张学良发布"巧电"，武装调停中原大战，为蒋介石获胜立下了汗马功劳

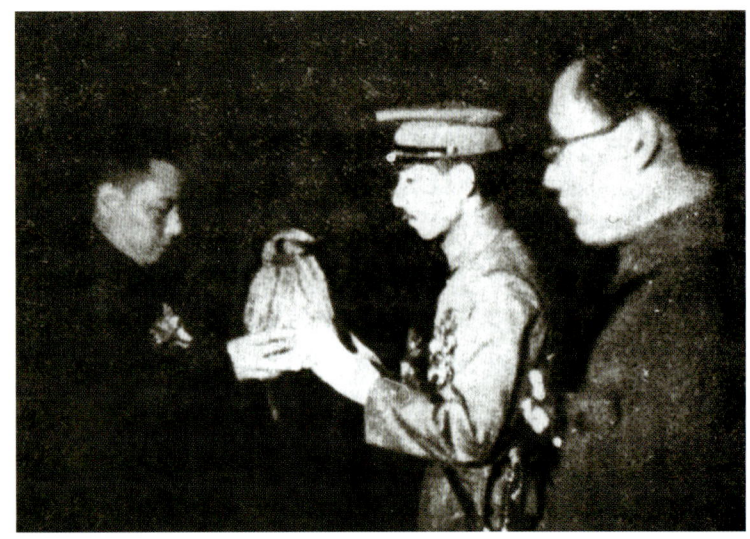

1930年10月9日，张学良在沈阳宣誓就任中华民国陆海空军副司令。张群代表国民政府向张学良授印

1930年11月12日，张学良去南京列席国民党三届四中全会，并参加孙中山雕像揭幕典礼，与蒋介石（前排右一）等合影

第二节　杨虎城与第十七路军

杨虎城（1893—1949），陕西蒲城人。乳名长久，俗称久娃，大名忠祥，后改为与"忠"字同音的懋，字虎城，或写作虎臣，曾化名呼尘。国民党第十七路军总指挥，陆军二级上将，陕西省主席。

一、投身辛亥革命和反对北洋军阀的斗争

杨虎城生长于一个贫苦农民家庭。1909 年，杨虎城参与组织成立了反清抗暴的"中秋会"。1911 年，辛亥革命爆发后，杨虎城率"中秋会"成员参加了秦陇复汉军，在关中地区与清军作战。1915 年，杨虎城率部参加反袁护国战争，成为陕西反袁斗争中的一支劲旅。1917 年，杨虎城积极响应孙中山领导的护法运动，率部参加陕西靖国军，反对皖系北洋军阀。直系军阀进占陕西后，各路靖国军纷纷接受改编，唯杨虎城不为所动，坚持靖国军旗帜，并于 1922 年派队迎接于右任到武功，重建靖国军司令部；同年 5 月又率部进入陕北，结识了爱国人士杜斌丞、共产党人魏野畴。在此期间，杨虎城派人与孙中山取得联系，并加入了国民党。1924 年 10 月，冯玉祥发动北京政变，成立中华民国国民军，杨虎城被任命为陕北国民军前敌总指挥，挥师南下，驱逐北洋直系势力出关中。随之，杨虎城作为国民军第三军第三师师长，在耀县文庙设立三民军官学校，自任校长，魏野畴任政治部主任（部长）。

1917年，杨虎城任靖国军第三路第一支队司令，驻防临潼栎阳

靖国军的三员战将杨虎城（右）、邓宝珊（中）、张义安（左）合影

靖国军时期的杨虎城（右）与蒙浚僧（左）合影

1912年9月15日，陕西靖国军第三路第一支队驻武功时，为追悼段、张两排长暨诸将士合影。二排左起第九人为杨虎城

二、"二虎守长安"：西安的反围城斗争

1926年春，盘踞在北方地区和长江中下游的奉直军阀由原来的相互仇杀转而决定联合"讨赤"，一面在北方进攻国民军，一面向南对抗准备出师北伐的广州革命政府。曾经祸陕多年而被赶出潼关的刘镇华，乘国民二军豫西溃退之机，在直系军阀吴佩孚及阎锡山等的支持下，于三四月间，率领镇嵩军及收编的土匪武装，号称十万人，蜂拥入陕，围攻西安。时任国民军第三军第三师师长的杨虎城率部进入西安，与国民军第二军的李虎臣、卫定一部联合，协力坚守西安，史称"二虎守长安"。西安军民历经8个月极其艰苦悲壮的战斗，在冯玉祥国民军联军的驰援下，于1926年11月28日解西安之围。西安的反围城斗争，以四万军民的牺牲为代价，牵制了直系军阀的力量，使直系军阀企图席卷陕、甘的梦想破灭，有力地策应了国民革命军的北伐。

守城之役战况的紧迫残酷以及后期杀马充饥、掘鼠为食、饿殍遍野的惨景，给杨虎城的心灵留下了莫大的创痛。因此，西安解围之日，杨虎城即率部移驻渭北并"潜离"部队，"行踪靡定"，又致电冯玉祥，表示愿"下野"养疴，以谢三秦父老兄弟。经冯玉祥、于右任多次派人持函催请，且于右任亲赴三原故里探寻，杨虎城才于次年2月9日返回西安。

　　为加强团结和统一指挥，所有守城部队取消各自番号，统编为陕军。图为新编陕军总司令兼陕军第一师师长李虎臣（左）、陕军副总司令兼陕军第三师师长杨虎城（中）、陕军副总指挥兼陕军第四师师长卫定一（右）

　　1926年春，直奉军阀联合进攻国民军，刘镇华在直系军阀吴佩孚及阎锡山等支持下，率领镇嵩军及收编的土匪武装号称十万人，围攻西安。图为刘镇华与其镇嵩军部分官兵的合影

在西安守城危难之际，李大钊请于右任赴苏联敦促冯玉祥早日回国，并授以"进军西北，解西安围，出师潼关，策应北伐"之策。冯玉祥在苏联顾问的帮助下，于1926年9月17日在绥远五原誓师，重组国民军联军，自任总司令，率部入甘援陕，于11月28日解西安之围。图为国民军联军总司令冯玉祥（左）、国民军联军副总司令兼国民军联军驻陕总司令于右任（右）

1926年年底，于右任书《围城之役》碑文

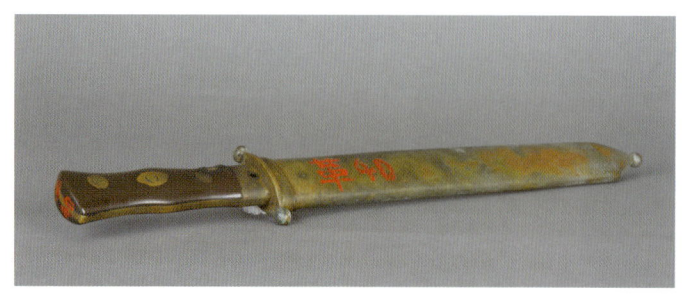

1934年，为纪念坚守西安胜利八周年，杨虎城曾制作了一批佩剑赠予部下。图为杨虎城赠给赵寿山的佩剑，剑柄上刻有"众志成城 杨虎城赠"

三、从出关参加北伐到胶东剿匪

1927年2月，杨虎城就任国民军联军冯玉祥部第十路军总司令（亦称第十军军长）；5月1日，改任国民革命军第二集团军冯玉祥部第十军军长；6月1日，杨虎城率部东出潼关，参加北伐，任东路军前敌总指挥，在陇海路东段的归德（今商丘市）、徐州间与直鲁联军作战。后因敌我力量对比悬殊，伤亡过重，冯玉祥答应的援军迟迟不见踪影，杨虎城乃决定迅速撤离，于10月底转入皖北太和县休整。在驻防皖北太和县期间，杨虎城创办军事政治干部学校，大力整顿部队，坚持在部队中容纳共产党人并予以重用，也曾亲自要求加入中国共产党。但此时的中共河南省委受"左"倾关门主义和盲动主义影响，既拒绝杨虎城的入党要求，又令在杨虎城部的中共皖北特委动员杨虎城率部参加武装暴动。加之南京政府也派人前来拉拢杨虎城转投蒋介石门下，并督促杨虎城部清党反共，无奈之下，杨虎城与部将孙蔚如等商议，决定暂时与共产党人分手，以示对蒋介石让步。杨虎城则赴京、沪、杭及宁波等地活动，欲见蒋介石洽商第十军转投第一集团军。杨虎城走后，第十军不得不奉令清党，但孙蔚如等遵从杨虎城的嘱咐，对军中的共产党人全部礼送出境，没有伤害一人。这是杨虎城部的第一次"清党"。而早

大革命失败后，国民党实行"清党"反共。杨虎城坚持在部队中容纳共产党人，并任命一批共产党人担任要职。图左为中共皖北特委书记、杨虎城部政治处长魏野畴，右为中共皖北特委宣传委员、杨虎城部秘书长蒋听松

已潜赴乡村的魏野畴等，则于 4 月 8 日发起皖北暴动，但很快失败，魏野畴等一批领导人壮烈牺牲。杨虎城在上海闻讯后，心情十分苦闷，乃于 1928 年 4 月底，东渡日本游历、疗养。同年 12 月 23 日杨虎城回到上海，27 日前往国民政府及军政部请示。中共上海临时中央遂派与杨虎城有关系的冯润章去南京劝说杨虎城不要依附蒋介石，"可以把队伍整编一下，向苏区边境移动"。杨虎城沉默良久后告诉冯润章："你回去对他们讲，我向右转了。"当时，杨虎城选择了"向右转"的道路，但并未马上离冯附蒋，他还在等待时机。而杨虎城的部队已被冯玉祥调往山东，并被缩编为国民革命军第二集团军暂编第二十一师。次年 2 月，杨虎城率部入胶东剿匪，经数月战斗，肃清了当地匪患。

1927年2月，杨虎城任国民军联军冯玉祥部第十军军长后的名片

1927年6月，时任国民革命军第二集团军冯玉祥部第十军军长的杨虎城在河南军中留影

刚到日本初学毛笔字致杨茂三的家书

茂三胞弟鉴：

　　兄本月七日已到东京，住市外岗山，转告母亲放心。兄此次与军队觊觎，略述补弟；兄技术落低，补时代思想无系统，终被人淘汰，不如我先决以面谱我之语，前在宁沪多日奔跋，原为十军多年愿唯同志等详（托）吃饭问题。

　　兄民国十五年在西安围城后，决心论（凯）离政治漩涡，求学三年，做以常识国民。回家奉母教子，以尽国民之天职。勉弟工作成增你乐境也。地哗不长茂草，小儿不会写人，是我之功。想弟当有同情。

　　我近来学的写信，太不好，我现在变成蒙学小孩儿，你不要笑，人人都要经过的阶段，迟早的关系。专此即讯我安并叩

母亲大人福安！

赵立五　五月十五日

1928年5月15日，杨虎城在日本东京致书其弟杨茂三，其中约略而真切地谈到了他赴日前后的苦闷心情。图为此家书的整理打印件

1928年，杨虎城在日本留影

1928年秋，杨虎城的部队派王宝珊、姚丹峰去日本促请杨虎城回国。图为王宝珊（前右）、姚丹峰（前左）、杨虎城（后左）、米暂沉（后右）在东京的合影

四、从离冯附蒋到回陕主政

1929 年初夏，蒋介石、冯玉祥决裂，杨虎城离冯附蒋，所部被改编为国民革命军第一集团军新编第十四师，奉调至南阳一带，守备豫西南地区，先后参加了同年 10 月爆发的蒋冯战争、12 月爆发的蒋唐（生智）战争、1930 年 4 月爆发的中原大战。其中，以淅川、内乡击败冯玉祥部刘汝明军之功，蒋介石委任杨虎城为南阳守备司令兼"讨逆军"第七军军长；以奇袭驻马店摧毁唐生智后方大本营之功，蒋介石电令杨虎城将其新编第十四师改编为中央直辖第十七师，并通过国民政府先后授予杨虎城三等、二等宝鼎勋章。1930 年春，杨虎城利用驻马店战役缴获的大量武器弹药和军用物资，重新装备和扩编部队，除第七军第十七师 3 个正规旅和 2 个补充旅之外，又收编和改编了其他 3 个补充旅。1930 年 7 月 18 日，杨虎城被蒋介石委任为"讨逆军"第十七路军总指挥，再次配合蒋介石军进攻冯玉祥部，取颍阳、袭郑州、克宝丰、越龙门、围洛阳，一路过关斩将，直至 10 月 25 日占领潼关。

尽管杨虎城回国后声称"向右转"了，但随着部队的扩大和处境转好，又陆续有不少共产党人进入杨虎城部。特别是在守备南阳期间，杨虎城部和南阳地区的中共党员已由 500 人发展到 1500 人，有组织的群众亦达万人。而中国共产党在杨虎城部执行的仍是组织和发动兵变的政策。1930 年 7 月 19 日夜，杨虎城部冯钦哉旅手枪队、卫队营、军部侦察队及部队零散官兵在舞阳北下澧河举行暴动，随之宣布成立中国工农红军第九军，以张焕民为司令员、孙永康为政委。旋红九军在转进途中被冯钦哉追击部队包围击溃，暴动失败，中共鄂豫边特委秘书杨连荣和张焕民等人就义。加之南阳教导队和城内外党组织暴露而遭到严重破坏，一批党员被杨虎城部羁押于方城监狱。此即杨虎城部的第二次"清党"。由此，杨虎城与中共的关系有了明显的疏远。

杨虎城部占领潼关后，又一路势如破竹地进占西安，直接摧毁了冯玉祥经营多年的陕西地盘。1930 年 10 月 29 日，国民政府任命杨虎城为陕西省政府委员兼主席；1931 年 1 月，授予杨虎城一级宝鼎勋章；6 月 11 日，全国陆海空军总司令部推举由杨虎城代理洛阳行营（旋改潼关行营）主任。此时的杨虎城，可谓春风得意，一手掌握着陕西的军民两政，已从一名单纯的军事将领转变为国民党地方实力派重要人物之一，并一度有了节制西北四省军政之权。

杨虎城回到西安主持陕政，秉持"兼容并包、选贤任能"的用人方针，组建开明政府，积极筹划并推进地方的各项建设，努力改变陕西长期以来的落后状况，以造福桑梓。例如，在水利建设方面，杨虎城从南京请回著名水利专家李仪祉担任省政府委员兼建设厅厅长，修建了全国第一个运用现代科学技术兴建的大型灌溉工程——泾惠渠；在交通事业方面，杨虎城曾多次派部队参加陇海铁路向西安的延伸建设和西兰公路的整修；在文化教育方面，杨虎城积极扶持教育事业，创办尧山小学、尧山中学和简易师范，并资助选送王炳南、潘自力、江隆基、李敷仁、李子健、王捷三、原政庭、亢心栽等进步青年出国留学深造。其斐然政绩广受各界民众称道。

杨虎城任第十七路军总指挥时留影

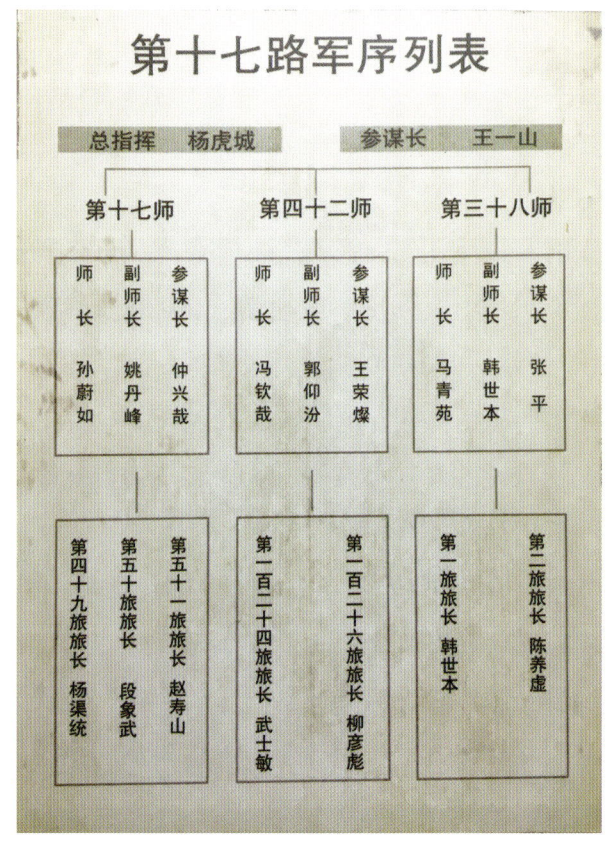

第十七路军序列表

1930年11月，率部回陕的杨虎城（中立者）在西安东郊欢迎会上向群众发表演讲

李仪祉（1882-1938），陕西蒲城人，著名水利学家和教育家，我国现代水利建设的先驱。主持修建了"关中八惠"，树立起我国现代灌溉工程样板；主张治理黄河要上中下游并重，防洪、航运、灌溉和水电兼顾，改变了几千年来单纯着眼于黄河下游的治水思想，把我国治理黄河的理论和方略向前推进了一大步

杨虎城所撰《引泾工程碑文》拓片

杨虎城创办的尧山中学举行开学典礼，前排中坐者为杨虎城

杨虎城支持兴办的蒲城甘北村小学正门

第一章

危亡之秋

日本自明治维新后，随着国力不断增强，成为世界上最典型的军国主义国家，对内实行法西斯统治，对外推行穷兵黩武的侵略扩张政策。日本自明治维新以后到九一八事变前，曾多次发动和参加侵华行动。自1928年5月的济南事件，特别是1931年的九一八事变，日本帝国主义开启了其蓄谋已久的侵华战争，继而进攻上海、占领热河、成立伪满洲国、策动华北事变，使中国的民族危机日益加深。

九一八事变标志着中国人民十四年抗日战争的开始（包括六年局部抗战和八年全面抗战）。在局部抗战期间，中国人民进行了不屈不挠的抗争，而蒋介石国民政府却采取不抵抗政策，坚持其一贯对外妥协退让、对内积极"剿共"的政策。

随着民族危机的不断加深，中国人民要求停止内战、团结御侮的呼声一浪高过一浪，淞沪抗战、长城抗战、察哈尔抗战和绥远抗战，以及中国共产党领导发动的一二·九运动，掀起了全国抗日救亡新高潮。

第一节　日本侵华与国民政府的对日政策

日本自发动甲午战争后，从中国东北获得了巨大的政治、经济和军事利益，已把中国东北地区视为"生命线"。在中国的东北地区，日本通过其三大侵略机构——关东都督府、关东军司令部和南满铁道株式会社，在交通运输、工矿业、农林业、商业贸易和金融业等方面，攫取了大量资源和利权，并以此向中国其他地区渗透。这些资源和利权，不仅为其军事侵略奠定了基础，更使其以保护既得权益和侨民安全等作为发动军事侵略的借口。随着日本由对华经济侵略进而发展为军事侵略，苦难的中华民族不得不面对日本企图灭亡中国的民族危机。

经过1904年至1905年的日俄战争，日本在中国东北取得了辽东半岛的租借权和南满铁路的控制权，并进而把辽东半岛改称"关东州"，在旅顺设立殖民统治机构——日本关东都督府（亦称关东厅）。图为日本关东都督府旧址

1906 年，日本在中国大连设立南满铁道株式会社（简称"满铁"），成为日本侵华的重要据点。图为日本"满铁"的旧址

被日本租借的中国大连

日本在中国抚顺设立的矿坑事务所

日本在中国沈阳设立的满蒙毛织株式会社

日本在中国大连设立的正金银行

日本在中国东北强行构筑并占据的安奉铁路

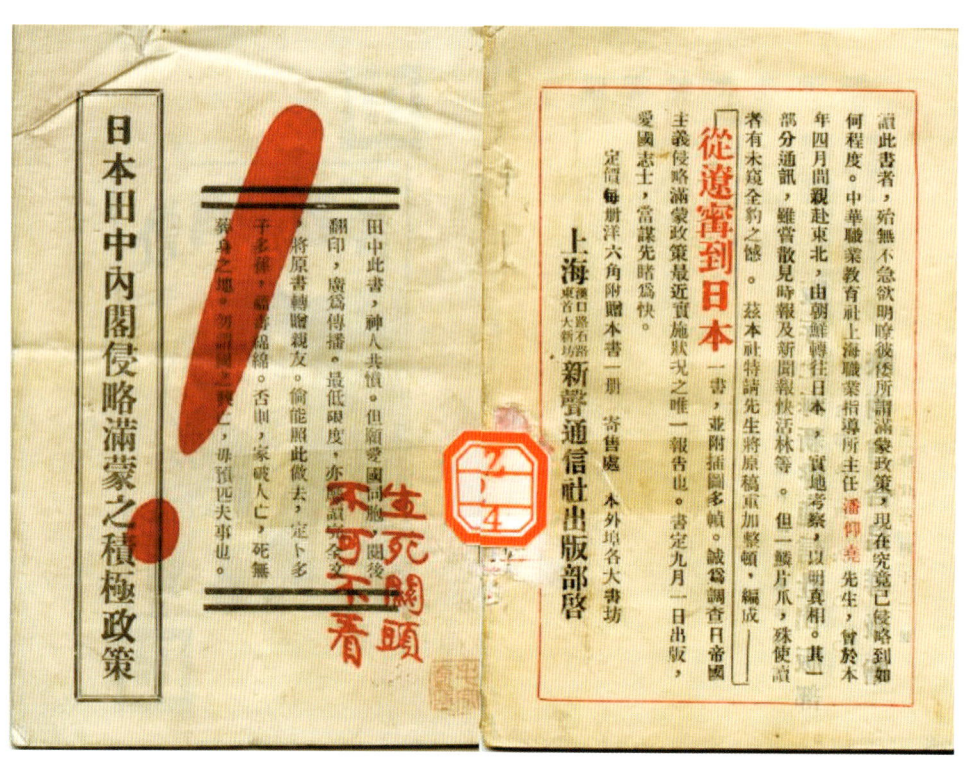

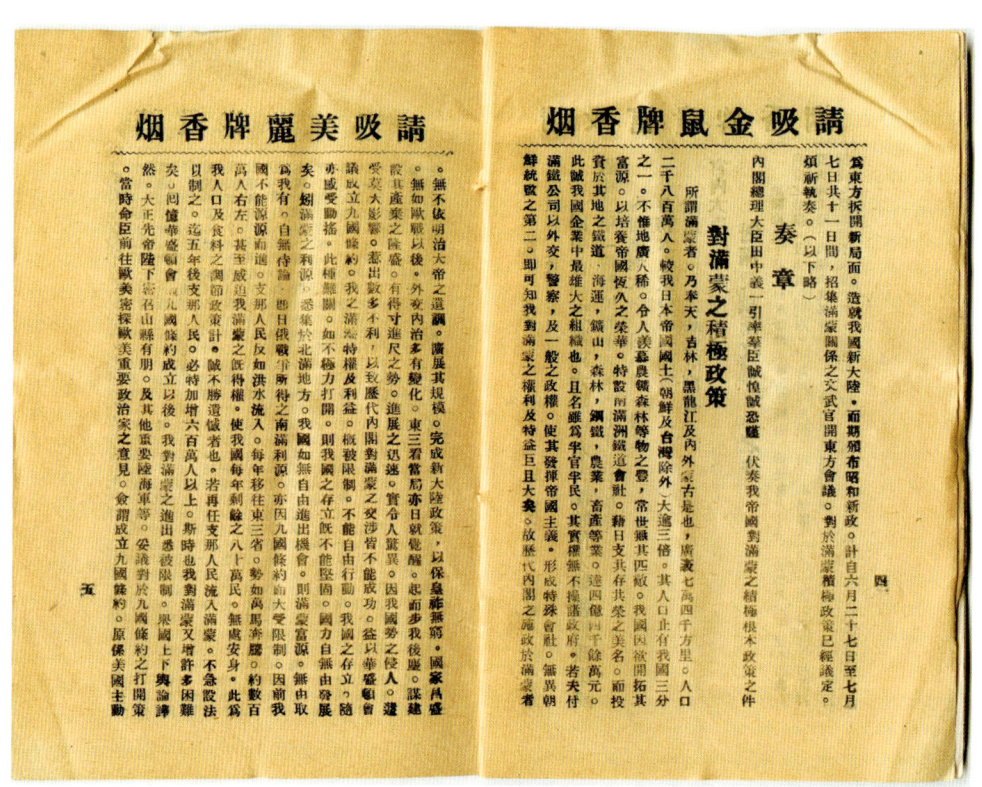

九一八事变前，国内刊物翻印的《日本田中内阁侵略满蒙之积极政策》（即田中奏章）

一、济南事件

济南事件又称济南惨案，或称五三惨案。1928年国民革命军进行北伐战争，日本帝国主义担心中国一旦统一，就不能任由日本肆意侵略，于是竭力阻挠北伐战争的进行。1928年5月，日本以保护侨民为名，派兵进驻济南、青岛及胶济铁路沿线，以武力阻止国民革命军的北伐。1928年4月底，奉系北洋政府下的安国军张宗昌、孙传芳部逃离济南。5月1日晨，国民革命军第一集团军贺耀祖、方振武两个军团进占济南城。日方为阻止北伐军统一中国，事先即以"保侨"为借口，悍然出兵山东，并于同日进占济南西门外商埠区。从5月3日起，日军通过各种暴力方式，先后屠杀中国军民6000余人。尤为残忍的是，大批日军违反国际公法和外交惯例，竟闯入济南交涉公署，对国民政府战地政务委员会外交处主任、特派山东交涉员蔡公时恣意凌辱，割耳挖眼，再连同署内职员16人一并虐杀。惨案发生后，日本不仅否认其罪行，反而要求国民政府道歉、赔偿、惩凶。而蒋介石则声称"决不与日军冲突"，并下令北伐军撤出济南，绕道继续北伐。5月10日，蒋介石日记记载："会议议至下午四时，决取不抵抗主义，宣告中外，而各军渡河北伐，完成革命为唯一方针。故对日本，凡可忍让，必须至最后亡国之时，乃求最后历史之光荣。"5月11日，日军占领济南。对于济南惨案，张学良颇为痛心，因而多次提出"南北一家""息争御侮"。

1929年3月，国民政府与日本签订妥协性的《中日济案协定》之后，日军才退出济南。

被日军残忍杀害的国民政府战地政务委员会外交处主任兼特派山东交涉员蔡公时

1928 年 5 月 3 日，被日军炮击后的济南南门

日军占领济南后的旧督署

被日军绑在木桩上的济南市民

二、九一八事变

1931 年 9 月 18 日，日本驻中国东北地区的关东军突然袭击沈阳，以武力侵占东北。这是日本蓄意制造并发动的侵华战争，成为日本帝国主义以武力大规模侵略中国的开端，是中国抗日战争的起点和局部抗战的开始。

1931 年 9 月 18 日夜，在日本关东军的安排下，日本满铁铁道"守备队"炸毁沈阳柳条湖附近一段南满铁路的路轨，反诬是中国军队所为。日军以此为借口挑起事端，炮轰沈阳东北军驻地北大营，19 日晨 4 时许，日军独立守备队第五大队加入战斗。5 时半，东北军第七旅退到沈阳东山嘴子，日军占领北大营。战斗中东北军伤亡 300 余人，日军伤亡 24 人，是为九一八事变。20 日，日军侵占沈阳。事变发生后，东北边防司令长官张学良执行蒋介石和南京国民政府的不抵抗政策，幻想依靠国际联盟逼迫日本撤兵。而日军却加紧军事行动，陆续侵占了东北三省，至 1932 年 2 月，东北全境沦陷。此后，日本在中国东北建立了伪满洲国傀儡政权，开始了对东北人民长达 14 年之久的奴役和殖民统治。

中国东北军驻地沈阳北大营

1931 年 9 月 18 日夜 10 时，日本守备队炸毁南满铁路柳条湖一段铁轨，诬称为中国军队所为，并以此为借口发动了九一八事变。图为所谓中国军队炸毁南满铁路的伪证

1931 年 9 月 18 日夜，日军攻占东北军驻地北大营

1931 年 9 月 19 日，日军侵占东北政治、经济、文化中心——沈阳

日军侵占东北边
防司令长官公署

日军侵占、洗劫
张学良在沈阳的官
邸——大帅府

1931年9月21
日，日军侵占吉林

三、占领锦州

1931年11月19日，日军占领黑龙江省会齐齐哈尔后，已无北顾之忧，于是回攻被迫迁移锦州的东北边防军司令长官公署和辽宁省政府，袭取辽西地区。

自蒋介石第二次下野的1931年12月15日到1932年1月28日，南京的当权者为两广派（孙科任行政院长，陈友仁为外交部长）。在此前后，国民党四届一中全会曾于1931年11月6日通过《以十万大军死守锦州案》，11月25日却突然大转弯，向国际联盟提出划锦州为中立区，中国军队撤入关内，而12月24日又宣布取消；继而再次大转弯，于12月25日、26日、28日三次电令张学良"切勿撤退""积极抵抗"；东北军在冰天雪地里孤军作战，饷弹冬服十分缺乏，张学良于12月25日、26日、28日连续发电向国民政府请援，而国民政府于12月26日、28日、29日三次复电，答应"迅即筹发""迅速办理"，实则没有一枪一弹一文钱一件衣支援；张学良又于12月30日、31日，1932年1月1日、2日致电报告战况，而国民政府不再回电，却由陈友仁于1932年1月1日发表宣言称："前日政府已命令张学良固守锦州，积极抵抗，今后仍坚持此旨，决不稍变，即不幸而挫败，非所计也。"就在陈友仁发表宣言的同一天，已从三面包围锦州的4万日军发起总攻，并按天皇的命令对锦州实施"无差别"轰炸（这是日本侵略者首次对中国军民进行的惨无人道的"无差别"轰炸）。结果，东北军以死亡5000人的代价也未能守住锦州。1932年1月3日下午6时，日军占领锦州。

日军侵占辽西重镇锦州

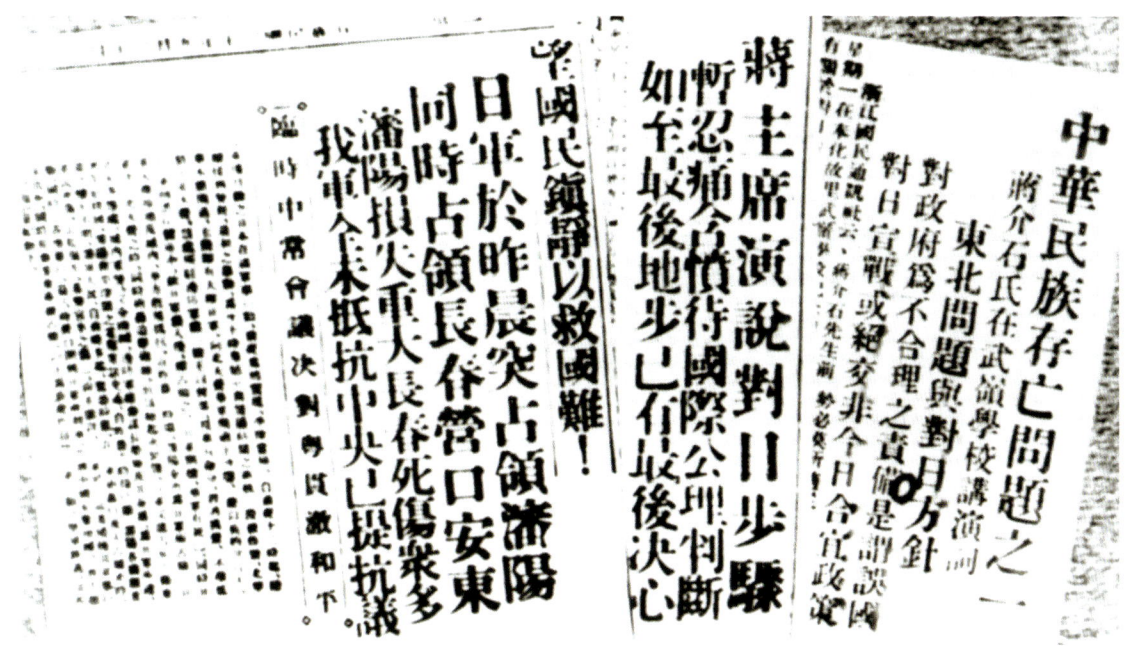

九一八事变发生后，国内各大报纸关于国民政府奉行对日妥协退让政策的报道

四、一·二八事变与淞沪抗战

九一八事变后，日本关东军为掩饰炮制成立伪满洲国的阴谋，以转移视线，由其高级参谋板垣征四郎串通日本公使馆驻上海助理武官田中隆吉，蓄谋在上海制造事端。他们以一名日僧在挑衅中国工人义勇军时死亡为由扩大事态，并提出种种无理要求。1932 年 1 月 27 日，日本驻上海总领事向上海市政府发出最后通牒。正当双方交涉之际，日本海军陆战队即突然向闸北的第十九路军发动进攻，后又增派 3 个陆军师团进攻江湾、吴淞等处，挑起了震惊中外的一·二八事变。第十九路军在军长蔡廷锴、总指挥蒋光鼐率领下，被迫奋起抵抗。但蒋介石只打算进行有限抵抗，1 月 29 日就制定了"一面预备交涉，一面积极抵抗"的方针。蒋介石既令重新组建第五军（军长张治中）赴上海驰援，又力避战事扩大化。就在中国军队抗敌取得重大胜利之时，蒋介石却发来指令："保持十余日来胜利，能趁此收手，避免再战为主……立即执行停战办法，从速进入外交途径。"在美、英等国调停下，国民政府外交部次长郭泰祺与日本驻华公使重光葵签订了《淞沪停战协定》。该协定虽然迫使日方撤军，但中国军队亦不能在上海布防，等于自开门户。不久，第十九路军被调往福建"剿共"。

　　1932年1月28日深夜，日本海军陆战队突袭上海闸北，挑起一·二八事变。图为事件发生地——上海北四川路

　　日军在上海到处搜捕无辜人员，且唆使日本侨民组成便衣队配合其行动。图为便衣队拘捕上海北四川路五洲药房职员

五、伪满洲国

日本关东军侵占中国东三省后，为了粉饰其侵略行径，积极策划建立傀儡政权，于1932年3月1日以"满洲国"政府名义发表所谓《建国宣言》，宣布成立伪满洲国。3月6日，清废帝爱新觉罗·溥仪从旅顺出发，3月9日，在长春粉墨登场，就任"满洲国"执政，年号"大同"，以长春为首都，改称新京。次日，根据关东军提出的名单，任命了"满洲国"国务总理、各部总长和各省省长，正式形成"满洲国"各级政权组织。1934年3月1日，溥仪在新京南郊杏花村举行登基典礼，改"满洲国"为"满洲帝国"，溥仪称帝，改年号为"康德"。"满洲国"名为独立"国家"，实为受日本控制的傀儡政权。

1932年3月，溥仪就职伪满洲国执政时走向会场

1932年3月9日，在日本军人的安排下，清废帝爱新觉罗·溥仪从天津秘密潜逃至东北，在长春成立了傀儡政权——"满洲国"

1932年9月15日，《日满议定书》在长春签字。签字者为：日本全权代表、关东军司令官武藤信义（左），伪满洲国总理郑孝胥（右）

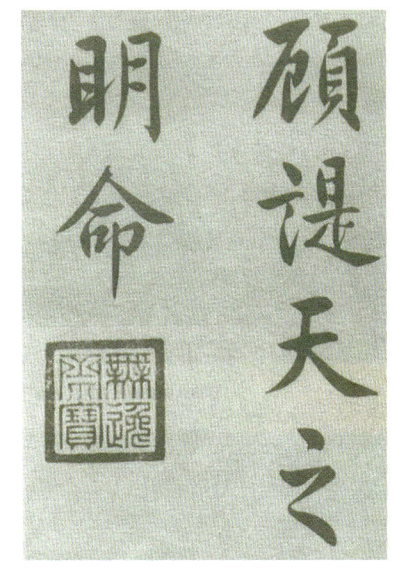

1934 年 3 月 1 日，溥仪在长春（新京）南郊杏花村举行登基典礼，改"满洲国"为"满洲帝国"，溥仪称帝，改年号为"康德"。图为溥仪即位伪"康德皇帝"时的手笔

位于长春的伪满洲国宫内府正门

日本设在长春的关东军司令部，对伪满洲国实行控制

六、热河事变

伪满洲国成立时，在其《建国宣言》中曾声称：凡长城以北关外东北四省（包括热河）均为满洲国法理领土。1933 年 1 月 3 日，日军占领山海关后，即根据《日满议定书》积极谋划侵略热河，企图通过占领热河以迫使中国政府对满洲国的承认。热河省时属东北地方政府辖区和东北军驻地，该省主席汤玉麟系张作霖的拜把兄弟，境内驻军有东北军汤玉麟部第三十六师 4 个旅、孙殿英的一个军以及从吉林、黑龙江两省撤入热河的几支抗日义勇军。开战前后，代理北平军分会委员长张学良和代理行政院院长宋子文曾分别致电蒋介石，请求蒋介石派中央军北上支援，"政府应以全力对付热河"。宋哲元、冯治安、张自忠、刘汝明、商震、庞炳勋等华北诸将领也曾通过蒋伯诚致电蒋介石，"均以此次对日作战，非钧座北来，前途不堪设想，言之声泪俱下"，但蒋介石却执意调集 30 万人马并亲赴江西对红一方面军和中央革命根据地进行第四次"围剿"，而将北方军事全权托付给张学良，仅派杨杰前来"襄助一切"，并复电宋子文说："中央部队如北上为预备，恐友军多虑"，"中央军不如缓上"。蒋介石的态度如此，再加上张学良毒瘾频发，为筹措各军经费、饷弹，搞得身心俱疲，且指挥不灵。汤玉麟腐败贪婪，为争地盘阻止王以哲部入境，从而注定了热河抗战的败局。2 月 21 日，日伪军 10 万余人分三路向热河进攻。中国军队亦分三路应战，但除少数部队奋起抗敌外，大多稍作抵抗即撤退或逃跑。尤其令人气愤的是，3 月 1 日，汤玉麟以 240 余辆载重汽车（包括扣留前方的军车），装载私产鸦片等运往天津租界；3 月 3 日，坐镇指挥热河各军的张作相擅自将司令部从承德撤退，逃至古北口；接着汤玉麟于 4 日晨，未见日军踪影即放弃承德，逃往丰宁，致使当天中午日军先头部队仅 128 人，轻而易举地进占热河省会承德。仅仅 10 天时间，热河全境沦陷。至此，东北四省全部沦入日本及伪满统治之下。热河沦陷，全国军民同声谴责国民政府的军事和外交政策，指责张学良未尽守土之责。3 月 9 日，蒋介石乘专车经武汉、信阳、石家庄到达保定，与张学良会面，逼迫张学良辞职。次日，蒋介石致电国民政府"请即明令准张学良辞职"。3 月 12 日，国民政府明令准予免去张学良本兼各职，由何应钦兼代北平军分会委员长，全权指挥华北军事。

热河战役后，随着日军兵临古北口、喜峰口、冷口等长城各口，蒋介石原拟"缓上"的中央军第二十五师关麟征部、第二师黄杰部、第三十八师刘戡部（经蒋介石允许，统归自请北上抗日的第十七军军长徐庭瑶指挥）相继抵达北平地区。1933 年 3 月上旬至 5 月中旬，国民革命军（东北军、西北军、晋绥军和中央军）在长城的义院口、冷口、喜峰口、古北口等地抗击日军进攻。尽管各军顽强抵抗、浴血奋战，但长城沿线仍失守，平津危急。国民政府对长城抗战失去了信心，5 月 13 日中方代表熊斌与日本关东军代表冈村宁次签订《塘沽协定》，为日本进一步侵略华北打开了大门。长城抗战的失败激发了全国抗日救亡运动的高涨。

1933年1月，日军强占山海关，并用炮火轰毁长城，日军坦克由长城缺口侵入

被日军占领的山海关

1933年2月21日，日军兵分三路侵犯热河。以上两图为向热河进犯的日军

第二节　民族危急关头的国共与局部抗战

　　日本占领东北后，其以武力吞并中国的野心昭然若揭。在民族危急之时，中国共产党迅速表明了坚决抗日的严正立场，但蒋介石和国民政府继续坚持"攘外必先安内"方针，虽然组织了一定的抵抗，但仍集中力量"围剿"中国共产党领导的各红军根据地。自1930年12月至1934年10月，国民政府仅对中央苏区就先后进行了五次"围剿"，从而造成了综合国力的严重内耗。

一、中共的抗日立场及国共内战

　　大革命失败后，中国共产党以武装斗争反抗国民党的反动统治，先后发动了南昌起义、秋收起义、广州起义等，创建中国工农红军，开辟农村根据地，进行了土地革命和武装夺取政权的斗争。在各根据地和红军不断发展的形势下，1931年11月7日，在江西瑞金成立了中华苏维埃共和国临时中央政府。

　　1931年九一八事变爆发后，中共中央多次作出决议，发表宣言和《告民众书》，号召全国民众武装起来，以民族革命战争驱逐日本侵略者出中国，以求中华民族彻底的解放和独立。1932年4月，以中华苏维埃临时中央政府的名义正式对日宣战。中共中央和中共满洲省委还派出干部，先后在东北各地组建了十余支抗日游击队，积极开展抗日游击战争，不久后即发展成为东北抗日主力。但是，蒋介石和国民党政府在对日妥协、对民压迫的同时，不断调集重兵"剿共"，对中国共产党领导的中央苏区发动了五次大规模的军事"围剿"。

1927年8月1日，中国共产党领导的武装力量举行了南昌起义，打响了武装反抗国民党反动统治的第一枪。图为南昌起义指挥部旧址——江西大旅社

1927年8月7日，中共中央在湖北汉口召开紧急会议，确立了实行土地革命和武装反抗国民党反动派的方针。图为八七会议旧址——汉口市鄱阳路139号二楼

1927年9月9日，毛泽东领导的湘赣边界秋收起义爆发。9月19日，各路起义军退到浏阳县文家市集中，毛泽东主持召开前委会议，决定向湘赣边界罗霄山脉中段进军。图为修复后的秋收起义会师旧址——里仁学校

湘赣边界秋收起义的领导者毛泽东（左）和工农革命军第一军、第一师总指挥卢德铭

1927年12月11日，广州起义中被工人赤卫队捣毁的敌人铁甲车、汽车

1927年10月至1928年12月，毛泽东率领秋收起义部队、朱德和陈毅率领南昌起义的部队、彭德怀率领湘南起义部队、滕代远率领平江起义部队，先后到达井冈山，坚持武装斗争，为中国革命开辟了一条以农村包围城市的正确道路。图为井冈山

1931年11月7日，中国工农红军第四方面军宣告成立。图为黄安麻城起义的中心——1927年11月起义爆发时的湖北省黄安县（今红安县）

1930年12月30日，中央革命根据地第一次反"围剿"第一仗遗址——江西永丰县龙岗

中央關於日本帝國主義強佔滿洲事變的決議

——一九三一年九月二十二日

1931年9月22日，中共中央《中央关于日本帝国主义强占满洲事变的决议》

1931年11月，中华苏维埃共和国临时中央政府在江西瑞金成立。图为中共苏区中央局在江西瑞金召开第一次代表大会会场。主席台就座的有毛泽东（中）、朱德（左起第5人）等

1932年4月，红军打下漳州后缴获了一架"摩斯"通信教练飞机

中華蘇維埃共和國臨時中央政府宣佈對日戰爭宣言

——一九三二年四月十五日——

日本帝國主義，自去年「九一八」以武力強佔中國東三省後，繼續用海陸空軍佔領上海嘉定各地，侵擾沿海沿長江各埠，在東北及淞滬各地，被害的不可數計，這種屠殺與摧殘，現仍在繼續發展。反動的國民黨政府及其各派軍閥，本其投降帝國主義的慣技，接連的將東三省淞滬各地奉送於日本帝國主義，則盡其屠殺中國人民。現更以和平談判，實行出賣整個中國，促進各帝國主義迅速瓜分中國。對於全國反日反帝革命運動之所能，解散反日團體，壓迫反日群眾，屠殺反日群眾，用機槍掃射拒抗退命令之十九路軍之英勇士兵，以表示其對於帝國主義的忠誠。國民黨政府及其各派軍閥，他們不但不能而且不願真正反對日本帝國主義實行民族革命戰爭。他們只能依靠來一派帝國主義反對另一派帝國主義，企圖挑撥世界大戰，企圖消滅蘇維埃政權和工農紅軍，而國民黨軍閥則寧肯將東三省上海和整個中國送給帝國主義，對於真正實行民族革命戰爭之中國工農紅軍，則不斷的以其最大的軍力來進攻，企圖消滅蘇維埃政權和工農紅軍，這明顯表示國民黨政府和其各派軍閥的國民黨統治，才能直接的與日帝國主義作戰，直接對日本帝國主義作戰，必須首先推翻幫助帝國主義壓迫中國民族革命戰爭的國民黨統治。中華蘇維埃共和國臨時中央政府特正式宣佈對日戰爭，領導全中國工農紅軍和廣大被壓迫民眾，以民族戰爭，驅逐日本帝國主義出中國，以求中國民族澈底的解放和獨立。蘇維埃中央政府向全國工農兵及一切被壓迫民眾宣言：要真正實行民族革命戰爭，才能直接與日本帝國主義作戰，積極進行的革命戰爭，就不能實行真正的民族革命戰爭。蘇維埃臨時中央政府正在領導全國工農紅軍和蘇區廣大工農勞苦群眾，是直接與日帝國主義作戰的前提。我們號召白色統治區域的工人農民兵士學生及一切勞苦民眾自己起來，組織民眾勇軍，奪取國民黨軍閥的武器來武裝自己，直接對日作戰，成立工農紅軍。要認識只有蘇維埃政府，才能真正的領導全國的民族革命戰爭，直接對日作戰，反對帝國主義瓜分中國；只有中國工農紅軍才是真正實行民族革命戰爭的民眾武裝；只有全世界的無產階級被壓迫民族和蘇聯，才是真正能聯合以反對帝國主義的國際力量。蘇維埃臨時中央政府號召全國工農兵及一切勞苦群眾，在蘇維埃的旗幟之下，一致起來積極的參加和進行革命戰爭，在白區各地自動武裝起來，推翻反動的國民黨政權，成立工農紅軍，聯合全世界的無產階級被壓迫民族與蘇聯，來實現以民族革命戰爭驅逐日帝國主義出中國，反對帝國主義瓜分中國，徹底爭得中華民族真正的獨立與解放。

中華蘇維埃臨時中央政府主席　毛澤東

1932年4月15日，中华苏维埃临时中央政府宣布《对日战争抗日宣言》

中華蘇維埃臨時中央政府工農紅軍
革命軍事委員會爲反對日本帝國主義侵入華北
願在三條件下與全國各軍軍隊共同抗日宣言

——一九三三年一月十七日——

全中國的民衆們！日本帝國主義在英法帝國主義及國際聯盟的公開援助之下，已經開始侵入華北。這是帝國主義强盜更進一步的完全瓜分中國及奴役整個中國的侵掠。這種侵掠造成了和平居民的整批殘殺，城市與鄉村的毁滅，以及痛苦與飢荒的增加。上海與滿洲的慘狀，在大部分的中國土地上，極殘酷的重複着。

因爲國民黨軍閥蔣介石張學良等的不抵抗與投降，因爲他們對於抗日士兵的壓迫遣散與屠殺，使中國士兵大批的死在帝國主義的槍炮之下。國民黨軍閥幫助日本及其他帝國主義者更進一步的侵略與屠殺，同時他們用一切力量鎮壓反帝國主義鬥爭，抵貨運動與組織武裝的義勇軍。

國民黨政府及其政客，解釋他們的罪惡行爲賣國勾當的理由之一，就是說中國蘇維埃的存在，使他們不能動員一切力量來進行國防，使蔣介石不願意與日本軍閥作戰，而用將近一百萬的大軍，去進攻已經創立了自己的蘇維埃政府的中國工農。但是中國民衆想到自己保衛自己，許多部隊與幾十萬的國民黨軍隊的士兵，反對屠殺自己的兄弟姐妹，贊成武裝抵抗日本帝國主義。他們開始了解到只有武裝的民族革命戰爭，能夠勝利的抵抗日本帝國主義的侵略。中華蘇維埃政府與革命軍事委員會，在全國民衆面前掩蓋自己的賣國行爲。

指斥國民黨的解釋是愚笨的謊話，他們想用這些愚笨的謊言，在去年四月已經號召全國民衆，我們在去年四月已經號召全國民衆與我們一起共同進行反對日本帝國主義的武裝鬥爭，而蔣介石對於這個號名的回答是動員一切軍隊來進攻中國工農政府與工農紅軍，而不去反抗日本帝國主義。

中華蘇維埃政府與工農革命軍事委員會在中國民衆面前宣言：在下列條件之下，中國工農紅軍準備與任何武裝部隊訂立作戰協定，來反對日本帝國主義的侵略。（一）立即停止進攻蘇維埃區域，（二）立即保證民衆的民主權利（集會、結社、言論、罷工、出版之自由等），（三）立即武裝民衆創立武裝的義勇軍，進行保衛中國及爭取中國的獨立統一與領土的完整。我們要求中國民衆與士兵，擁護這個號召，聯合一致的民族革命戰爭，爭取中國的獨立統一與領土的完整，將反對日本及一切帝國主義的鬥爭與反對帝國主義的走狗國民黨軍閥的賣國與投降的鬥爭，聯結起來，開展武裝民族革命戰爭，反對日本及一切帝國主義。

中華蘇維埃臨時中央政府主席　毛澤東

中國工農紅軍革命軍事委員會主席　朱德

1933年1月17日，中华苏维埃临时中央政府、中国工农红军革命军事委员会《为反对日本帝国主义侵入华北愿在三条件下与全国各军队共同抗日宣言》

陕甘边根据地的赤卫队队员

二、此伏彼起的局部抗战

日本发动九一八事变，迅速占领中国东北全境。其后，又将侵略矛头指向华北。面对强敌入侵的民族危机和国民政府对日妥协退让的政策，广大的爱国官兵奋起抵抗，在白山黑水、上海、察哈尔、绥远及长城各口与敌血战，展开了六年局部抗战。中国共产党适时提出抗日统一战线主张，并坚持不懈地为实现"停止内战，一致抗日"的目标努力。

（一）东北军爱国官兵的抗战

1931 年 9 月 18 日，当日军炮轰沈阳北大营时，东北军驻北大营第七旅六二〇团团长王铁汉，在接到"不抵抗，等候交涉"的命令后，在损失严重的情况下，违令还击，持枪杀出一条血路，于 9 月 19 日带领该团突出重围。

1931 年 11 月，刚刚受任的黑龙江省代理主席兼军事指挥马占山，以约 3 个旅的兵力布防于嫩江北岸，扼守嫩江桥，阻击日军侵占齐齐哈尔，史称"江桥抗战"。江桥战役，历经半月，虽因孤立无援而失败，但它却是中国军队对日军的第一次有组织有规模又有效果的抗击。

1931年9月18日夜，在沈阳北大营违令阻击日军的东北军第七旅王以哲部六二〇团团长王铁汉

1931年11月，黑龙江省代理主席兼军事指挥马占山将军，指挥3个旅扼守嫩江桥北岸，阻击日军侵占齐齐哈尔。图为马占山将军

马占山率部抗击
日军的嫩江铁桥

集结在雪地中的马占山军队

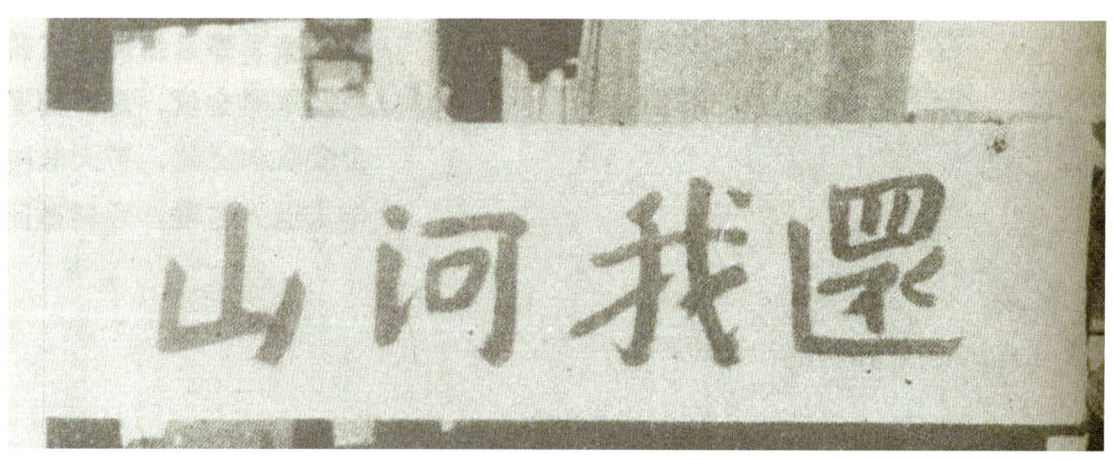

马占山将军的题字"还我河山"

（二）东北抗日义勇军的抗战

东北抗日义勇军，是东北沦陷初期一部分东北军旧部和爱国民众自发组成的抗日武装力量。中国共产党也相继派出周保中、李延禄、杨林、杨靖宇、赵尚志等中共党员深入到义勇军队伍中，组织工农游击队，领导东北人民武装抗日。义勇军人数最多时曾达30万人，活动于东北全境。义勇军的兴起，有力地打击了日本帝国主义的侵略野心，激发了全国人民的抗日斗志。虽然坚持到1933年下半年即大部陷于瓦解，只有少部分继续坚持斗争，但他们为东北和全国抗日战争的胜利做出了重要贡献。

黄显声，原东北军骑兵第二旅旅长、辽宁省警务处长。组织成立"辽宁抗日义勇军"，在辽河两岸、铁路沿线抗击日军的侵略

邓铁梅，原为凤城县公安局长。1931年10月，组织"东北民众自卫军"，任总司令，率部先后攻占凤城、岫岩、庄河等县城。1934年被叛徒出卖，后被日伪杀害于沈阳

苏炳文，原为黑龙江省防军旅长兼满哈路护军司令。1932年10月在海拉尔宣布起义，成立"东北民众救国军"，自任司令，战斗在海拉尔、满洲里一带，在黑龙江省掀起第二次抗日高潮。1932年退入苏联，后转道回国

李杜，原为东北军第二十四旅旅长。1932年年初领导了保卫哈尔滨之战。后被推为"吉林抗日联合军"总司令，战斗在依兰、密山等地。1933年年初率军退入苏联

冯占海，原为吉林省军政两署卫队团团长。成立吉林抗日义勇军，1932年改建为"吉林抗日联合军"，任副总司令，战斗在吉北五常、舒兰、农安等地，1932年9月转战热河

唐聚五，原东北军团长。成立辽宁民众自卫军，任总司令，占据通化等地。1932年退入热河参加抗日

东北民众抗日救国会军事部部长王化一（右）和政治部副部长杜重远在抗日前线

在雪地中浴血苦战的抗日义勇军

（三）第十九路军及第五军的淞沪抗战

1932年一·二八事变发生后，驻守上海的第十九路军，在军长蔡廷锴、总指挥蒋光鼐的率领下，立即主动地奋起抵抗。1月30日，国民政府抽调沪宁线上的两个师组成第五军，以张治中为军长，驰援上海，协同第十九路军展开淞沪抗战。在中国共产党领导下，上海几十万工人举行反日总同盟罢工，组织抗日义勇军、抗日救国会、运输队、救护队等支援前线，与第十九路军及第五军张治中部并肩作战，粉碎了日军的多次进攻，迫使日军三易主帅，打破了日本扬言4个小时占领上海的神话。

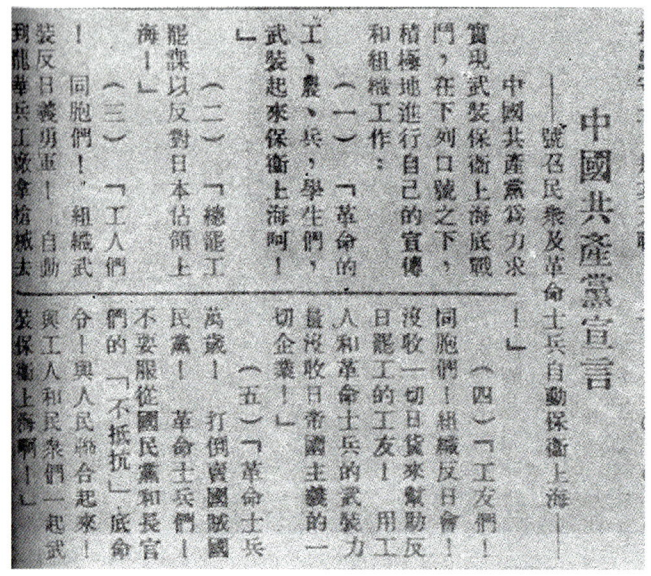

中国共产党发表宣言，号召民众及革命士兵自动保卫上海

第十九路军将领发表对日宣战通电

在江湾战场抗击日军的第十九路军将士

（四）东北抗日联军的抗战

在日军的压迫包围之下，在国民政府不抗战和不援助的打击下，处于各方面劣势的东北义勇军相继失败。中国共产党领导的抗日游击战争逐渐居于东北抗日的主力地位。随后即在各地游击队普遍发展的基础上，成立了东北人民革命军等5个军，粉碎了日军的多次"讨伐"。1935年8月1日，中共中央发表《中国苏维埃政府、中国共产党中央为抗日救国告全体同胞书》（即《八一宣言》），提出组织国防政府和抗日联军的主张。于是，在中共东北各地党组织的领导下，东北人民革命军各部开始着手组建东北抗日联军。1935年10月25日，中共满洲省委发出《东北抗日联军组织条例》。1936年2月10日，中共驻共产国际代表团以中共中央的名义发表《为建立全东北抗日联军总司令部的决议草案》。2月20日，再以杨靖宇等人的名义发表了《东北抗日联军统一军队建制宣言》，决定将东北人民革命军等部队，一律改编成东北抗日联军（简称"抗联"）。从1936年2月到1937年12月，东北人民革命军及其他各抗日武装，相继改编成东北抗日联军第一至第十一军。后为冲破敌人的包围，转向外线作战，按照其活动区域，又先后组成第一、二、三路军。抗联克服了种种艰难与挫折，坚持与日本侵略者进行殊死斗争，直至抗战取得最后胜利。

炸毁南满铁路的抗联战士

杨靖宇，抗联第一路军总司令，率部在西起沈阳、南达丹东、北迄长图铁路、东至鸭绿江的广大地区抗击日军

周保中，抗联第二路军总指挥，率部在哈长铁路东侧、牡丹江流域、松花江右岸、乌苏里江左岸等地抗击日军

李兆麟，抗联第三路军总指挥，率部在松花江左岸、小兴安岭东西、黑龙江右岸至黑嫩平原等地抗击日军

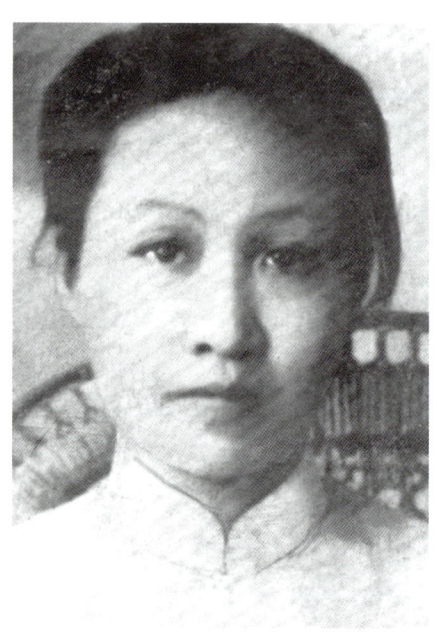

赵一曼，抗联第三军第二团政治委员，1937年7月被日军杀害

被抗联战士炸
毁的铁路与火车

（五）长城抗战

1933年3月到5月，长城沿线的中国驻军，包括东北军、原西北军、晋绥军以及"缓上"的中央军徐庭瑶部，在喜峰口、冷口、古北口等长城主要关口与日军展开激烈的争夺战，阻止了日军的攻势。

防守长城罗文峪的第二十九军刘汝明师的将士在抗击日军，迫敌撤退

防守长城喜峰口的第二十九军挑选出500名擅长刀术和近身肉搏的士兵组成大刀队,准备与日军肉搏

率部参加长城抗战,在古北口、喜峰口与日军激战的徐庭瑶将军

长城抗战部分将领合影。前排左起:黄杰、徐庭瑶、杜聿明;后排左起:刘嘉树、郑洞国、邱清泉

（六）察哈尔抗战

长城抗战失败后，日军继续向前推进，侵占察哈尔省东部的多伦、沽源等县，进而威胁平津地区的西大门。在中国共产党的影响和帮助下，冯玉祥、吉鸿昌（中共党员）、方振武等爱国将领，于1933年5月26日在张家口正式成立察哈尔民众抗日同盟军。随之，冯玉祥任命方振武为前敌总司令、吉鸿昌为前敌总指挥，分三路迎击来犯的日伪军，相继收复康保、沽源和宝昌三县。并于7月7日向多伦发起总攻，与日军血战五昼夜，最终收复多伦，把日伪军全部赶出察哈尔省。国民政府对抗日同盟军采取软硬兼施的破坏政策，日军乘机进攻多伦，同盟军大部分被宋哲元部收编或瓦解。

察哈尔抗日同盟军总司令冯玉祥向部队发表讲话

察哈尔抗日同盟军总司令冯玉祥（右）与前敌总司令方振武（左）在察哈尔合影

察哈尔抗日同盟军第二军军长、北路前敌总指挥吉鸿昌

（七）绥远抗战

　　绥远抗战是在蒋介石和国民政府的允许、支持并控制下，绥远省政府主席兼第三十五军军长傅作义部向日本支持的德王等蒙古分裂势力发动猛烈进攻。绥远抗战从1936年11月15日开始，傅作义指挥军队先后取得红格尔图、百灵庙两次大捷，继而又于12月9日一举收复了锡拉木楞庙（即大庙），给日伪军企图建立"蒙古国"的迷梦给以沉重打击。绥远抗战的胜利，极大振奋了全国人民的民族精神。

傅作义，绥远省政府主席兼第三十五军军长。1936年11月率部抗击日伪军进攻绥远

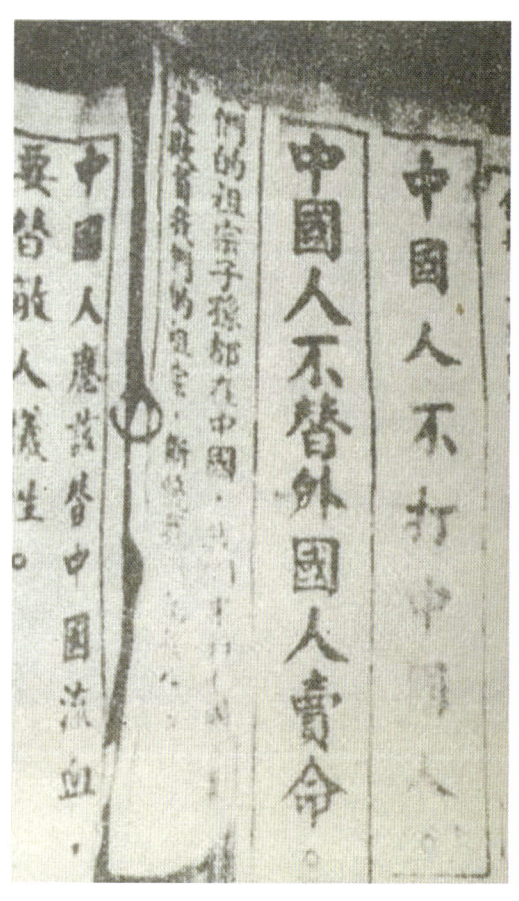

张贴在绥远前线瓦解伪军的标语

绥远抗战大捷之地——百灵庙

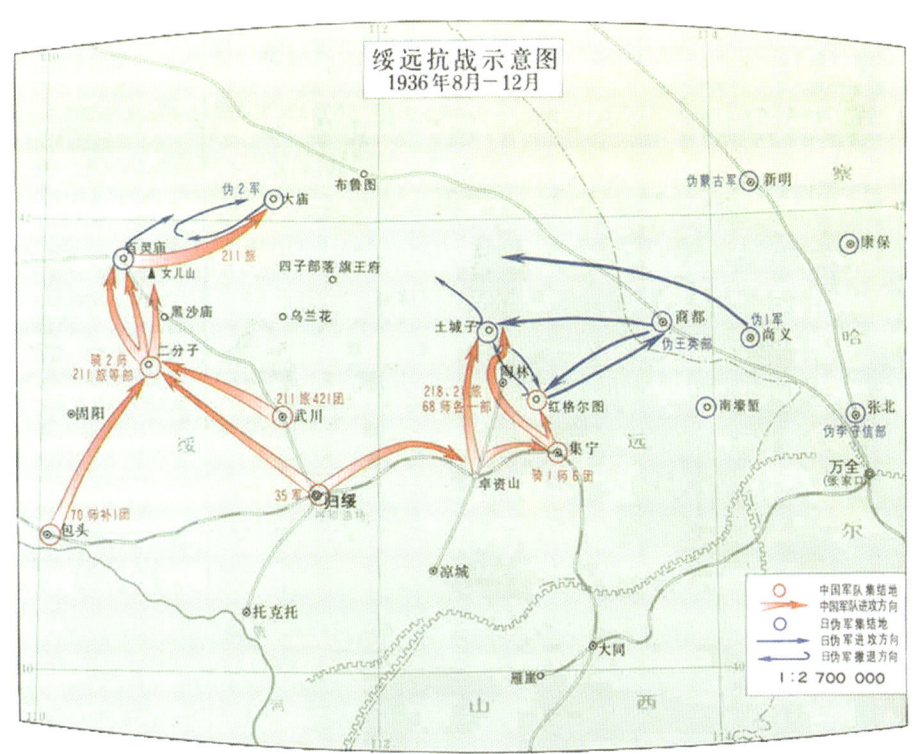

绥远抗战示意图

第三节　　国内外矛盾交织中杨虎城的动向

一、杨虎城、蒋介石矛盾的积累与激化

就在杨虎城主陕期间，他与蒋介石之间的矛盾不断积累并逐步激化。举其荦荦大者，一是在用人、行政上蒋介石对杨虎城的干预和掣肘。如杨虎城原提名的省府委员兼教育厅长是陕西教育界的进步人士李百龄（字寿亭），但在国民政府 1930 年 11 月 21 日的任命名单中，蒋介石却添派陈立夫推荐的李范一为委员兼教育厅长，李百龄仅为委员之一。李范一到陕后，极力推行党化教育，压制学校师生的抗日爱国运动，引起陕西教育界的强烈不满。在杨虎城等的暗中支持下，陕西学界掀起了驱逐李范一运动。同年 12 月 22 日，李范一狼狈地离开西安，溜回南京。12 月 25 日，国民政府不得不将李范一免职，同日由李百龄继任教育厅长。1932 年 4 月，西安又发生了爱国学生在民乐园质疑、批判考试院院长戴季陶训话，火烧其汽车并上街游行的"驱戴"事件。南京教育部以整顿陕西教育为名，于同年 10 月 28 日将李百龄免职，改由周学昌继任，成为陕西学运再度高涨的诱因之一。再者，早在中原大战胶着之时，已失去中共组织关系的南汉宸作为冯玉祥代表到南阳劝杨虎城联冯倒蒋，而杨虎城已打定主意要附蒋倒冯。两个老朋友的主张不合，使杨虎城颇伤脑筋。为留南汉宸在第十七路军工作，杨虎城便叫交际处长连瑞琦将南汉宸"扣押"，然后通过蒋介石的代表何成浚电报蒋介石，说冯玉祥的代表南汉宸已被杨虎城扣押，现南汉宸与杨虎城合作反冯玉祥，起用南汉宸对我军有益，蒋介石复电同意南汉宸留杨虎城部工作。因此，第十七路军占领潼关后，杨虎城即派南汉宸计划筹组陕西省政府，并保举南汉宸为省政府秘书长。可是到了 1932 年夏，先是陈立夫通过冯钦哉拉拢南汉宸去南京就职遭拒，继由行政院电告杨虎城说南汉宸是"共党有据"，后则派人持蒋介石函向杨虎城提出，如南汉宸去南京，可任选立法委员或监察委员，否则行政院即下令通缉。迫不得已，南汉宸提出辞职，杨虎城派人护送南汉宸秘密离开陕西。该年 10 月 3 日，国民政府下令将南汉宸免职。随之，杨虎城保荐民主人士杜斌丞接任省府秘书长，遭蒋介石否定，杨虎城只得另举曾任国民二军交际处长的耿寿伯继任，才勉强得到蒋介石的批准。

二是蒋介石极力削弱和分化瓦解杨虎城部的军事实力，并限制杨虎城部向陕西以外发展。1930年11月初，杨虎城刚打回陕西，即根据蒋介石的承诺接收了冯玉祥留下的6个兵工厂，并将其改组为陕西省机器局，对外以制造机械农具的名义自办兵器制造。可是郑州行营主任何应钦来陕视察并向蒋介石报告后，经反复交涉，最终只将西安的3个厂留给陕西自办，而潼关、华岳庙、华阴3个厂则收归中央。1931年春，蒋介石下令裁减杨虎城部一个师的番号并停发经费。杨虎城只得于3月底电请将第五十八师马青苑部缩编为陕西警备师，该师的全部经费由本省承担。由此，马青苑对杨虎城心存怨怼，埋下了叛杨投蒋的种子。蒋介石对杨虎城部的主要将领、第七十一师（后改为第四十二师）师长冯钦哉的拉拢尤其费尽心机，不仅多次召见并夸奖冯钦哉，而且以金钱高官诱惑，致使冯钦哉早就产生了"脱离杨虎城"的想法，只是由于南汉宸的多方劝解，冯钦哉才没有公开与杨虎城分手。但是蒋介石和国民政府数年的分化利诱，却也成了西安事变爆发后冯钦哉叛杨投蒋的导因。杨虎城久怀经营西北的雄心，既不想局限于陕西一隅，更不甘当蒋介石手中的一个工具。接任潼关行营主任后，杨虎城即和杜斌丞等心腹幕僚拟定了一个以"回汉一家、陕甘一体，打通新疆，联合苏联"开创新局面的战略构想，此即外界风传的"大西北主义"。为了实现这一目标，1931年11月，杨虎城派第十七师师长孙蔚如以潼关行营参谋长名义率部进军甘肃，经激烈战斗消灭了由川入甘的直系军阀吴佩孚的残余势力，并于同年12月进占兰州。随之，杨虎城又扶持马仲英部进兵新疆，打算在马仲英占领新疆后再设法打通与苏联的关系。此外，杨虎城还广泛联络能够与之合作的甘肃、青海地方军事力量，以求共同发展经略西北。然而，第十七路军在西北的发展，引起蒋介石和南京政府极大不满和忌惧。蒋介石、杨虎城之间控制与反控制的斗争日趋尖锐。蒋介石为遏制杨虎城部发展，采取了一系列行动。1931年11月30日，国民政府正式撤销了陆海空军总司令部及其下属行营；12月15日，特派贺耀祖为甘宁青宣慰使、孙蔚如兼甘肃宣慰使暂代省政（即甘肃省政府临时维持委员会委员长），任命邵力子为甘肃省政府委员兼主席。随着1932年年初国民政府改派杨虎城为西安绥靖公署主任、4月底邵力子赴甘履新，国民政府先后撤销了甘肃省临时维持委员会、免去孙蔚如的甘肃宣慰使之职，任命孙蔚如为第三十八军军长，孙蔚如部最终退出甘肃。同年9月，南京方面挑唆并策动驻天水的陕西警备师师长马青苑反叛杨虎城。杨虎城不得不亲赴凤翔、陇县一带坐镇指挥平叛，马青苑失败后逃往南京。1933年4月底至5月初，为解除杨虎城陕西省政府主席的职务，蒋介石先是通过民营报纸《大公报》放风制造既成事实，迫使杨虎城向行政院提出辞职，然后再由《大公报》发布国民政府关于同意杨虎城辞去陕西省政府主席，专职军务的决定；发布关于邵力子为陕西省政府委员兼主席的命令。与此同时，蒋介石派其嫡系第一师胡宗南部，借追剿红军名义进驻天水，以控制陕甘，从侧背监视杨虎城；12月1日，西安绥靖公署驻甘行署宣布撤销，行署主任邓宝珊就任新一军军长之职。1934年9月，蒋介石又将驻陇东的第四十九旅杨渠统部从第十七路军肢解出来，改编为新编第五师，开赴河南，归刘峙节制。在蒋介石势力不断深入西北，杨虎城部实力被削弱的情况下，进兵新疆的马仲英部因与杨虎城部衔接不上，最后被盛世才消灭。至此，杨虎城经略西北的雄图全成泡影。

1932年杨虎城在西安新城

1932年10月，李百龄（寿亭）被南京政府免去陕西省教育厅长之职后，杨虎城仍与李百龄保持着密切的友好关系。图为1934年农历正月十五，杨虎城邀李百龄同游西京灯市时的合影（由李百龄的三儿媳席丛蕙提供）。照片旁边为李百龄题写的打鼓词

1932年春，孙蔚如（左二）与友人邓宝珊（左一）、杜斌丞（右一）等在兰州五泉山

二、在抗日与"剿共"间的政治抉择

　　杨虎城具有强烈的反抗外敌侵略的爱国思想，还在1931年六七月日本警察在东北挑起万宝山事件之时，以杨虎城为主席的陕西省政府就于7月17日向国民党中央党部、国民政府和外交部发出"筱电"，指出"日人虎狼性成，侵我预谋已非一日，宜严重交涉万宝山事件"。并表示："本府当率三秦民众，共起声援，以雪国耻。"九一八事变爆发后，杨虎城接到张学良9月19日、20日两次关于日军侵略的电报，即于9月23日发出"泣告全国"通电，呼吁"举国上下，一致团结，共御外侮"。10月7日又致电张学良，主张"全国上下，一致团结，速起共御外侮"。10月10日，在第十七路军驻省垣部队阅兵典礼上，杨虎城对官兵训话，并发表《为双十阅兵告官兵书》，要求全体官兵切记并奉行"宁为战死鬼，不做亡国奴"的格言，同时呼吁国内"排除私人意见，停止内争""努力报国仇，誓雪国耻"。1932年一·二八淞沪抗战爆发后的2月1日，杨虎城即率省府全体委员致电蒋介石、汪精卫等，恳请改变"中枢无主，决策未定"之现状，"速定抗日大计"。2月8日再次通电全国，申述自己

"志吞暴日""誓效前驱"之决心，表示愿"为国家争人格，为民族求生存"，"期以革命牺牲之精神，为保疆御侮而奋战"，等等。然而蒋介石和国民政府为贯彻其"安内攘外"方针，一再敷衍并压制杨虎城的抗日要求。1932年七八月间，杨虎城先后两次致电南京军事委员会，请缨率部参加抗战，而回电除说些"殊深钦佩"的官话外，对杨虎城的请求未作任何答复。1933年3月上旬，杨虎城曾赴石家庄谒见蒋介石，"首先请示抗日办法"，表示自己愿率部北上抗日，认为这比在陕西对国家的贡献还大。蒋介石则慢吞吞地告诉杨虎城："现在抗日还用不着你的部队，你回去好好地训练部队就好了。"杨虎城解释说："陕灾近更严重，情况极惨，参加抗日实于减轻陕省负担之外，竭尽军人天职也。"最后，在杨虎城的力争下，蒋介石才答允第十七路军可先派一部分军队去前线。随后，杨虎城派第七军军长兼第四十二师师长冯钦哉率部开往华北参加抗战，至9月末返回陕西。

九一八事变后，杨虎城的抗日立场和态度是坚决而鲜明的，但在政治的抉择上还是倾向于服从蒋介石的"安内攘外"方针。因此，1931年至1934年之间，在杨虎城的一系列讲话、文告、报告、答记者问中，不时会出现"攘外必先安内，统一方能御侮"，"剿共抗日"或"抗日剿共"，"现在的□□，还在各地捣乱"（原资料如此，□□即"共匪"，下同），"□□的横行，已非一日"，"服从蒋委员长的命令，肃清西北□□，打倒帝国主义"等话语。与此同时，杨虎城在行动上依然执行蒋介石的"剿共"命令，多次在陕北、关中和陕南与红军交战。例如，1932年夏，杨虎城曾调集军队、民团数千人，委派杨渠统为总指挥，对南梁游击队和晋西游击队合编而成的中国工农红军陕甘游击队展开全面围攻，陕甘游击队主动撤离，然后乘敌不备，杀了个回马枪，一举歼灭民团400余人。同年秋冬，蒋介石派何成浚坐镇西安，指挥萧之楚、刘茂恩和杨虎城等部，追击堵截进入陕南的红四方面军。红四方面军所向披靡，"在最近十日内的三次战争中，计击溃冯钦哉之武勉之旅、杨虎城直属之特务一、二团，所谓西北铁军之杨子恒（即杨渠统）二团（内两营哗变过去），及王子元、张自强、张飞生等新编的民团土匪部队，统计击溃敌人军队足足在5个团以上"。1933年5月，杨虎城调集10个团的兵力及地方民团向照金苏区和红二十六军发动围攻。红二团在南下关中时更遭到杨虎城部优势兵力的包围、阻截、追击，损失极大，仅有少数人化装突围后于9月返回照金根据地。1934年2月，杨虎城又调动8个团的万余兵力，分八路"围剿"以南梁苏区为中心的陕甘边革命根据地和红二十六军四十二师。红军九战九捷，到4月即将其"围剿"粉碎。

1933年春，杨虎城（右三）、孙蔚如（右一）、冯钦哉（右二）、武士敏在西安的合影

三、与红四方面军的合作与破裂

1933 年 5 月，杨虎城派兵向照金苏区发动围攻的同时，他又接受了杜斌丞关于"联共反蒋"的主张，并确定了由移防汉中的第三十八军参谋武志平（中共党员）协助军长孙蔚如与红四方面军联络的方针。经武志平的往返沟通以及红军代表徐以新（红四方面军参谋主任）与孙蔚如、王宗山、武志平等多次谈判，双方于 1933 年 6 月 24 日达成了如下口头协议：①双方互不侵犯，即"只要红军保证不进军陕西，孙蔚如保证不攻打苏区"；②红军配合攻打胡宗南部，第十七路军愿给红军补充武器弹药；③红军可以设立交通线，第十七路军可提供一定的物资和采购方面的便利。此外，双方还约定了具体的联络办法，即在赤白交界地带建立联络站，由武志平全权负责。这个协议的达成和实施，既确保了第十七路军陕南地盘的稳固，也使川陕根据地北部处于相对和平环境。第十七路军与红四方面军的停战合作只持续了一年半多的时间，终以 1935 年 2 月 3 日（农历除夕）陕南战役（或称汉中战役）的发生而彻底破裂。陕南战役留给第十七路军高层人员的负面影响却深刻久远。在以后相当长的时间内，杨虎城等对与中共红军的交往，总显得谨小慎微、处处戒备，其缘故之一就是在陕南战役中"吃过大亏"。

1933年，杨虎城（右三）视察汉中防务时与孙蔚如（右二）、赵寿山（右四）的合影

武志平（1901—1991），时任十七路军三十八军参谋。1933年5月，杨虎城接受了杜斌丞"联共反蒋"主张，决定派武志平协助三十八军军长孙蔚如联络红四方面军的工作。经武志平往返沟通，双方达成"互不侵犯"等协议

徐以新（1911—1994），浙江衢州人。1933年5月至7月以红四方面军参谋主任身份与杨虎城第十七路军第三十八军军长孙蔚如等人谈判，达成秘密协议，为川陕苏区的红军开辟出一条红色交通线

第四节　华北事变与全国抗日救亡的新高潮

一、华北事变与中华民族危机的加深

华北事变是指 1935 年日本帝国主义企图把华北各省从中国分离出去，而制造的一系列侵略事件的统称。华北事变，使整个中国陷入空前的民族危机，从而激发了以一二·九运动为标志的全国抗日救亡运动的重新高涨。

自签订《塘沽协定》后，由于日本的战略重点暂时转向准备对苏作战和防范英、美，其侵华方针也由单纯的武力征服改变为在继续准备发动武力进攻的同时，全力推行"华北自治运动"。1935 年 1 月，日本制造"察东事件"，迫使国民政府承认察哈尔沽源以东地区为"非武装区"。5 月至 7 月，又借口"河北事件"和"张北事件"，胁迫国民政府批准由北平军分会代理委员长何应钦与梅津美治郎达成的"何梅协定"，以及察哈尔省代理主席秦德纯与土肥原贤二签订的《秦土协定》（又称《察哈尔协定》），致使河北、察哈尔两省的主权大部丧失。11 月 25 日，日方又策动汉奸殷汝耕在通县成立脱离南京中央政府的"冀东防共自治委员会"，后改称冀东防共自治政府。12 月 18 日，国民政府屈服于日本关于"华北特殊化"的要求，明令设立了具有一定"自治"之实的"冀察政务委员会"，以宋哲元为委员长，由日本推荐的一批汉奸担任委员。

1935年7月6日，国民政府北平军分会代理委员长何应钦，复函日本华北驻屯军司令官梅津美治郎，承认全部日方涉及中国河北省大部分主权的无理要求，史称"何梅协定"。图为1936年12月19日西安《解放日报》披露的"何梅协定"全文

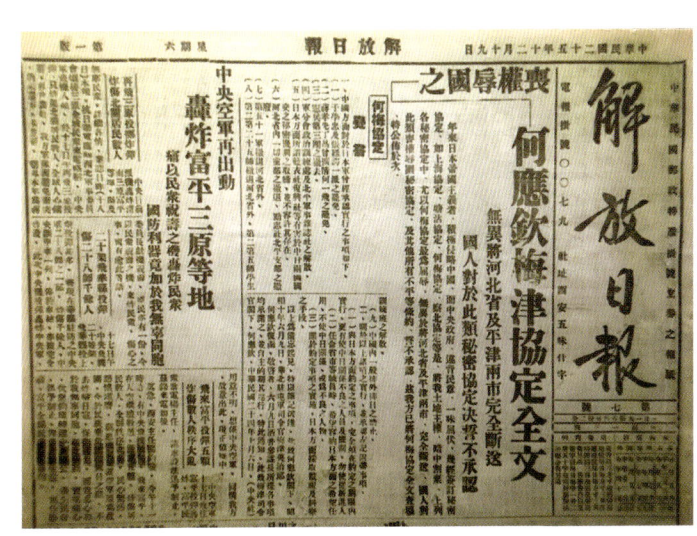

1935年12月18日，国民政府对日妥协的产物——冀察政务委员会在北平成立

北平军分会主办的《军事旬刊》，因被日方认为具有反日倾向而在"何梅协定"中要求立即停办

二、全国抗日救亡的新高潮

华北事变彻底暴露了日本帝国主义贪得无厌、妄图灭亡中国的野心。处于国防前线的华北人民，尤其是北平的广大青年学生（包括早已从沈阳迁到北平的东北大学的学生），痛感华北之大，已安放不下一张平静的书桌。九一八事变以来郁积在他们心头的愤怒，像火山一样喷涌而出。1935年12月9日，在中共北平临时工委的领导下，爆发了声势浩大的一二·九运动，北平学生的抗日救亡运动迅速席卷全国，并得到社会各界的广泛响应和支持。一·二九运动极大地促进了中华民族的觉醒，促进了全国抗日救亡运动与工农运动的发展。

1935年12月9日，北平各学校爱国学生的游行请愿队伍

清华大学学生在街头演讲，向市民宣传救国道理

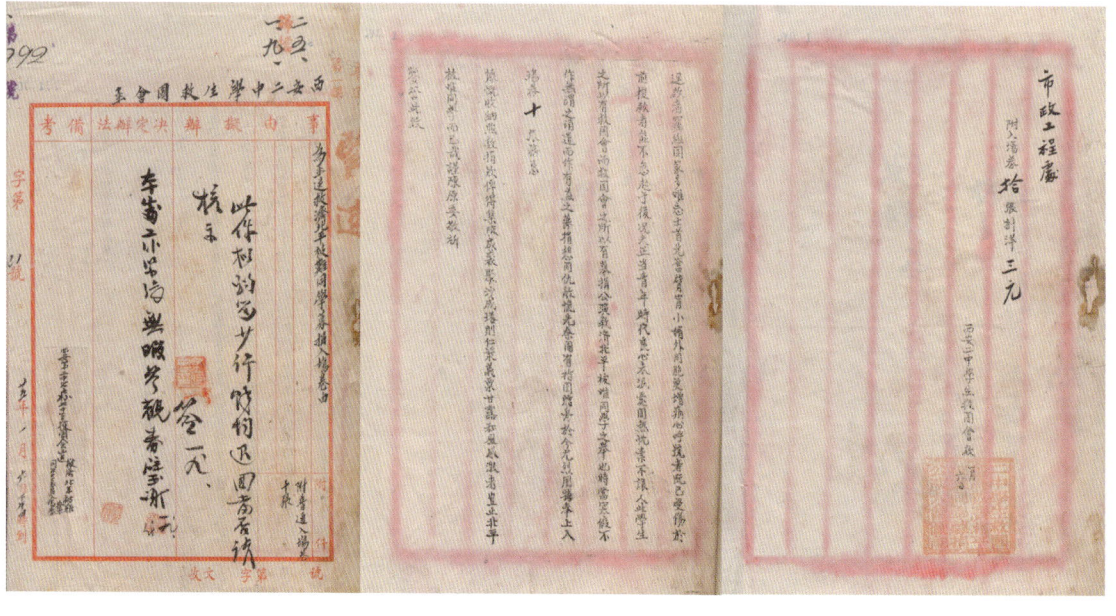

1936年1月，西安二中学生救国会为救济一二·九运动受伤同学举行公演募捐的函

第二章　聚焦大西北

1934 年 10 月，由于第五次反"围剿"的失利，红军已无在原地扭转战局的可能，中共中央、中革军委率中央红军（主力 8.6 万人）被迫离开中央苏区，实行战略大转移。其他根据地的反"围剿"也相继失败。11 月，鄂豫皖苏区的红二十五军，高举"中国工农红军北上抗日第二先遣队"的旗帜，开始长征。与此同时，蒋介石在洛阳参加国庆阅兵之后，即于 1934 年 10 月 12 日第一次到西安，督促杨虎城"剿共"；为笼络杨虎城，蒋介石还亲自到红埠街杨虎城私邸祝贺杨母大寿。1935 年 9 月和 10 月，红二十五军和中央红军经过艰苦的长途跋涉，先后到达陕北。随着日本侵略的加深和全国人民抗日救亡运动的新高潮，中国共产党适时提出建立抗日民族统一战线的主张。而蒋介石和国民政府仍顽固坚持"攘外必先安内"的方针，重点"围剿"陕甘地区红军。1935 年秋，国民政府在西安设立"西北剿共总司令部"（以下简称"西北剿总"），加派张学良的东北军主力入陕甘，会同杨虎城的第十七路军等部，筹划向陕甘红军发动进攻。随之，蒋介石又于同年 10 月 7 日第二次来西安，向张学良、杨虎城指示"剿共机宜"。然而，第十七路军和东北军先后与红军作战遭遇惨败，不仅极大地影响了两军的人心士气，更使张学良、杨虎城的"剿共"思想发生了动摇和改变。

第一节　红军长征北上与国共两党政策的调整

一、红军长征北上

　　1934年10月，中央苏区在第五次反"围剿"失利后，中共中央、中革军委率中央红军被迫离开中央苏区，实行战略大转移。1935年10月19日，中共中央率领红军陕甘支队经过二万五千里长征到达陕北吴起镇，与先期到达陕北的红二十五军及当地红军组成的红十五军团胜利会师。1936年10月，红二、红四方面军也辗转到达陕甘地区，红军长征胜利结束。

中央红军离开中央苏区，实行战略大转移。图为中央红军突破第二道封锁线的地点之一，广东省仁化县城口镇

长征初期的湘江之战，使中央红军付出了沉重的代价，但却突破了国民党军队最后一道封锁线，粉碎了蒋介石企图围歼红军于湘江之东的计划。图为广西兴安县湘江战役烈士纪念园

　　1935年9月18日，长征先期到达陕北的红二十五军与陕甘苏区的红二十六、红二十七军在延川县永坪镇会师，随后合编为红十五军团

长征到达陕北的毛泽东

长征到达陕北的周恩来

二、抗日民族统一战线策略的制定

1935 年 10 月，中共中央和中央红军长征到达陕北，中国革命的中心也由江西瑞金转移至陕北。随着华北事变的发生和全国抗日救亡运动的高涨，中国共产党开始纠正党内的"左"倾关门主义，适时调整以往的"反蒋抗日"方针。1935 年 10 月 1 日，中国共产党公开发表《中国苏维埃政府、中国共产党中央为抗日救国告全体同胞书》（即《八一宣言》），号召全国人民团结起来，停止内战，一致抗日，组织国防政府和抗日联军。12 月下旬，中共中央在陕北瓦窑堡召开政治局会议，通过中共中央《关于目前政治形势与党的任务的决议》，确立了建立广泛（下层和上层）的抗日民族统一战线的新政策，其策略方针从"反蒋抗日"改变为"抗日反蒋"，即将抗日放在首位，但统一战线不包括蒋介石和南京国民政府。瓦窑堡会议后，中国共产党即开始对西北"剿共"前线的东北军、第十七路军开展统一战线工作。为争取权位较高的张学良和实力较大的东北军，1936 年 1 月 25 日，毛泽东、彭德怀等 20 位红军将领联名发出《红军为愿意同东北军联合抗日致东北军全体将士书》，指出抗日反蒋是东北军的出路；红军愿意首先同东北军联合起来，"为全中国人民抗日的先锋"。同年 6 月，中共中央专门成立了以周恩来为书记（一说为主任）的东北军工作委员会，并批准实施《中央关于东北军工作的指导原则》，特别强调，对东北军的工作既不是瓦解、分裂东北军，也不是把东北军变为红军，"而是要使东北军变为红军的友军"。随着国内、国际形势的变化，1936 年 8 月 25 日，中国共产党直接致书中国国民党，明确提出国共两党重新合作、共同救国的建议。9 月，中共中央向党内发出《关于逼蒋抗日问题的指示》，再次将"抗日反蒋"的方针改变为"逼蒋抗日"，最终目的就是"联蒋抗日"。

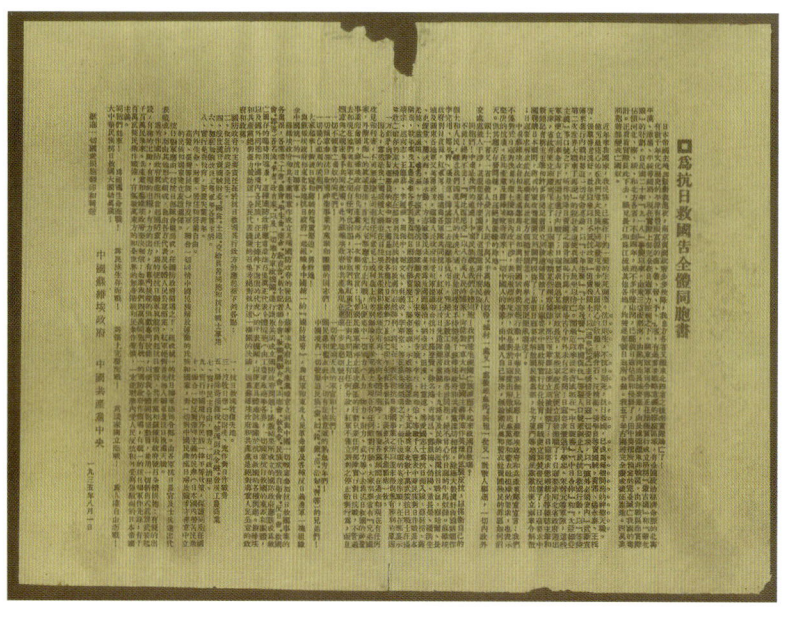

1935年10月1日，中共驻共产国际代表团以中共中央和中华苏维埃中央政府的名义公开发表《中国苏维埃政府、中国共产党中央为抗日救国告全体同胞书》（即《八一宣言》），提出停止内战，不分党派，共同进行抗日救国的政治主张

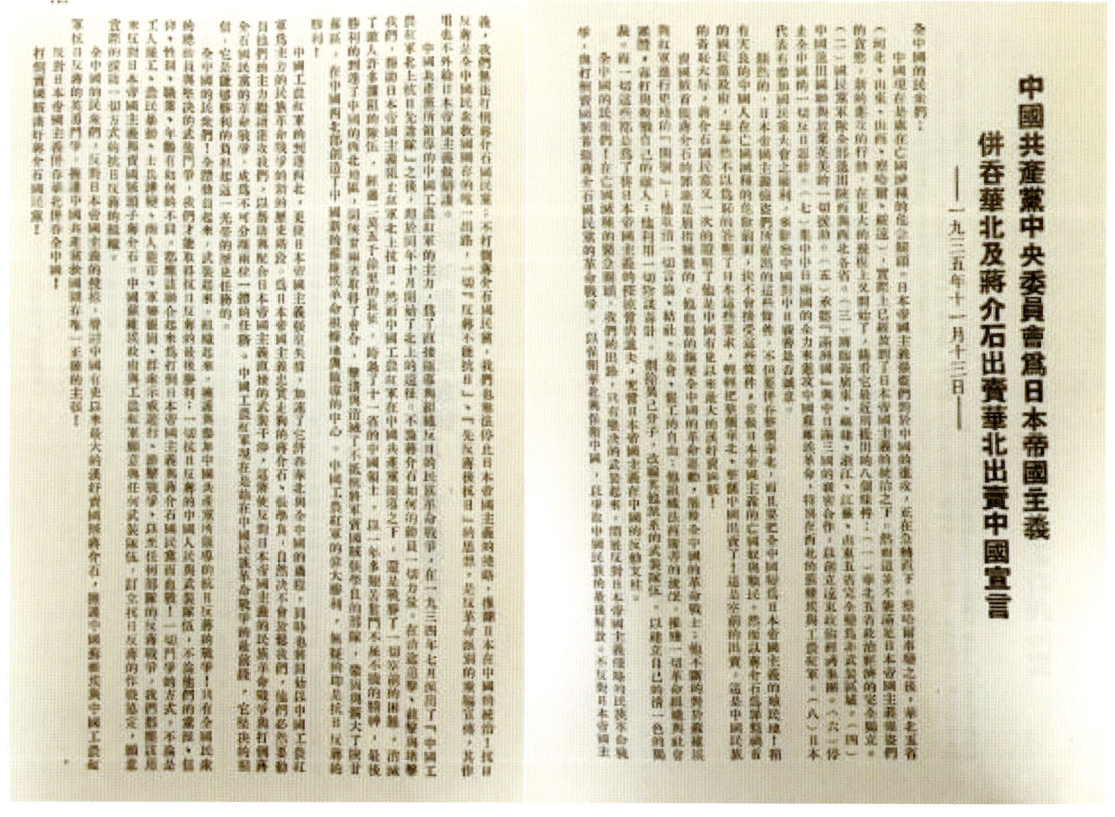

1935年11月13日，中共中央发表《中国共产党中央委员会为日本帝国主义并吞华北及蒋介石出卖华北出卖中国宣言》指出，中国工农红军愿同"一切'抗日反蒋'的中国人民与武装队伍"联合起来，反对日本帝国主义

1935年12月中共中央政治局瓦窑堡会议旧址

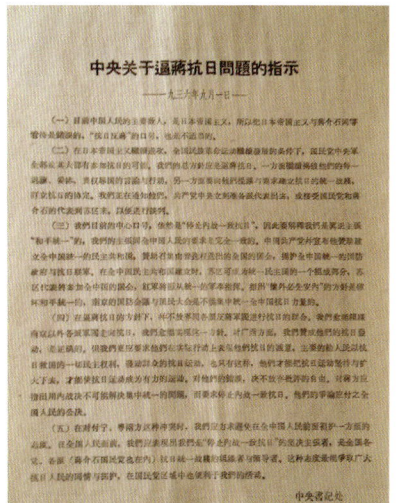

1936年1月25日，毛泽东、彭德怀等20位红军将领联名发出《红军为愿意同东北军联合抗日致东北军全体将士书》

1936年9月，中共中央向党内发出《关于逼蒋抗日问题的指示》，正式将"抗日反蒋"的方针改变为"逼蒋抗日"

三、国民党对日政策的调整及局限

随着全国抗日救亡呼声的日益高涨和国民党内部抗日要求的加强，加上美英等国与日本矛盾的显现，国民党不得不考虑调整对日政策。1935年11月，在南京召开的国民党第五次全国代表大会，一反以前历次会议以"剿共"为中心而转向对日议题，虽然国民党对中日妥协仍抱有幻想，但也表明了准备抗战的新动向。国民党第五次全国代表大会后，蒋介石和国民政府对日交涉的态度趋于强硬，要求取消淞沪、塘沽两个停战协定，取消冀东伪组织等。进而又通过多种渠道寻求与中国共产党秘密接触谈判，企图在不放弃武力"剿共"的前提下以政治谈判方式"招抚"和"收编"红军，甚至要求红军"师长以上领袖解职出洋"，致使谈判毫无成效。总之，国民党政策的调整力度有限，其"攘外必先安内"的错误政策并无实质的改变。

"和平未到完全绝望之时，决不放弃和平，牺牲未到最后关头，亦决不轻言牺牲。"

——1935年11月19日蒋介石在国民党五全大会上提出的对日方针

"中央对外交所抱的最低限度，就是保持领土主权的完整。任何国家要来侵扰我们的领土主权，我们绝对不能容忍，我们绝不订立任何侵害我们领土主权的协定，并绝对不容忍任何侵害我们领土主权的事实。再明白些说，假如有人强迫我们签订承认伪国等损害领土主权的时候，就是我们不能容忍的时候，就是我们最后牺牲的时候。"

——1936年7月13日蒋介石在国民党五届二中全会上对"最后关头"的解释

1935年11月，国民党中央执行委员、国民政府铁道部政务次长曾养甫奉派负责与中共北平市委、北方局联系，曾通过谌小岑（铁道部劳工科长）、翦伯赞（时任司法院院长覃振的秘书）找到吕振羽（时任北平中国大学教授、中共北平市委领导的"自由职业者大同盟"书记）。吕振羽随即向中共北平市委宣传部长周小舟作了汇报。按照北方局的指示，周小舟先派吕振羽赴宁了解情况，然后于1936年1月至7月多次亲赴南京与曾养甫谈判。图为周小舟

《八一宣言》发表的当晚，国民党中央执行委员张冲的特务电台收听后即抄送给蒋介石。图为张冲

国民党五全大会后，蒋介石特派国民党中央常务委员（CC系头目）陈立夫主持与中共的秘密接触谈判。图为陈立夫

1935年年底，国民党通过国民政府驻苏联大使馆武官邓文仪与中共驻共产国际代表团联系。后潘汉年奉派回国与陈立夫等进行谈判。图为潘汉年

1935年11月，曾养甫、谌小岑还通过南京中央通讯社征集部主任、中共党员左恭寻找与中共的联系线索。中共上海临时中央局得知信息后，于12月委派时任豫鄂陕边区特派员张子华（本名王绪祥，化名黄汉）以"长江局"代表名义与谌小岑接触，并到南京与曾养甫谈判两党合作抗日的问题。图为张子华

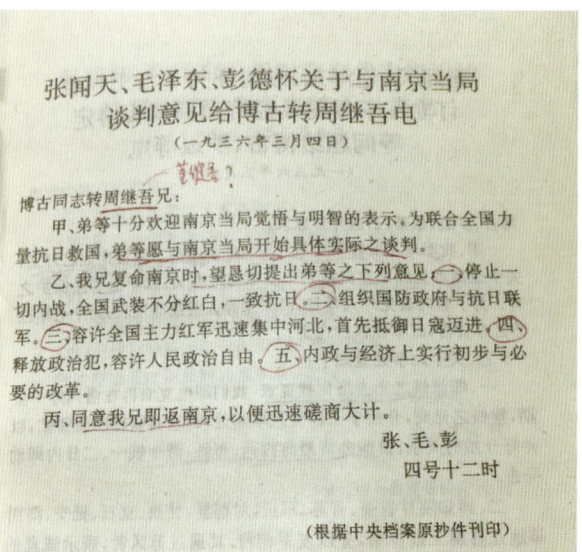

张闻天、毛泽东、彭德怀关于与南京当局
谈判意见给博古转周继吾电
(一九三六年三月四日)

博古同志转周继吾兄：

甲、弟等十分欢迎南京当局觉悟与明智的表示。为联合全国力量抗日救国，弟等愿与南京当局开始具体实际之谈判。

乙、我兄复命南京时，望恳切提出弟等之下列意见：（一）停止一切内战，全国武装不分红白，一致抗日。（二）组织国防政府与抗日联军。（三）容许全国主力红军迅速集中河北，首先抵御日寇迈进。（四）释放政治犯，容许人民政治自由。（五）内政与经济上实行初步与必要的改革。

丙、同意我兄即返南京，以便迅速磋商大计。

张、毛、彭
四号十二时

（根据中央档案原抄件刊印）

　　1935年年底，蒋介石委托国民党中央政治委员会委员、姻亲宋子文设法打通与中共中央联系的通道。宋子文经与宋庆龄商量，决定派和宋家私谊较深的董健吾（上海圣彼得教堂牧师、中共党员，化名"周继吾"，亦即斯诺《西行漫记》中提到的"王牧师"）带一封给中共中央的密函去陕北。恰好此时张子华也要去陕北向中共中央汇报工作，于是两人一路同行。张子华装扮成董健吾的"随员"，而董健吾并不知道张子华的身份。1936年3月中旬，董健吾回到上海向宋庆龄复命，所带中共中央的"传话"电文表示："愿与南京当局开始具体实际之谈判"，并提出了谈判的五项条件。同年7月，张子华返回南京，带有周恩来给陈果夫等人的信件，信中说明中共"停止内战，一致抗日"的主张。左图为董健吾，右图为董健吾所带中共中央电文

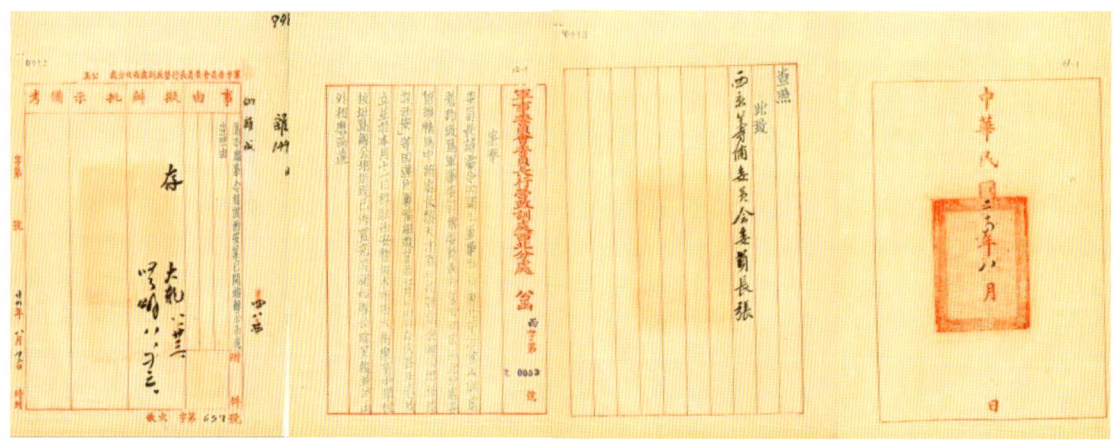

　　国民政府军事委员会委员长行营政训处西北分处关于该处已于1935年8月11日移驻西安的公函

四、东北军移师陕甘与"西北剿总"的设立

1935 年 6 月，国民党对陕甘红军的第二次"围剿"失败后，又迅速调集兵力，于 7 月发动了第三次"围剿"。其中东北军有四个军的兵力陆续由豫鄂皖调入陕甘参加这次"围剿"行动。9 月 13 日，张学良飞抵西安，并于 10 月初就任新设立的"西北剿总"副司令代行总司令之职，直接指挥这次"围剿"。

1934年的张学良　　　　　　　　　　　1934年的杨虎城

1935年9月13日，张学良由武汉飞抵西安，准备就任"西北剿总"副司令，杨虎城、邵力子到机场迎接。前排左起：杨虎城、张学良、邵力子

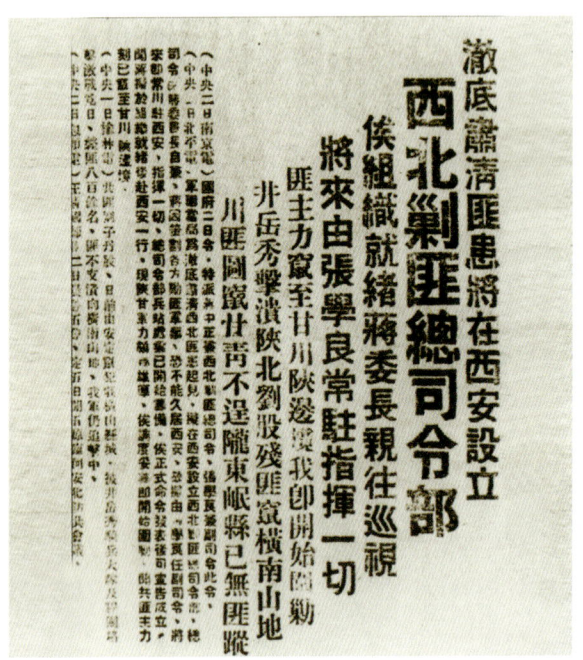

1935年10月3日，上海《中华日报》有关"西北剿总"在西安成立的报道

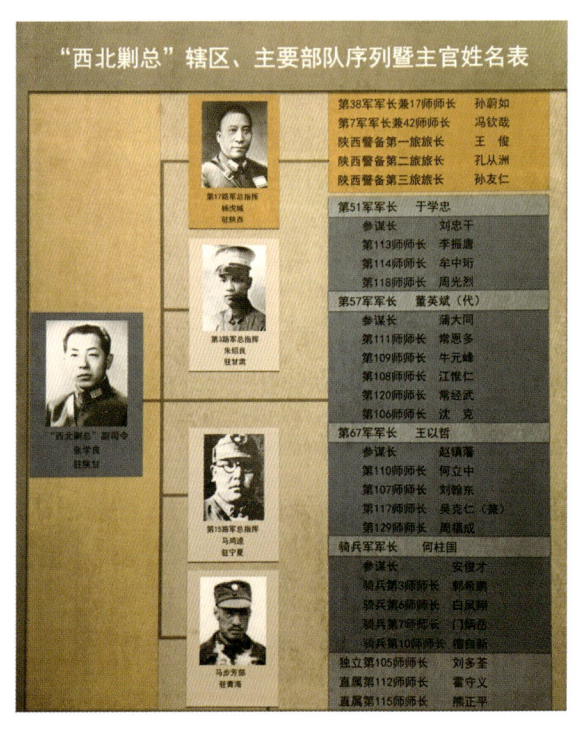

"西北剿总"机关暨其主官姓名表

"西北剿总"辖区主要部队序列暨主官姓名表

第二节　杨虎城奉命在秦岭山区"剿共"

1934 年 12 月，原在鄂豫皖根据地的红二十五军，以中国工农红军北上抗日第二先遣队之名义，转战千余里，进入陕南，创建了鄂豫陕革命根据地。

1935 年 1 月，蒋介石命令第十七路军总指挥兼西安绥靖公署主任杨虎城统一指挥所部及驻河南的国民党军第四十师一一五旅和驻湖北的第四十四师一三〇旅，对红二十五军发动"围剿"。尽管蒋介石曾挖过杨虎城的"墙脚"，削夺了杨虎城的省主席之职，不允许杨虎城的势力向甘肃发展，但此时的杨虎城仍认同蒋介石的"安内攘外"之策。加之陕西是以杨虎城为代表的地方实力派的地盘，不容让人染指，所以杨虎城遵照蒋介石令，派下属的四十二师冯钦哉部一二六旅、警备二旅及警卫团"围剿"红二十五军。结果，1 月 5 日、2 月 1 日和 2 月 5 日，在秦岭山区的蓝田县葛牌镇、山阳县的蔡玉窑及文公岭三次战斗中，红二十五军歼灭第十七路军一二六旅 5 个多营的兵力。到了 2 月中旬，当杨虎城得知红四方面军从川北进袭汉中孙蔚如部防地后，即将直属警备部队全部调动出来对付红二十五军，却败得更惨。3 月 10 日洋县石塔寺一役，杨虎城部警备第二旅被打垮，团长以下 400 余名官兵被俘，旅长张飞生负伤后装死逃脱；4 月 9 日蓝田县九间房（今属柞水县）一役，杨虎城部由中国共产党掌握的警备第三旅大部被误击，旅长张汉民俘后被错杀；7 月 2 日山阳县袁家沟口一役，杨虎城部警备第一旅两个团被歼，旅长唐嗣桐以下 1400 余人被俘，唐嗣桐被俘后也被斩首。需要指出的是，杨虎城部警备三旅旅长张汉民系中共党员，被俘后已作了说明，红二十五军也不相信汪峰奉上海中央局到陕南寻找张汉民后给出一再证明，在"左"倾路线的影响下，致使张汉民被错杀。袁家沟口之役后，红二十五军即突出秦岭，跨越终南山，又从子午镇沿秦岭北麓西进陇东，再转而北上陕北，于 9 月 15 日到达延川县永坪镇。

1935 年 1 月至 7 月，由杨虎城统一指挥的对红二十五军的两次"围剿"，均以杨虎城部的惨败而告终。经过反思，杨虎城已深刻地认识到，完全依附蒋介石是靠不住的，跟着蒋介石走"攘外必先安内"的老路，只能是死路一条。他感慨地对部下说："我们再也不能跟着蒋介石殉葬了，只有他干他的，我们干我们的。"此后，杨虎城极力避免同红军作战，双方再也没有发生过大的冲突。但杨虎城对张汉民被俘后遭到枪杀，仍对中共存有怨气，直到西安事变爆发后周恩来向杨虎城作了解释，杨虎城才消除了心头还存在的一些疙瘩，表示更重要的是加强现在的合作。

　　1934年10月12日，蒋介石从洛阳乘专列第一次入陕，督促杨虎城"剿共"，陪同者有其夫人宋美龄、豫鄂皖"剿总"副司令张学良、南昌行营秘书长杨永泰。上下两图为蒋介石一行抵达渭南车站（当时陇海铁路尚未通到西安），杨虎城夫妇、邵力子夫妇到车站迎接的情况

1934年10月16日，蒋介石在西安西关操场阅兵台上"训话"并骑马检阅第十七路军部队

张汉民（1903——1935），山西稷山人，中共党员，杨虎城部警备第三旅旅长。1935年4月9日，部队在蓝田县九间房（今属柞水县）被红二十五军误击，张汉民被俘后被错杀。1945年4月，中共中央组织部将张汉民列入《死难烈士英名录》，并在中共第七次代表大会上追认为革命烈士

蓝田县葛牌镇红二十五军军部旧址

第三节　张学良兵败陕北

早在张学良由豫鄂皖"剿总"副司令改任委员长武昌行营主任的 1935 年 3 月前，他的思想已有了变化的痕迹。一是对蒋介石的"安内攘外"政策深感忧虑。他曾痛切地对有些人说："政府在内战中一寸一寸地攻取，而在外敌侵略下一省一省地丧失，这样下去必然失掉人民的支持，结果将是政府与人民同归消灭。""国人早先骂我不抵抗，我现在很希望领袖给我变换任务，不叫我剿共，叫我去抗日，我觉得剿共牺牲，不如抗日牺牲更有价值。"二是有了联合救亡的初步想法。1934 年 6 月 7 日，他在武昌总部接受世界电讯社记者采访时说："凡属中国人，无论其为共产党、国民党、第三党，或其他任何党派，果系自命为救国者，均应在拯救中国之唯一动机中摈除一切歧见，联合一致，共救危亡。此乃救国之唯一途径，若乃萎靡不振，由命听天，内战频仍，政争不息，则中国前途必无希望矣！"但是，处于思想矛盾中的张学良率部被调入陕甘之初，仍然相信蒋介石是"一个强有力的领袖"，拥护蒋介石能够统一救国，收复东北失地；同时也认为陕北红十五军团人数少、装备差，他以优势兵力前去进"剿"，一定可以马到成功。因此，张学良继续执行蒋介石的"安内攘外"政策，遵照蒋介石令积极部署对陕甘红军的第三次"围剿"，并以驻洛川、肤施一线的东北军六十七军王以哲部和驻陇东的东北军第五十七军董英斌部为先锋。

然而，张学良却严重低估了徐海东、刘志丹指挥下的红十五军团的军事素质和战斗力。10 月 1 日的劳山战役，东北军第六十七军一一〇师 3700 余人全部被歼，师参谋长范驭州被击毙，师长何立中受重伤不久亦毙命。10 月 25 日的榆林桥战役，东北军第六十七军一〇七师六一九团的 4 个营被全歼，团长高福源被俘。两战皆败，使张学良和整个东北军都受到了极大的震骇。加之中共中央和中央红军已抵达陕北，并与红十五军团会师，红军的力量更大了，而张学良又要去南京参加国民党四届六中全会和五全大会，遂对"剿共"采取了谨慎小心的消极态度。行前，张学良曾电告王以哲、董英斌两路进"剿"部队停止前进，就地整训，不得随意向红军作战。张学良去南京后不多天，又以蒋介石和他的名义电令西路的第五十七军经太白镇绕行较安全的南道东进、再北上"解甘泉之围，打通肤、鄜间交通"。但军长董英斌却接受了一〇九师师长牛元峰走北道的建议，即从太白镇沿葫芦河经黑水寺、直罗镇等地东进。获此情报，新成立的以毛泽东为主席的西北革命军事委员会迅速决定了直罗镇战役的计划。11月21日凌晨，直罗镇战役打响。在毛泽东、周恩来、彭德怀的指挥下，经两昼夜激战，中央红军主力和红十五军团歼灭东北军第五十七军一〇九师，师长牛元峰自戕身亡。23日，红军又在追击中歼灭了一〇六师的一个团。直罗镇战役，红军歼灭东北军一个师和一个团，俘敌5300余人，毙伤敌1000多人，彻底粉碎了国民党军的"围剿"。

1935年10月1日的劳山战役旧址

1935年10月25日的榆林桥战役旧址

1935年11月21日、22日的直罗镇战役打响。图为直罗镇战役旧址

直罗镇战役红军烈士纪念碑

随着劳山、榆林桥和直罗镇三次战役的接连惨败，东北军广大官兵不愿"剿共"参与内战的情绪急剧高涨，张学良请求国民政府抚恤死难将士时受到的冷遇、讥讽以及一一〇师番号被取消，都极大地打击了张学良追随蒋介石"先剿共、再抗日"的信心。在极度的痛苦、愤懑和彷徨之中，张学良终于有所醒悟，遂"决定先设法与共产党取得联系，以知其真意"。此后，由于张学良积极寻找共产党的关系，除何柱国的骑兵军外，东北军与红军之间基本上实现了停战。

第三章 『三位一体』

瓦窑堡会议后，中共中央进一步加强对统一战线工作的领导，努力做国民党上层人士和军队将领的工作。杨虎城秦岭山区"剿共"失败后的反思，张学良陕北"剿共"失败后的醒悟，都使他们认识到只有停止内战、联共抗日才能救亡图存。随后，中国共产党分别以不同的方式和渠道与东北军、第十七路军取得联系，并通过谈判达成了互不侵犯、合作抗日的初步协议。加之张学良、杨虎城关系的根本改善，1936年秋冬，红军与东北军和第十七路军"三位一体"的抗日力量大联合的局面，首先在西北地区形成。

第一节　张学良走上联共抗日之路

张学良既已"决定先设法与共产党取得联系"，便于 1935 年 12 月上旬国民党五全大会和五届一中全会结束后借故飞往上海，秘密会晤他的朋友杜重远，坦诚向杜重远请教。与杜重远的谈话消除了张学良对联共抗日的疑虑，并提出西北大联合、共同抗日的主张，使张学良深受启发。在上海，张学良还会见了东北义勇军将领、与中共上海组织有联系的李杜，希望李杜替他秘密介绍共产党的关系。经过李杜、宋庆龄等人的沟通，中共上海组织决定派时在上海的共产党员刘鼎到张学良处工作，刘鼎考虑后同意前往。张学良收到李杜的电报后，即派其亲信、高级参议赵毅前去上海迎接。刘鼎于 1936 年 3 月到西安，张学良多次与刘鼎长谈，并留其在他身边工作。张学良还通过他曾任校长的东北大学（时在北平）学生组织和洛川前线的东北军第六十七军军长王以哲寻找共产党的关系。

张学良与中共中央的联系，是从红军释放被俘的东北军军官高福源开始的。东北军第六十七军六一九团团长高福源在榆林桥战役中被俘后，经过红军耐心教育、感化和彭德怀等人的说服，思想发生了重大变化。于是他自告奋勇返回东北军，劝说张学良与红军停战，实行联合抗日。

刘鼎（1903—1986），原名阚尊民，字思俊，四川南溪人。1924年加入中国共产党。曾赴德国、苏联留学。1929年回国后在中共中央军委特科工作

杜重远，九一八事变前曾任沈阳商会副会长，创办我国第一个机械制陶的肇新窑业公司，得到张学良的资助和支持。九一八事变后到上海从事抗日救亡活动，主编《新生》周刊，宣传抗日

一、洛川会谈

　　经过高福源的往来沟通，1936年1月19日，中共中央联络局局长李克农随高福源抵达洛川，当晚即与东北军第六十七军军长王以哲举行会谈，次日晚又与张学良举行会谈。张学良认为目前同情国防政府的颇不乏人，如中共红军确有诚意，他愿为此奔走，并表示先在外面活动一个时期，如有成绩，约期再谈。这是张学良第一次同中共中央派出的代表进行的会谈。2月25日，李克农应邀第二次到达洛川，因张学良临时有事去了南京，26日起李克农即与王以哲会谈，就红军与第六十七军联合抗日的有关问题达成多项口头协议。3月4日，张学良经西安飞返洛川，又与李克农会谈了一天一夜。在同意李克农、王以哲会谈结果的前提下，张学良提出一些重要问题与李克农交换了看法。为了进一步协商抗日救国大计，张学良最后要求中共派一位全权代表，最好是毛泽东或周恩来再与他直接商谈，地点在肤施（今延安），时间由中共决定。洛川会谈结束后，李克农即取道延长转赴红军东征前线——山西石楼向中共中央汇报。中共中央遂决定派周恩来为全权代表与李克农一同去肤施会晤张学良。

　　李克农（1899—1962），安徽巢县（今巢湖市）人。1926年加入中国共产党。曾在上海中共中央特科从事秘密工作。1931年12月进入中央革命根据地，主要在政治保卫部门担负领导责任。长征到达陕北后任中共中央联络局局长

　　王以哲（1896—1937），字鼎芳，吉林宾州厅（今黑龙江宾县）人。1922年毕业于保定军官学校第八期步兵科。后投身于东北军，步步升迁，1933年2月起任东北军第六十七军军长，率部参加了长城古北口对日作战。1935年4月被授予陆军中将衔

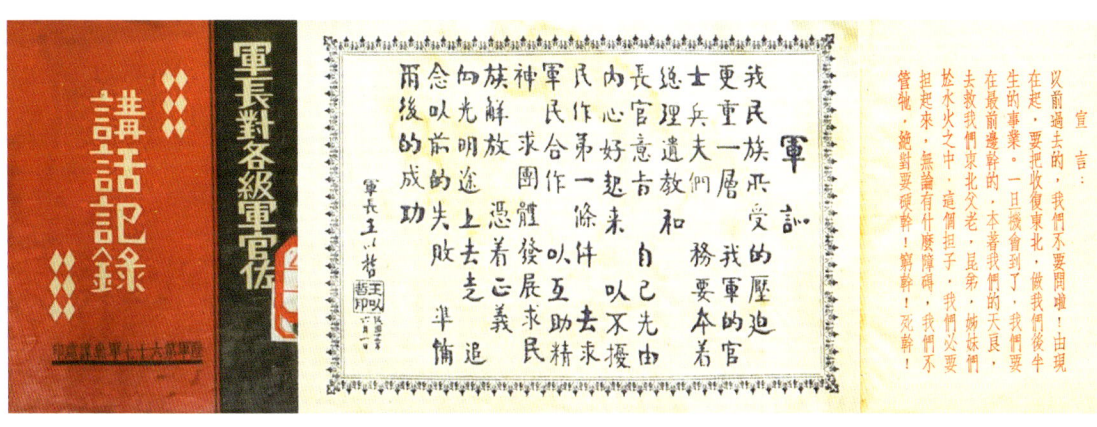

1933年11月，王以哲在陆军第六十七军参谋处所编印《军长对各级军官佐讲话记录》中题写的《军训》及《宣言》

洛川会谈旧址

二、肤施会谈

中共中央派全权代表的事一经决定，周恩来和李克农即从河东前线赶回瓦窑堡进行准备。1936年4月6日，中共中央以毛泽东、彭德怀名义致电王以哲、张学良，告知周恩来等的行期、接洽地点和所拟会谈要点。4月7日，周恩来一行由瓦窑堡启程，4月8日下午五六点钟到达肤施城东北20里的川口，以待张学良派人前来引导入城。由于联络电台发生故障，张学良直到次日上午才得到消息，于是带着王以哲和刘鼎飞抵肤施，随之派人接周恩来等入城。4月9日晚，周恩来、李克农在肤施城内的基督教堂与张学良、王以哲举行彻夜会谈。随张学良同来的刘鼎也参加了会谈。根据周恩来4月10日、11日给张闻天、毛泽东、彭德怀的电报，在会谈中，张学良完全同意"停止内战，一致抗日"，"但他在未公开抗日之先，不能不受蒋介石令进驻苏区"；"全国主力红军集中河北，他完全赞同"，但张学良认为红一方面军最好"以绥远为根据，靠近外蒙。如坚决东向，他可通知东北军在直南平汉路西的四师与我联络。四方面军如北上，他可使陕甘部队让路，二、六军团（即不久后改称的红二方面军）则需取得中央同意后方可，他愿为此活动"；"国防政府、抗日联军，他认为要抗日只有此条路，他愿酝酿此事。十大纲领，他研究后愿提出意见"；"对蒋问题，他认为蒋部下确有分化，蒋在歧路上，他现在反蒋做不到，蒋如确降日，他决离开"；"派代表赴友邦，他得由欧洲去，我们的人他可送至新疆，并派人联络盛世才"；"他对在经济、通商、交通上助我，确有诚意"。周恩来与张学良还就抗日的问题、苏联是否必帮中国的问题、南京各派系对抗日的态度问题等坦率而诚恳地交换了意见。"张承认红军是真心抗日，剿共与抗日不能并存"。"他相信法西斯主义可以治中国，在国民党要人中，只佩服蒋尚有民族情绪，且领导得力，故相信帮蒋能抗日。同时他认为蒋之左右多亲日派，蒋不能下抗日决心，且极矛盾"；"张之立场，如蒋降日，张即辞而另立，故现时派人去新疆联络盛世才，即为打通西北，自成局面，张有把握"。周恩来认为张学良确有抗日联共、联俄要求及初步决心，但揭旗抗日，必须情况发展到下列程度：（1）红军与日本直接冲突；（2）国际外交有进一步发展；（3）蒋介石逼急他，或蒋介石降日卖国显著时。这次会谈虽然在对蒋介石等问题上双方存在分歧，但却很快拉近了红军与东北军上层的关系，为以后的合作抗日奠定了基础。

肤施会谈后，刘鼎随周恩来等回到中共中央驻地瓦窑堡。4月13日，中共中央政治局常委会听取了周恩来关于会谈结果的报告，并决定派刘鼎到张学良处继续谈判，"商行前订各事"。4月22日，刘鼎携周恩来给张学良的亲笔信重返西安，住进张学良金家巷公馆东楼（即A楼）。此后，中共中央和张学良的联系多通过刘鼎转达。

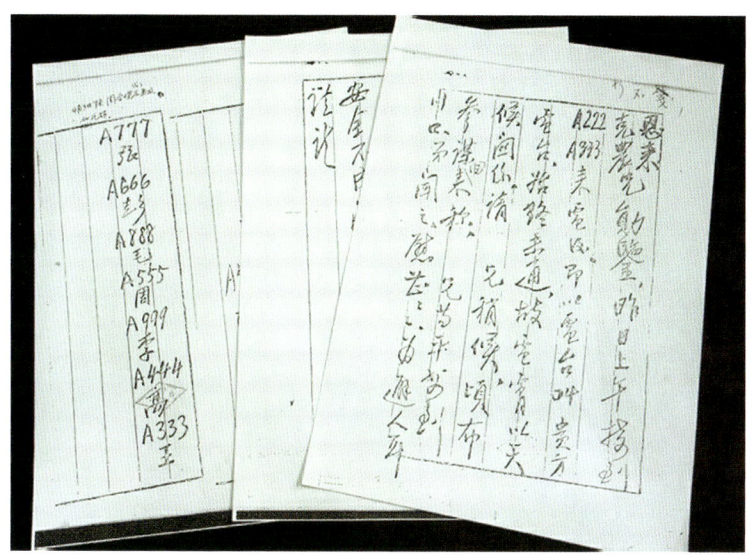

1936年4月9日，王以哲在肤施写给周恩来、李克农的亲笔函。函中的A222、A333为彭德怀、毛泽东。而该函末所附记为肤施会谈前夕重新约定的通讯代号，即A777、A666、A888、A555、A999、A444、A333依次为张学良、彭德怀、毛泽东、周恩来、李克农、高福源、王以哲

肤施会谈旧址——城内基督教堂

西安事变纪念馆复原的肤施会谈结束时的场景

座谈竟夜，快慰平生。归语诸同志并电告前方，咸服先生肝胆照人，诚抗日大幸。

……惟别后事变益亟，所得情报，蒋氏出兵山西原为接受广田三原则之具体步骤，而日帝更进一步要求中、日、满实行军事协定，同时复以分裂中国与倒蒋为要挟。蒋氏受此挟持，屈服难免，其两次抗议蒙苏协定尤为端倪。为抗日固足惜蒋氏，但不能以抗日殉蒋氏。为抗日战线计，先生当有以准备之也。

……兹如约遣刘鼎同志趋前就教，随留左右，并委其面陈一切，商行前定各事。寇深祸急，浑忘畛域，直率之处，诸维鉴察。

1936年4月22日，周恩来写给张学良的信（打印件）

三、第二次肤施会谈与西北国防政府计划

1936年5月5日，红军撤回河西，结束东征。中共中央以中华苏维埃共和国中央政府主席毛泽东、中国人民红军革命军事委员会主席朱德的名义，向国民政府军事委员会及全国各界发出了《停战议和一致抗日通电》，不再称蒋介石为卖国贼，而称其为"蒋介石氏"。蒋介石命令中央军汤恩伯部两个师和晋绥军一师一旅尾随红军西渡。张学良获知这一消息，即要求见周恩来面商对策。而中共中央此时则依据刘鼎发

1936年5月7日，毛泽东、周恩来、彭德怀关于再度肤施会谈复电刘鼎转交张学良、王以哲电（打印件）

来的密信和曾希圣、朱理治的电报，以为张学良已决心"反蒋"，遂迅速拟定了一个与东北军合作，"打通苏联"、取得国际援助、成立西北国防政府和抗日联军的战略构想，并决定以红一方面军主力组成西方野战军，西征甘宁，故也认为有再次会谈的必要。于是5月12日晚，周恩来与张学良举行了第二次肤施会谈。这次会谈对上述战略构想达成了初步共识，对东北军配合红军西征及为北上甘肃的红二、六军团和红四方面军让路等问题有了约定，进一步密切了张学良与中共的关系，但并没有就西北"大举"的发动时间、进行步骤形成具体协议。双方的不同在于，中共当时执行的是"抗日反蒋"方针，而张学良在对蒋介石问题上依然是两手准备，即在取得苏联大力援助或蒋介石确已"降日卖国"之前，他仍试图通过劝谏促使蒋介石改变国策；再者，张学良更忧心的是东北军中下层尚不明了他的联共意图，他还需要花较长时间对东北军进行整顿改造。因此，当6月初两广事变爆发后，中共中央急于促成张学良发动西北"大举"，而张学良却于6月10日飞往兰州，亲自帮邓发办理赴苏手续；6月11日又转飞南京，考察两广事变真相及各方反应，直到6月20日才回到西安。

四、瓦窑堡之失及中共中央移驻保安

就在张学良刚刚离开西安、王以哲也不在洛川之际，东北军第六十七军一〇七师、一一七师和一零五师第三旅根据蒋介石和"西北剿总"的命令，突然分三路向苏区南部永坪、蟠龙、安塞推进，逼近红都瓦窑堡。因电讯联络不畅和无法派人交涉，苏区后方兵力单薄（红军主力已西征），导致张云衢指挥下的驻横山县石湾镇的国民党第八十六师（师长高双成）两个营，于1936年6月21日乘机袭占了瓦窑堡。周恩来急调后方部队驰援反攻，未能如愿，只好转而围城，再请东北军一〇七师刘翰东部以救援张云衢部为名，于23日开进了瓦窑堡。一周后，汤恩伯部赶到，瓦窑堡最终还是落入了中央军手里。所幸中共中央早有预料并将城内机关单位大部分人员提前撤离，才没有造成大的损失。7月1日、3日，中华苏维埃中央政府西北办事处和中共中央先后移驻保安（今志丹县）县城办公，保安遂成为继瓦窑堡之后的又一个红都。美国记者埃德加·斯诺正是在这个时候经西安前往保安和西征前线采访的。

当年中共中央驻红都瓦窑堡时（1935年12月初—1936年6月）的部分旧址

五、中共中央加强对东北军的统战工作

瓦窑堡丢失不仅暴露了红军与东北军秘密停战合作过程中存在的某些不一致不协调之处，而且反映出东北军特别是其中下层整理改造的必要性和紧迫性。为此，中共中央从1936年6月中旬起即着力加强对东北军的统一战线工作。一是成立各级东北军工作委员会及办事处。其中，中共中央东北军工作委员会（简称"中央东工委"）以周恩来为书记、叶剑英为副书记，成员有朱理治（兼秘书长）、李克农、李涛、边章伍等，并于6月20日批准实施《中央关于东北军工作的指导原则》，强调"我们在东北军中的统一战线应该是上层与下层的同时并进"。与此相呼应，当时在东北军从事抗日救亡工作的中共党员刘澜波、孙达生、苗勃然等，也在西安自发组织了一个东北军工作委员会（简称"西安东工委"），以刘澜波为书记，后归8月到西安的中央特派员朱理治领导。二是选派大批优秀党员深入东北军各部队做宣传统战工作。如叶剑英直接领导的东工委（含安塞、延安两个县工委及各办事处）重点面向东北军第六十七军，派刘仲明去一〇七师（后又去一〇五师）、刘培植去一一七师、马文瑞去一二九师，一律随军行动，采取多种方式影响东北军官兵，工作成效颇为显著。

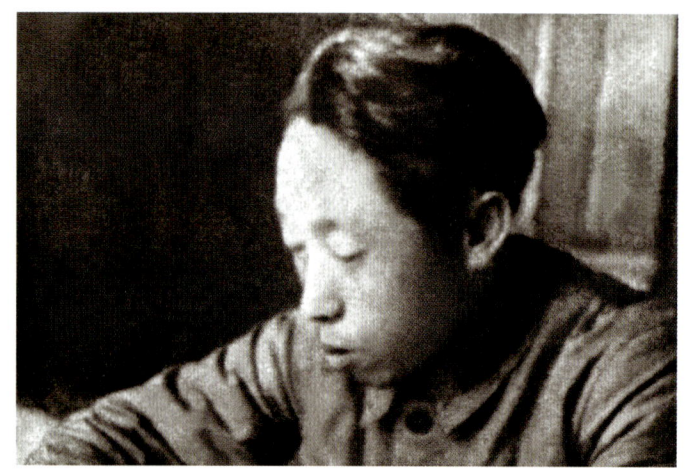

刘澜波（1904—1982），辽宁凤城人。1936年，与孙达生、苗勃然等自发在西安组织东北军工作委员会，任书记，开展对东北军的统战宣传工作。当年8月，中共中央东工委成员到达西安后，西安东工委即归中央东工委领导

六、张学良的抗日决心及对"西北大举"的反复考虑

1936 年 6 月 20 日，张学良从南京回到西安。22 日，张学良去了王曲军训团，对其抗日骨干作了题为《中国出路唯有抗日》的长篇演讲，既批驳了"唯武器论"和"长期准备论"，又阐述了中国抗战最终必胜的理据，更表明了"抗日是东北军最大的使命"和自己"绝不惜牺牲"的决心。随之，张学良通过刘鼎向中共中央提出了入党的要求。中共中央立即做出了准备吸收张学良入党的决定，并于 7 月 2 日电告共产国际。后共产国际回电予以否定，但中共中央是否已吸收张学良入党，至今亦难下定论。对于此前周恩来反复电告王以哲等切盼张学良速回西安，"速定西北发动大计及其具体步骤"，张学良于 7 月 30 日前后给"周同志"（周恩来）回了一封亲笔短函，托去陕北安塞的"刘同志"（刘鼎）带给周恩来。函中表示东北军还需要半年时间进行整理准备，实际上是不同意中共中央尽快发动"西北大举"的设想，但双方的亲密程度却与日俱增。

7 月 6 日，张学良赴南京出席国民党五届二中全会，至 7 月 24 日方返回西安。在此期间，张学良发现南京上层联俄呼声甚高，蒋介石也流露出联俄及与中共妥协的意向，加之两广事变已接近结束，"西北发动"的最佳时机已经错过，因而再次产生了推迟发动时间的想法。7 月 23 日，中共驻共产国际代表团成员潘汉年经欧洲、香港抵达西安，带来了共产国际关于红军应在西北地区发展，接通外蒙、苏联的战略意图，以及苏联拟从外蒙、新疆两个方向为红军提供军事物资援助的消息。次日即与刚

从南京归来的张学良进行商谈。据潘汉年报告，张学良认为"西北大举"发动的时间应考虑在9月，"打通苏联的实现暂以红军为主，东北军暂时做隐蔽的配合"。8月6日，潘汉年回到保安汇报后，毛泽东于同日电告刘鼎转达张学良，对张学良的意见原则同意，具体步骤待潘汉年再去西安与之磋商。8月9日，张闻天、周恩来、博古、毛泽东又联名致张学良一封长函，就九十月间"西北大举"发动的基本战略方针、两军配合、具体步骤、准备工作等17个问题做了全面系统的阐述，并表示这些意见"都是同志建议的性质"。该函由潘汉年于12日出发带往西安。然而此时的张学良却借病拖延见面，还在思考"西北大举"发动的利弊得失。经潘汉年多方催促、恳请，张学良才于8月21日、24日和30日与潘汉年面谈。对于中共中央领导人的长函，张学良表示"完全同意"，但在不少问题上又顾虑重重，态度极其犹豫。究其原因，除了潘汉年推测的"他手下没有可以运用的组织机能""对蒋介石力量的恐慌""仍不敢公开联红"等之外，真正的根源就在于张学良思想深处长久已有的"帮蒋介石能抗日"的认识，以及切盼国共携手合作、举国一致抗战的愿望。

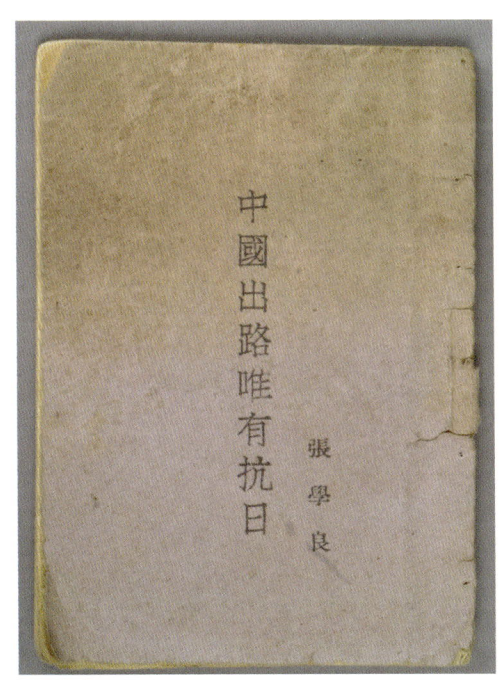

1936年6月22日，张学良在王曲军官训练团的演讲《中国出路唯有抗日》，于西安《解放日报》1937年1月5日刊载。图为付印的小册子

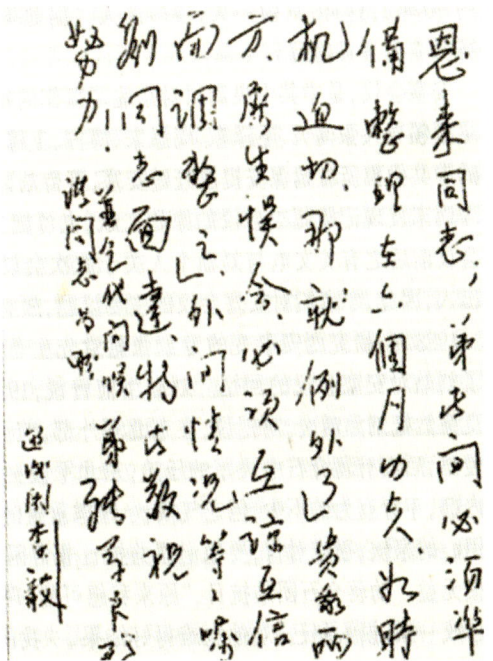

1936年7月3日前后，张学良写给周恩来的亲笔函，李毅即张学良的化名

七、 中共改行联蒋、逼蒋抗日方针与张学良的衷心赞同

当张学良为"西北大举"发动的具体问题犹豫之际，中共统一战线的策略方针又进行了一次重大调整。还在 7 月下旬，共产国际和中共代表团即多次来电批评中共的反蒋政策，要求中共下决心联蒋。8 月 12 日，根据前天政治局会议精神，中共中央电告红二、红四方面军领导人称："认定南京为进行统一战线之必要与主要的对手"，"继续停战议和请蒋抗日的号召"。8 月 15 日，共产国际执委会书记处再次给中共中央书记处来电，指出"把蒋介石与日寇等量齐观（即'抗日反蒋'）是错误的"，要求中共与国民党谈判，以建立全国统一的中华民主共和国与国防政府，亦即改行"联蒋抗日"方针。8 月 25 日，中共中央直接致书国民党进行呼吁，并于 9 月 1 日向党内发出了《关于逼蒋抗日问题的指示》。为此，毛泽东随即发电报给潘汉年，要潘汉年向张学良说明中共统战方针转变的情况，并立即返回保安领受新的任务，再去南京与国民党谈判。当张学良得知潘汉年必须北返保安时，他告诉潘汉年快去快回，并带中共重要干部出来，特别是要带叶剑英来西安工作。据刘鼎电称，张学良对中共新方针衷心赞同，并慨然表示愿赴京面蒋"冒险说和"，力促国内和平统一，国共两党"结力抗日"，"纵使碰钉子，或者削职为民，乃至坐牢、杀头也在所不惜"。显而易见，随着中共改行"联蒋抗日"方针，以"反蒋"为内核的西北国防政府计划势必束之高阁，张学良自然就有了如释负重之感。在张兆麟联系下，10 月 3 日下午，美国记者海伦·福斯特·斯诺如约到"西北剿总"采访张学良，很快写成题为《宁可要红军，不要日本人，中国将军要团结》的报道，经过多种媒体发表，在国内外产生了强烈反响。

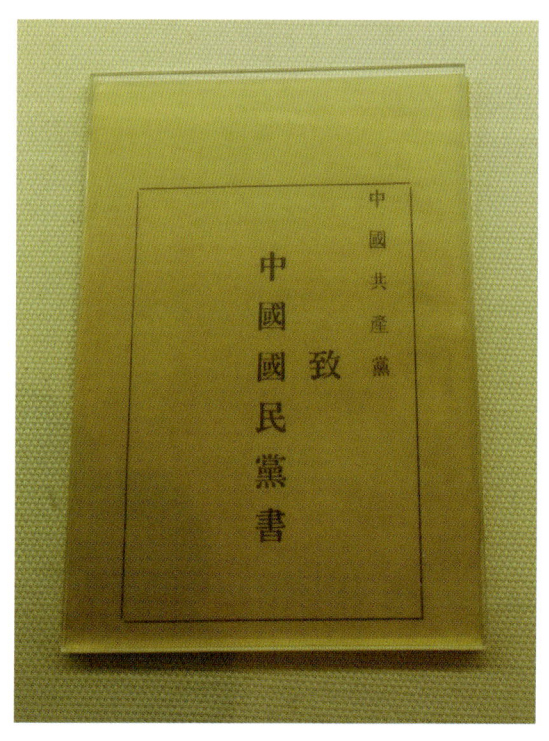

1936年8月25日《中国共产党致中国国民党书》

中央關於逼蔣抗日問題的指示
——一九三六年九月一日——

中央書記處

1936年9月1日，中共中央向党内发出的《中央关于逼蒋抗日问题的指示》

海伦·福斯特·斯诺（1907—1997），笔名韦尔斯，美国作家兼新闻记者，《西行漫记》一书作者埃德加·斯诺的前妻，著有《续西行漫记》等。1936年9月，海伦·福斯特·斯诺第一次到西安。图为海伦·福斯特·斯诺来西安前的照片

八、红军与张学良东北军的合作进入新阶段

　　1936年10月4日，潘汉年、叶剑英连同朱理治、汪锋、边章伍、彭雪枫等一行10多人辗转抵达西安。潘汉年、叶剑英给张学良带来了毛泽东签名盖章的红军与东北军《抗日救国协定》及《国共两党抗日救亡协定草案》。然后，潘汉年即赴沪宁与国民党进行谈判，叶剑英则作为中共中央派来的红军正式代表常驻西安，为张学良出谋划策，排忧解难。10月5日，叶剑英与张学良会谈。关于红军与东北军《抗日救国协定》，张学良认为双方业已全面合作，无须有此书面形式，不用签字，叶剑英表示同意；关于《国共两党抗日救亡协定草案》，叶剑英请张学良向蒋介石直接转交，张学良表示同意，但要求叶剑英以毛泽东、周恩来名义给他写一封信，作为向蒋介石转交时的依据，叶剑英电请中央同意后，便有了毛泽东、周恩来署名的致张学良信。从此，红军与张学良及东北军在逼蒋抗日基础上的合作进入实质性阶段。

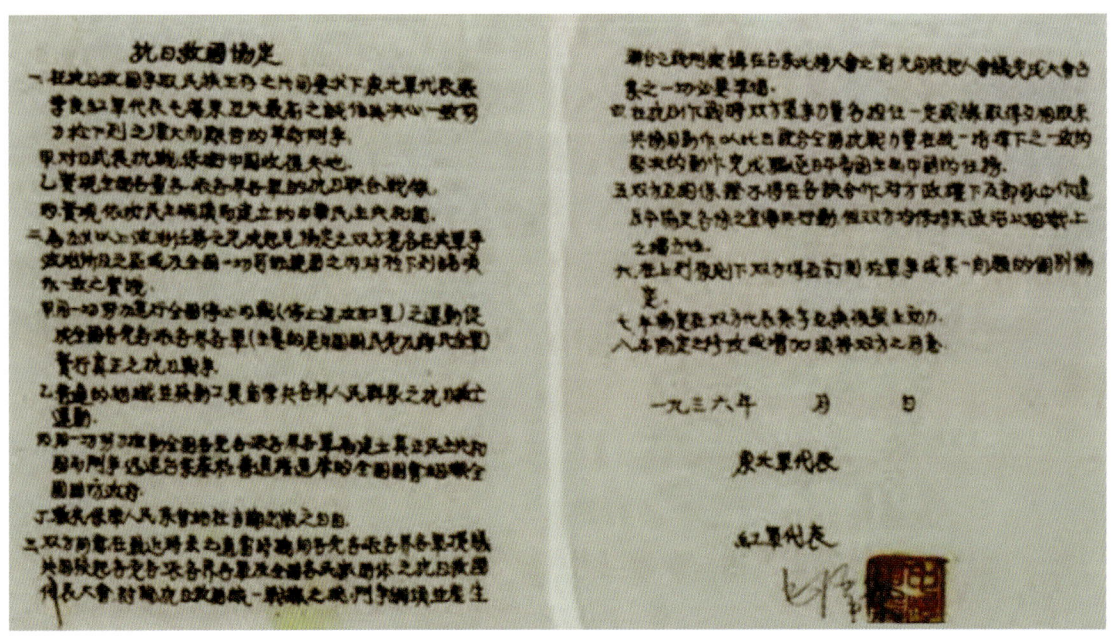

毛泽东签名盖章的红军与东北军《抗日救国协定》

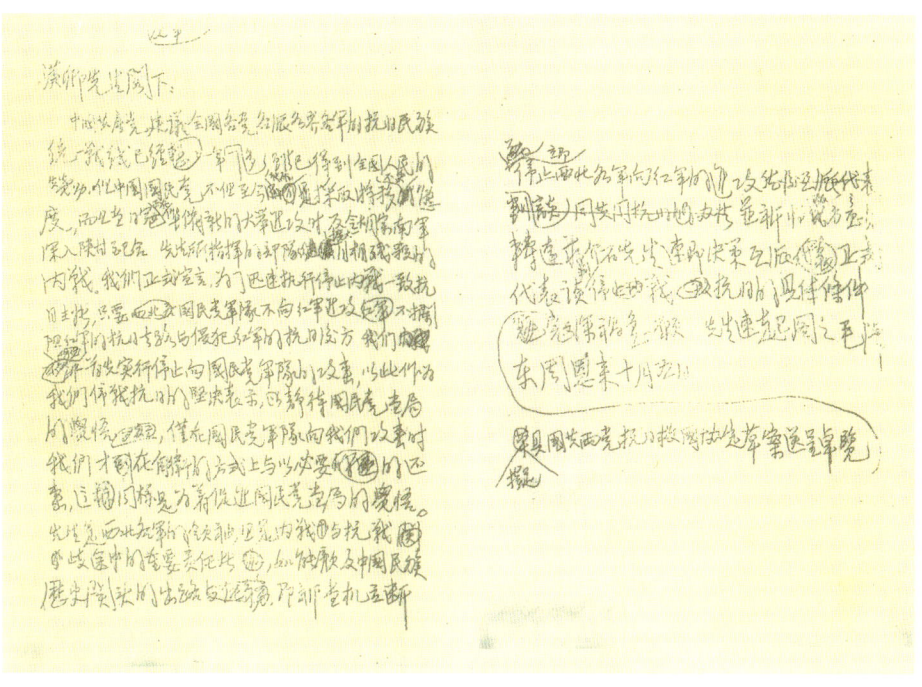

1936年10月5日，毛泽东、周恩来致张学良的信稿

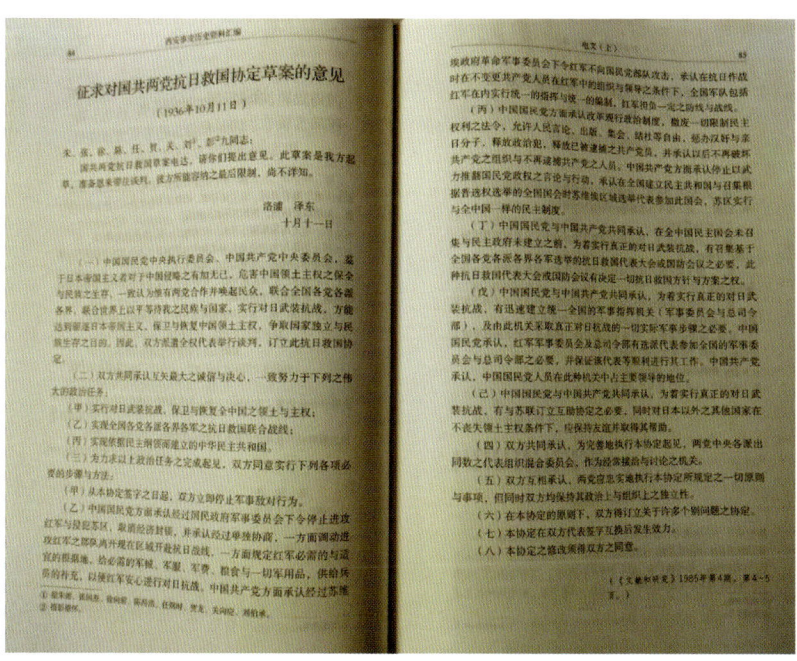

中共中央所拟《国共两党抗日救亡协定草案》

第二节　中共对杨虎城的争取

如前所述，自 1922 年率部驻防陕北榆林以来，杨虎城与共产党人一直有着千丝万缕的关系。其间，既有重用、保护共产党人的贤明之举，也有因中共组织暴动而"清党"的无奈选择，更有达成"互不侵犯、合作反蒋"协议而又兵戎相见的深刻创痛。到了 1935 年下半年，杨虎城可以说多种矛盾丛集一身：一是几年的"剿共"行动损失巨大，他不能不考虑另寻出路；二是张学良率东北军入主陕甘，他不能不产生"鹊巢鸠占"的忧愁；三是他与蒋介石之间积怨已深，加之中央军胡宗南等部为阻止红军长征北上不期而至，他不得不对蒋介石的图谋加以防范。总之，以往的恩怨情仇和所面临的现实困境，致使杨虎城的心情极其苦闷彷徨。然而就在杨虎城迷茫消沉、难觅良策之际，随着抗日民族统一战线新政策的确立，中国共产党首先向他伸出了友谊之手。

一、南汉宸委托申伯纯对杨虎城做工作

1935 年 10 月底，杨虎城飞赴南京，准备出席即将召开的国民党第五次全国代表大会。11 月上旬，时在中共华北局所属联络局负责情报工作的南汉宸，委托第十七路军驻北平办事处主任申伯纯从天津专程前往南京见杨虎城，向其介绍中共《八一宣言》的内容，如停止内战、一致抗日，组织国防政府和抗日联军等主张，杨虎城听了"甚为动容"。然后，申伯纯代南汉宸向杨虎城提议与红军订立抗日友好互不侵犯的协定。当时红一方面军已抵达陕北，杨虎城与张学良之间互相猜疑很深，正是最苦闷的时候，本想当选个中央委员，离开陕西。杨虎城听了申伯纯的转述，"认为有了新的希望"，便表示可以接受南汉宸的提议。随之，杨虎城嘱托申伯纯暂留南京帮他拉票搞选举，在花了一笔钱之后，杨虎城当选为国民党第五届中央监察委员。杨虎城曾气愤地说："从辛亥革命起，就跟同盟会闹革命，到今天还不能不花钱买一个中央监察委员，太丢人了！"

开完五届一中全会后的 12 月 10 日，杨虎城和申伯纯一同乘火车北上，两人又进行了热烈交谈。车到徐州时，杨虎城让申伯纯转车去天津，向南汉宸询问与红军合作

南汉宸（1895—1967），山西洪洞人，中共党员。杨虎城主持陕政后，他被任命为省政府秘书长，组建省政府，在帮助杨虎城处理政务和与蒋介石斗争中发挥了重大作用

的具体办法，然后再来西安。申伯纯到天津转达了杨虎城的要求，南汉宸即亲笔致杨虎城一函，内列双方合作的六项内容：（一）在联合抗日的原则下，双方停战合作；（二）在现有的防区内（可商定），双方互不侵犯，必要时可预先通知，互为进退，或放空枪、打假仗；（三）双方互派代表，互通情报；（四）甲方（指第十七路军）在可能的条件下，掩护乙方（指红军）往来人员的交通进出；（五）甲方协助乙方购买通讯器材、医药用品和其他物资；（六）双方在适当地点，建立秘密交通站，以加强联络和便利往来交通。

申伯纯携此函于 12 月 16 日离开北平前往西安会见杨虎城，除递交南汉宸亲笔函外，又口头转达了南汉宸的意见，即如杨虎城同意这几项条件，或者有所修正补充，天津方面将另派专人前来商谈，并由派来的专人到陕北沟通双方的关系。对此，杨虎城基本上都同意，但表示还要考虑考虑再做决定。

二、汪锋赴西安与杨虎城商谈

就在杨虎城对南汉宸所提六项具体合作办法尚未做出决定之际，中共中央已从陕北派专人来西安谈判了。1935 年 12 月中旬，杨虎城于 12 月 12 日从南京回到西安后不几天，汪锋带着毛泽东写给杨虎城和第十七路军总参议杜斌丞的亲笔信，通过早已相识的杨虎城部军法处长张依中的引导和介绍，前往新城大楼与杨虎城会面。双方略事寒暄，汪锋即递上毛泽东的亲笔信。因杨虎城需要阅读、研究信的内容，故会面时间很短，还未涉及联合抗日等正题。为了保密，杨虎城让张依中将汪锋安置在西华门军法处的看守所里，对外声称汪锋是被红军俘虏后逃回的第十七路军特情人员，以待审查。

过了大约一周，由张依中同车陪同，汪锋到新城大楼西客厅与杨虎城正式会谈。据汪锋回忆，他首先代表毛泽东向杨虎城问好，然后说明来意，接着谈了当前的形势及中共和红军的联合抗日主张。不料，未等汪锋说完，杨虎城劈头就提出了三个问题：（一）红军不讲信用，如红四方面军无故破坏与孙蔚如部的停战协议，攻击汉中地区，第十七路军许多人现在还有不满情绪。（二）红二十五军为何要杀我部旅长、中共党员张汉民？（三）联合抗日固然很好，但红军如何帮助东北军和第十七路军呢？关于前两个问题，因毛泽东在亲笔信中的表述与第十七路军方面的观点完全不同，杨虎城自然无法接受。汪锋则做了更详细的解说，但也未能使杨虎城信服（直至西安事变爆发后周恩来到西安的第二天见杨虎城时，首先就陕南战役与张汉民被错杀等事做了道歉和解释，并坦率承认均系中共"左"倾错误所致，杨虎城才为之释然）。关于两军如何合作等问题，毛泽东在信中指出："敝军由南而北，志在抗日"，但张学良却遣军"侵入苏区"，红军"聊一还击"即"大获全胜"。随之质问杨虎城："乃闻阁下之孙冯两师，亦由陕南向陕北开进，诚不识是何居心？"并就"保境"、"进攻红军"、陕西局势、国家大局等问题对杨虎城予以提醒和劝告。信的最后说："鄙人等卫国有心，剑履具奋，行程二万，所为何来？既达三秦，愿求同志。尚得阁下一军，联镳并进，则河山有幸，气势更雄，减少后顾之忧，增加前军之力。鄙人等更愿联合一切反蒋抗日之人，不问其党派及过去之行为如何，只问今日在民族危急关头是否有抗日讨蒋诚意，凡愿加入抗日讨蒋之联合战线者，鄙人等无不乐与提携，共组抗日联军，并设国防政府，主持抗日讨蒋大计。……如荷同意，即祈派遣代表前来苏区，商洽一切。"

对此，汪锋建议第十七路军与红军应互不攻击，并说明中共对第十七路军只是帮助其发展成长，防止损失，别无他图。杨虎城则仅暗示第十七路军官兵上下齐心，"对谈判内容没有表示明确态度"。最后，杨虎城表示，他不能多谈，具体问题可由其机要秘书王菊人、张依中与汪锋继续商谈。

当时，杨虎城对中共是否已真正转变了政策尚有疑虑，对汪锋的身份、来历颇为怀疑。加之毛泽东亲笔信所用纸张很差，杨虎城以为红军领袖不应如此草率，因而怀疑是否蒋介石派人持假信侦察他，是蒋介石诱骗他上当的一个圈套。杨虎城将汪锋安置在军法处看守所里，其用意本来就是可进可退。此后，杨虎城还派在省政府任科长的中共党员崔孟博去天津，要求南汉宸如约派负责人前来谈判，并查清汪锋的真实身份。

1936 年元旦过后，即从 1 月 4 日起，杨虎城和张学良飞往榆林、绥德等地视察部队，继而又转飞山西与阎锡山等商讨防堵红军入晋及联合抗日等事。至 1 月中旬，张学良因接见高福源等事返回陕西，杨虎城则以身体染病为名继续留在太原活动。直到 1 月 21 日才乘火车返回西安。对于他离开西安期间汪锋同王菊人所谈内容及商定的联络办法，杨虎城向汪锋表示同意；在汪锋回苏区前，杨虎城请汪锋代他向毛泽东、周恩来问好，并说有一位"老朋友"要请汪锋带往苏区。而这位"老朋友"就是南汉宸从天津派来的中共北方局负责人之一的王世英。

作为中共中央同杨虎城的第一次直接联系，汪锋的西安之行，使双方之间有了初步的沟通和了解，在联合抗日的原则意向上也取得共识，对以后第十七路军与中共合作关系的形成起到了投石铺垫的重要作用。但不可否认的是，预期达成互不侵犯和互助通商协定的主要目的却基本上未能实现。

三、王世英到西安与杨虎城会谈

1936 年 2 月初，在崔孟博的陪同下，王世英和交通员梁明德到达西安。王世英此行，除与杨虎城商谈联合抗日问题外，最重要的是经西安前往陕北，接通北方局与中共中央的联系，并向中共中央汇报北方局代表周小舟等与南京方面秘密接触谈判的情况。王世英与杨虎城见面后，首先证实了汪锋确系中共方面的人，然后在九府街（今青年路）止园（杨虎城新建成的私人公馆）进行了秘密会谈。据王世英给中共中央的报告，王世英首先向杨虎城说明中共中央"经常对第十七路军的关心及对他的希望"；"目前中国民族危机的情况，南京政府政治威信的低落，全国民众抗日反蒋情绪高涨"；"提及杨虎城过去革命的光荣，以及一般人对他的希望，提出我与南汉宸对他的意见"，即希望杨虎城"与红军秘密订立互不侵犯协定，保存自己实力，加紧充实自己，训练自己"；"与红军保持友谊关系，与其他反蒋派联络，发动抗日反蒋战争"。杨虎城则有如下回应："对目前情形他很清楚"，并"说明他的革命立场"；对过去魏野畴等人"在第十七路军活动（暴动）"提出意见；谈了第十七路军当前的"孙蔚如思想进步，唯在环境上顾虑尚多，胡宗南在陇南的威胁，陕甘东北军及中央军势力尚强，蒋介石调动军队很容易"等问题。杨虎城也谈及他对国内各方面采取的政策："联络东北军中上层将领要求南京抗日；对中共和红军'维持原防，互不侵犯'；交通运输上在可能范围内可帮忙。"杨虎城还提出，要求中共"不哗变他的部队""绝对保守秘密，以后不要给他写信或派人，可建立电台联系"，希望红军与井岳秀部保持"与他同样的关系"。

对杨虎城的意见，王世英均表示同意，并提出马上去陕北向中共中央汇报。杨虎城即答应派人护送汪锋、王世英一同前往陕北，并赠路费500元。大约2月下旬，杨虎城、张依中等安排汪锋、王世英乘坐军法处骡子拉的轿式车，由军法官庞志杰（中共党员）一路护送，经过泾阳、三原顺利到达淳化县；再由驻该县的杨虎城部特务二团团长阎揆要（中共党员）负责将汪锋、王世英送回苏区。

王世英进入苏区后，先赶到瓦窑堡，旋赴山西红军东征前线向中共中央汇报。中共中央同意了王世英与杨虎城商定的各项原则，同时指示王世英尽快返回华北，在途经西安时可将中共中央意见转告杨虎城，并请杨虎城尽快建立起交通站。中共中央政

王世英（1905-1968），山西洪洞人。受中共北方局委派，于1936年1月来西安同杨虎城商谈联合抗日，初步达成互不侵犯四项口头协定

治局常委晋西会议后，张闻天、周恩来、博古、邓发、李克农、王世英分途从山西回到瓦窑堡。由于中央军入晋，东征红军处境渐趋不利，毛泽东等催促王世英速赴西安会见杨虎城，以设法迟滞杨虎城部北进。4月7日，王世英跟随去肤施与张学良谈判的周恩来、李克农等一同离开瓦窑堡，至肤施后分手告别，王世英遂通过东北军的关系经洛川于4月底辗转到达西安。而杨虎城为应付蒋介石要求其督师北上封锁黄河西岸的命令，已于4月16日在韩城设立临时行辕。于是，王世英即由王菊人陪同去韩城会见杨虎城。杨虎城最初"推诿不见"，后经再三恳请，才勉强答应见面。王世英告诉杨虎城，中共中央已批准此前达成的口头协议，也基本同意杨虎城的意见，"我们不公开派代表，也不建立电台，但要有人秘密取得联络，如建立交通线。"杨虎城对协议表示原则同意。但在事实上，第十七路军除按兵不动、停止北进外，协议的其他各项均未付诸实施。王世英临走时向杨虎城索要护照，杨虎城"口头敷衍，结果不见面了事"，此举曾引起中共方面的不满。这样，杨虎城与红军的关系又基本上陷入停顿不前的状态。

杨虎城的私人公馆——止园

四、王炳南回国帮助杨虎城

就在中共中央和北方局致力于争取杨虎城时，中共驻共产国际代表团也在着手从事这方面的工作。王炳南，陕西乾县人，1925年加入青年团，不久转为中共党员。其父王宝珊是杨虎城的部下和朋友，曾任第十七路军高级参议。1929年，杨虎城资助王炳南出洋留学，先赴日本，后转德国。中共中央和中央红军长征到达陕北后，中共驻共产国际代表团认为西北地位重要，应说服杨虎城联共抗日，希望中共能与杨虎城订立互不侵犯协定。当得知王炳南与杨虎城有世家关系后，中共代表团遂委派王炳南回国做杨虎城的工作：（一）争取杨虎城与红军达成谅解，签订互不侵犯协定；（二）万一杨虎城因与中共关系遭到蒋介石迫害时，保证杨虎城的出路。如杨虎城同意中共建议，王炳南即密电巴黎《救国时报》吴玉章处，约定的暗语是"我订的杂志请寄来"，中共代表团即派人回国协助王炳南工作；如杨虎城不同意，密电暗语则为"杂志不必寄了"。

1936年2月，王炳南偕德籍妻子安娜利泽（即王安娜）取道苏联回国，于4月间到达西安。眼见王炳南归来，杨虎城十分高兴，认为王炳南是"共产国际派来的人物，很重要。他和张学良都想拉上共产国际的关系，得到共产国际的帮助"。除在西安交谈外，杨虎城还特地邀请王炳南到三原东里堡别墅密谈了两天。王炳南向杨虎城分析了国内外形势，介绍了中共的新政策，也探讨了第十七路军的前途，并对杨虎城提出反共是没有出路的，唯一出路就是与共产党合作抗日。据王炳南回忆："杨虎城毫无保留地接受了我党的观点和建议，并说：'我与中共某些人士已有接触，但素不相识，说话又难免有些顾虑和保留。现在你回来了，这很好，可以无话不谈了。'"当时，杨虎城对王炳南寄望甚高，请王炳南帮他介绍进步人士，整顿改造他的部队，给他解答一些政治理论问题。那时，杨虎城与张学良已有了一定的政治联系，而王炳南也经杜重远的介绍，与张学良见了面。但事不凑巧，王炳南回国不久即得了严重的关节炎症，卧床半年不能活动，后经乔治·海德姆（即马海德）医治，到10月才见好转，随后就在杨虎城身边从事张学良、杨虎城关系等沟通工作。

王炳南（1908—1988），陕西乾县人，与杨虎城有世家关系。1936年4月受共产国际委派，回到杨虎城部做争取联合抗日工作。图为王炳南（左）与杨虎城（右）在临潼的合影

图左为1979年王安娜在延安毛泽东旧居前留影；右为王安娜所著《中国——我的第二故乡》封面照

五、中共西北特支与杨虎城

自1936年春以来，尽管杨虎城与中共的关系不如与张学良那般密切，也主要是就双方高层而言，却不等于杨虎城部与中共下层组织没有更多更深的接触。这里有必要做一点回溯。早在1932年秋，时在上海的中共临时中央局就曾派谢华（谢兹山）以特派员的身份，进入第十七路军宪兵营从事兵运工作，并以该营营长金闽生、副营

长童陆生（中共党员）的客人身份住在宪兵营，不久谢华就介绍金闽生入了党。谢华在宪兵营整整工作了一年，发展了30多名党员，建立了党支部并任书记，直接与上海中央局联系，不和地方党组织发生关系。在此期间，谢华只是与杨虎城部《西北文化日报》社副社长兼总编辑、中共党员宋绮云有接触，又通过金闽生认识了杨虎城的机要秘书王菊人。据谢华回忆，当时杨虎城对"共产党态度很好"，杨虎城的夫人谢葆真与谢华在工作上多有来往。1933年夏秋，因红二十六军政委杜衡、中共陕西省委书记袁岳栋叛变，陕西党组织遭到极大破坏。有人向杨虎城和省党部告密，说谢华是共产党员，在宪兵营活动很厉害。因国民党省党部被CC分子宋志先把持，杨虎城为保护谢华的安全，不仅烧毁了告密信，而且派专人资送谢华暂时离开西安。1933年11月福建事变爆发，军委留沪办事处的徐彬如（徐文雅）、王根僧到西安做争取第十七路军反蒋的工作。但当徐彬如、王根僧两人到西安时，福建事变已经失败，杨虎城的"大西北计划"也已告吹。时局的变化，使他们能接触的人很少，很难在西安立足。经杜斌丞推荐，王根僧因担任过黄埔军校教官，被杨虎城留下来当了绥署参谋处长，徐彬如则由杨虎城派人资送回上海。

1935年秋冬，中共的统一战线新政策逐步确立之后，军委留沪办事处又先后派徐彬如、李木庵、谢华前来西安，以杨虎城部宪兵营为据点开展统一战线工作。他们通过王菊人、杜斌丞等人向杨虎城转述了瓦窑堡会议关于建立抗日民族统一战线的精神，并提出要杨虎城的部队在前方与红军建立合作关系，以争取政治上的主动。杨虎城为他们在宪兵营分别安排了带薪的职务，即李木庵任上尉书记官、谢华任上尉教官、徐彬如任咨议，以便掩护工作。在此期间，谢华写了一份工作报告，由交通员梁明德带回陕北，从此取得与中共中央的联系。1936年5月，根据周恩来的指示，他们在宪兵营原党支部的基础上成立了中共西北特别支部（简称"西北特支"），由谢华任书记兼管组织，徐彬如、李木庵等负责宣传。金闽生、童陆生、王根僧、宋绮云等也参加了西北特支的实际领导工作。转归中共中央直接领导之后的西北特支，只是一个工作机构，不同于一级党委，没有发展党员的任务，但却兼管某些地方党组织的工作。除了继续与杨虎城部上层人物保持联系、讨论或提出建议外，主要是从学生和教师工作入手，着重领导开展群众的抗日救亡运动，陆续建立各界各层次的群众抗日救国团体，并于同年6月（另说7月）成立了西北各界救国联合会（简称"西救"）。为了便于工作，经西北特支筹划，当年5月，由进步人士蒋自明在莲湖公园东南隅开设了一个莲湖食堂，作为西北特支的秘密联络站。凡此种种，都得到了杨虎城的支持和保护。

　　谢华（1895—1987），原名兹山，湖南衡南人。1925年加入中国共产主义青年团。1926年2月加入中国共产党。曾三次奉派到西安从事兵运和统一战线工作。1936年5月，中共西北特别支部成立，任书记兼管组织

　　李木庵（1884—1959），湖南桂阳人。1925年夏加入中国共产党。1936年春被中共上海地下组织派往西安开展工作，5月中共西北特别支部成立，任委员，6月参与组织成立西北各界抗日救国联合会，担任总务部负责人

　　蒋自明（1896—1945），江苏铜山（今徐州）人。任中共西北特支的联络站莲湖食堂经理

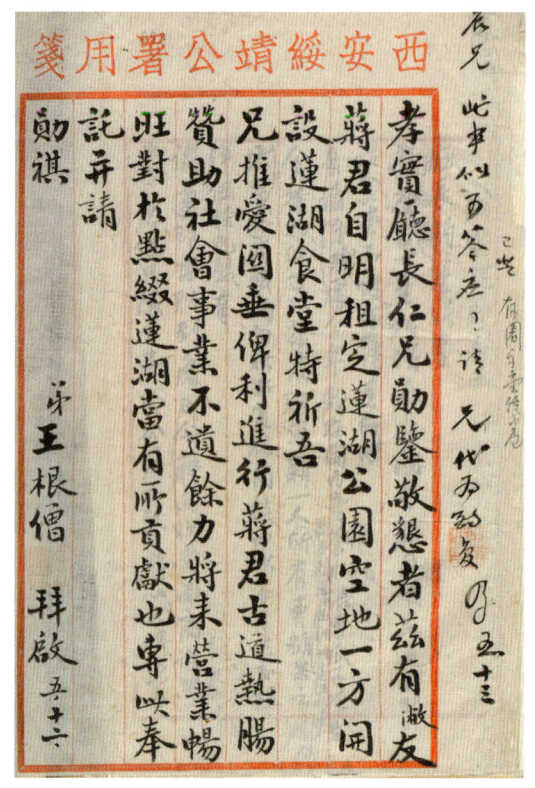

1936年5月12日，西北特支成员王根僧写给陕西省建设厅长雷宝华的信函，证实莲湖公园的莲湖食堂从1936年5月即开始筹建

六、张文彬再赴西安与杨虎城谈判

鉴于张学良和东北军与中共红军已全面合作，而杨虎城和第十七路军与中共的关系尚无实质性进展，不利于西北大联合计划的实施；尤其是东北军刘多荃、王以哲等部西调甘肃，陕北正面肤施—鄜县—洛川一线由杨虎城部接防，苏区的对外交通联络和经济通商势必发生障碍，中共中央遂决定派毛泽东的秘书张文彬再赴西安与杨虎城谈判。在张文彬未到西安之前，8月25日，毛泽东即急电在西安的潘汉年转告张学良，请张学良出面"向杨虎城交涉，务在日内将肤施、洛川间交通恢复原状"。随之，张学良介绍潘汉年（假称是张子华）去见杨虎城。潘汉年特意向杨虎城表示，他受毛泽东嘱咐来看望杨先生，毛泽东更希望杨虎城能与其建立直接合作关系。杨虎城则谈了三点看法：（一）第十七路军暂不能一一转变为红军，目前只能从政治上加紧准备；（二）合作途径必跟张学良走，毋须另起炉灶；（三）军事上先打通国际路线。对于潘汉年提出的与中共直接建立电台通讯以便于及时联络的提议，杨虎城"极力表示他的电台不能用"，只能通过张学良的电台联络。

8 月 26 日，张文彬一到西安，即持毛泽东写给杨虎城的亲笔函去见杨虎城，但杨虎城却迟迟不与会面，一直拖到 31 日晚，才让王菊人与张文彬正式商谈。由于杨虎城方面已经了解到中共与张学良正在筹划"西北大举"（即成立西北国防政府和抗日联军），而杨虎城仅是其争取的七个对象之一，因而谈判一开始，王菊人就率先提出：以目前政治形势急迫（意指绥远和两广），杨虎城"提议立即在西北发动军事行动，杨并有军事行动计划意见"，请求以中共、张学良、杨虎城"三方会议解决"。张文彬判断，王菊人"欲以此试探我方军事行动及张与我关系，和有无背他处"，因而答复说："杨主任能以救西北首先提议发动，我方甚为欣喜。愿杨能提出具体意见。但第一，我、杨双方尚无合作前提与共同意志，希能踏踏实实地真诚做出，不徒空（谈）。第二，对张学良方面的情形我不清楚，对关系第三者情势似非单方可以解决。如果真有此种情势与发展到此必要时，当由各方共同会议筹划。届时或有四五方面、六七方面亦未可知。但我均无事实根据，尤在此时我、杨双方尚未有初步明确协定，前提似觉尚谈不到，而不便做徒空推测。"对于张文彬的答复，王菊人似有不满，声称杨虎城方面"早有诚意与事实证明"，反倒是中共方面"无诚意与合作"。双方为此略有争辩，但气氛很快转归融洽。接着，张文彬提出中共方面希望实现的互不侵犯、通商与取消经济封锁、双方联络三项初步协定，进行了讨论。

杨虎城原本答应 9 月 2 日晚与张文彬会谈，但随后又"托病拒见"。嗣经反复解释、催促，杨虎城才于 9 月 6 日与张文彬"密谈约二小时，结果尚好"。事后张文彬的报告，杨虎城方面与中共达成的口头合作协定共三项八款：

（一）互不侵犯。（1）双方各驻防地在实际行动上取消敌对行为。（2）杨虎城方负责抑制民团活动，不在原有革命组织的地方组织保甲。（3）不摧残革命组织，改善军队纪律，密切与群众的关系。

（二）取消经济封锁。（1）设专门贸易站，在第十七路军掩护下保障贸易的流通。（2）不禁止群众的自由通商。（3）不禁止群众供给第十七路军驻军的食料等必需品的购买。

（三）建立军事联络。（1）双方军事行动事先通报，杨虎城方除将本部属行动通报外，并供给南京等各方情报。（2）有关双方纠纷问题，均经双方磋商解决。

对此三项八款，杨虎城当面表示，各项均能接受，双方意见均无冲突处。

9 月 7 日，张文彬与王菊人、崔孟博又商定了 4 条具体实施办法：

（一）第十七路军现尚无接防，将以十七师王旅驻最前线，旅部将在鄜州（今富县）、肤施及其以北到蟠龙止，均以最少数部队营、连分驻（蟠龙是否驻还不定），第十七路军主力均在鄜州以南，以备有事。

（二）民团将以集中训练、统一指挥名义严密纪律等抑制其活动，改造其个别不听从指挥者。保甲组织，以目前部队无政训处，是完全可以做到的；将来如有政训处，也不致成大问题，至少可以采用东北军所用过的方法抑制。

（三）交通地点，他们（东北军）以在鄜州为好，我（杨虎城）因离苏区太远，决在肤施及甘泉的侧翼，由他、我各派两人，以副官名义前后各驻一个，办理货物转运。至于人员的来往，另外由人负责，以更谨慎。

（四）电台可立即设立，只等你们（指中共中央）把新约好的呼号密码确定并通知我们以便开始联络。

此外，杨虎城、王菊人在与张文彬商谈时还申明或提出以下问题：

（一）“因为第十七路军力量与环境关系，尚不能离开南京政府。”张文彬答：“与南京应付是需要的，但必须努力做出实际的抗日准备和防止并打击蒋的破坏阴谋。”

（二）“杨表示自己部队基础的关系，不能立即与红军走一条路，愿走‘人’字路，

虎臣先生勋鉴：

先生同意联合阵线，盛情可感。九个月来，敝方未曾视先生为敌人。良以先生在理在势在历史均有参加抗日战线之可能，故敝方坚持联合政策，不以先生之迟疑态度而稍变自己之方针。然为友为敌，在先生不可无明确之表示。虚与委蛇的办法，当非先生之本意。目前日本进攻绥远，陕甘受其威胁。覆巢之下，将无完卵。蒋氏向西南求出路，欲保其半壁山河，倚靠英国，西北已非其注意之重心。全国各派联合抗日渐次成熟，而先生反持冷静态度——若秘密之联系，暗中之准备，皆所不取，甚非敝方同志所望于先生者也。兹派张文彬同志奉诚拜谒，望确实表示先生之意向，以便敝方作全盘之策划。先生如以诚意参加联合战线，则先生之一切顾虑与困难，敝方均愿代为设计，务使先生及贵军全部立于无损有益之地位。比闻贵部将移防肤、洛，双方更必靠近，敝方庆得善邻，同时切望贵部维持对民众之纪律，并确保经济通商。双方关系更臻融洽，非特两军之幸，抑亦救国阵线之福。具体办法及迅速建立通讯联络等事，均嘱张同志趋前商定。专此奉达，不尽欲言。敬颂公祺。

毛泽东，八月十三日

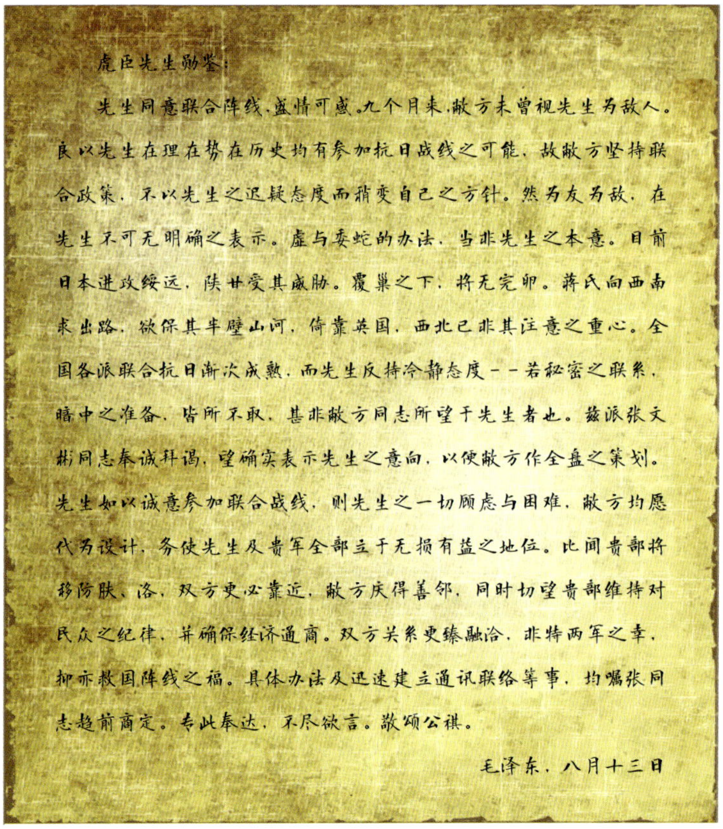

1936年8月13日毛泽东致杨虎城函（打印件）

将来再会合。"张文彬答："我方从未有要其变为红军的企图，不过愿其立即成为坚强的抗日友军。"

（三）"杨希望红军有一定的根据地，不继续开展游击战争，这样有利于获得国际援助。根据地最好在甘、宁、陕。""杨以前对林院也谈过陕南富足，红军最好在该地创立苏区。""王菊人亦说过，将来红军最好一部由陕南向东，一部由陕北入晋抗日。"张文彬答："可将此意转告毛泽东、周恩来，但根据地是重要的、是已有的，并且抗日根据地不一定要在蒋区，只要是抗日友军所在地都可。至于红军所处地位与发展方向，都将根据友军联络及敌人情形决定，至于各地游击战争，多由当地群众自发组织，非可制止。"

（四）"杨又问及国际援助问题，表示怕目前不可能，又害怕只给红军的援助及如何援助。"张文彬答："目前已不成问题。一切抗日友军，一切联俄联共武装都可援助，方式与方法则当按具体情形决定。"

（五）"杨又表示西北要张（学良）领导，但感张部复杂，有法西斯、有汉奸分子，张亦为继父业，非经艰苦经营，恐有不可靠处。"张文彬答："对张本人及部队情形我不很清楚，但因其特殊的亡国条件，有许多条件是足以改变的，并愿杨根据本人革命历史和意志，及共处西北利害相关，应倍力推动。"

（六）"杨提出三方会议及合组各方抗日政治核心组织问题。"张文彬答："这很重要，当代转，并希望从各方推动促此成功。"

总之，经过张文彬与杨虎城、王菊人等人的谈判，第十七路军与红军终于建立了初步合作的前提和基础，两军的盟友关系也得以真正确立。会谈之后，张文彬即作为红军代表留驻西安，杨虎城则授予张文彬第十七路军总指挥部政治处主任秘书的头衔，以便于对外开展工作。杨虎城密令驻鄠县的第十七路军部队开办一个军用合作社，实则是杨虎城部与红军的贸易和物资运输站。秘密交通站也陆续建立起来，在西安共有3处：一个在城内甜水井，以阎揆要（中共党员）特务二团留守处名义，由副官原润泉负责，专为接待进出苏区的一般共产党人而设。另两个分设在宋文梅的特务营（即原宪兵营）营部和副营长谢晋生（中共党员）家，是为重要共产党人安排的秘密住所，如张文彬等就住在谢晋生家的第三进房里。前线的交通站也有3处：一是驻淳化的阎揆要团，由阎揆要负责；二是驻洛川、肤施的王劲哉旅及程鹏九团，由王劲哉、程鹏九负责；三是驻宜川的武士敏旅，由武士敏负责（不久因武士敏去南京陆大受训而取消）。

张文彬（1910—1944），湖南省平江县人，中共党员。1936年8月，受毛泽东派遣专程赴西安，同杨虎城商谈合作抗日事宜。9月6日，双方正式达成合作抗日口头协议。随后负责中共中央和红军与杨虎城部的联络工作

王菊人（1906—1975），陕西蒲城县人。时任杨虎城的机要秘书，1936年8月底至9月上旬，参与了杨虎城与中共红军代表张文彬的谈判

七、杨虎城的东南之行及其变化

在与张文彬会谈后不多天，9月12日，杨虎城偕妻子谢葆真和秘书周梵伯、医生于明江及副官一行，悄然离陕前往上海"治病"。他在南京略作逗留，于14日抵达上海。先到上海疗养院经美籍医生雷劳诊治牙疾，拔去坏牙5颗，十余日后牙疾痊愈；再至虹桥疗养院检查、诊断和调护心脏病，经美籍医生贝尔、米勒及吴旭丹等检查，确定系期外收缩性不整脉，但病情复杂，并未找出其真正病源所在。可见，杨虎

城确实身体有病，但其以上海为基地，流连徜徉宁、沪、杭一带近 40 天之久，却并非单纯"治病"那么简单。张文彬当时就判断"杨虎城似欲借养病避开难关，暂观情势"；朱理治也认为"因为两广问题解决，因为张之搜查党部走向极端，再因为中央军的大批开来，因此杨虎城便去上海，名为医病，实则借以躲避风头，察看形势"。而王炳南的德籍妻子王安娜（安娜利泽）在回忆中说得更明白，即杨虎城"同意到上海的疗养院继续接受治疗，并不是健康方面的原因，以治病为理由到上海，名正言顺，免得受蒋介石猜疑。暂时离开充满紧张气氛的西安，在政治上也是一个妙招。"显然，杨虎城离陕外出，其深层动因当是出于政治上的考虑。

在上海疗养期间，杨虎城及王炳南等人，经常外出探访旅沪陕籍进步人士和青年学生，招待来访或登门拜访的救国会领导人沈钧儒、李公朴等，并与各界政要、名流互访会谈。王安娜回忆说："他们四处联系、调查对将来的行动有重要关系的政治势力的分布状况。特别重要的是，要对全国各地抗日力量的强弱做出正确评估，要知道其中有多少能与蒋介石相对抗。"10 月上旬，日军在上海越界布防，其海军陆战队又在江湾路、虹口公园与六三公园间越界演习巷战，一时沪上风雨陡变，局势异常紧张。上海人民对日军的侵略行径表示强烈抗议，英、美、法等国军舰也纷纷驶沪，这一切尽入杨虎城眼中。与此同时，日军又支持伪军王英、李守信等部进犯绥远，绥远抗战由此爆发。傅作义部的英勇抵抗，全国各地掀起的援绥运动，更让杨虎城坚信人心未死，抗日有望。

与此形成鲜明对比的是，蒋介石仍然坚持其"安内攘外"方针。10 月 10 日，蒋介石由南京去杭州后，陆续电召华北将领南下，并于 17 日举行军事会议，主要讨论"对日"和"对共"两大问题，杨虎城也在应邀之列。尽管蒋介石在对日妥协方面已有了明确的限度，即"对中国的领土完整不再做让步"，但其关注的重心却不是抗日而是"剿共"。据李志刚回忆，当时，韩复榘向蒋介石表示，北方局势一切听命中央，并建议"整军"和"剿共"，引起蒋介石的极大兴趣和重视；而当杨虎城提议全面抗日时，蒋介石则"不作答复"，态度极为冷淡。17 日晚，蒋介石宴请与会人员，席间对韩复榘、杨虎城两人的态度也截然有别。这些，都更加强化了杨虎城自认为已失去蒋介石的信任及说话没有分量的感觉。19 日，蒋介石飞返南京，准备北上去解决西北问题。得知这一消息，杨虎城遂急匆匆由杭返沪，并于 21 日晚回到西安。

这一次东南之行，杨虎城的初始动机或许是多种因素兼而有之，但经过一个多月的明察暗访、耳闻目睹，他已清楚地了解到全国的时局变化和民心所向，从而摆脱了此前曾有过的某些忧虑、不安和消沉的情绪，进一步坚定了联共、拥张、抗日、反蒋的信心和斗志。正如朱理治在给东工委并转中央的报告中所说："杨虎城已认识到两广问题的解决，决不是蒋介石的真正胜利，倒是蒋介石在全国一致反对内战的情形下，对于两广表示妥协。同时，上海救亡运动之高涨，与日本最近进攻情势之紧张，所以态度又趋积极。这些，在他致张学良信上声明完全赞成张学良抗日主张，并声明到广东见到蒋介石后，定要促蒋抗日，并写信给他的部下冯钦哉、孙蔚如，告诉他们上海所见，并嘱他们拥护张学良抗日主张，都可以看到。"由此，原来在共产党人心目中的"动摇分子""落后分子"，已活脱脱地成了一员联共抗日的虎将！

第三节　张学良、杨虎城关系的改善及"三位一体"格局的基本形成

张学良与杨虎城的关系可追溯到 1931 年九一八事变之时，即杨虎城连奉副司令皓（19 日）、号（20 日）两电，通告"日军侵据沈阳、营口、安东、长春等处，解除我军警武装"的"噩耗"，乃于 9 月 23 日以第十七路军总指挥的名义发出"泣告全国"通电。这是张学良、杨虎城两人在精神上的最早联系。1934 年 8 月 15 日，杨虎城赴江西谒晤蒋介石途中，首次在汉口访晤了张学良。9 月 18 日，杨虎城由南京飞抵汉口，再次访晤张学良。10 月 6 日，杨虎城为其母 60 寿诞在西安红埠街私邸开筵庆祝，张学良派代表前来贺寿。10 月 12 日，张学良随蒋介石夫妇第一次来到西安，即下榻于绥署新城大楼，又在杨虎城的陪同下参观西安名胜，出席扩大纪念周和阅兵典礼并讲话。应该说，在张学良率部进驻陕甘之前，张学良、杨虎城两人就有一定的了解，但尚无深交。

1935 年秋东北军初入陕甘，与第十七路军官兵之间动辄为住房、让路、看戏争占座位等发生摩擦，甚至开枪伤人。加之蒋介石特务蓄意散布谣言，制造两军不和，如西安当时就有所谓东北军"失之东北，收之西北"等传言，致使张学良、杨虎城之间互存戒心。随着张学良、杨虎城分别与中国共产党就"停止内战、联合抗日"问题的谈判协商，虽然两人对对方的"联共"情况互不相知，但由于"一致抗日"主张的趋同，促使双方产生相互合作的意愿。在杜重远、李杜、高崇民、杜斌丞、杨明轩、王炳南等人的积极沟通下，张学良、杨虎城之间逐渐消除了误会，建立了较为信任的合作关系。鉴于两军下层官兵争吵打架之事仍屡禁不止，为迷惑蒋系特务，张学良、杨虎城干脆商定了"暗通明不通，上合作下不合作"的办法，即张学良、杨虎城暗中来往而减少公开交往，上层保持密切联系，下层不妨让他们闹点事，以掩盖张学良、杨虎城的关系。事实证明，这种做法确曾收到较好的效果。

1936 年 9 月，杨虎城在上海治病疗养期间，张学良曾电告其驻沪私人代表汤国桢，让汤国桢代表自己"前去探望"，并以接待张学良的规格接待杨虎城，从而加深了两

人的友谊。杨虎城在致张学良、冯钦哉、孙蔚如的信中，一再表示支持、拥护张学良的联共抗日主张。回到西安后，又亲口告诉高崇民，"谓西北局面，张负领导责任，如张干彼一定受他领导。"这都反映了张学良、杨虎城关系的根本改善和杨虎城对张学良领导能力的认可。至此，中共红军、东北军、第十七路军"三位一体"逼蒋抗日的格局在西北地区基本形成。

一、《活路》事件与张学良、杨虎城的紧密合作

1936 年春，东北军方面的高崇民、栗又文、孙达生写了几篇揭露国民政府误国政策、批评蒋介石和阎锡山阻拦红军抗日去路、宣传联合抗日的文章，计划编印一种不定期刊物，取名《活路》（意即只有抗日才是东北军和中华民族唯一活路）。张学良看后称赞道："这些文章一口气把我想说的话都说完了。"又建议他们不要署名，只能秘密印刷，因为以后还须查禁，以应付南京。

《活路》第一期编成后，由于没有合适的地方印刷，高崇民就去找杨虎城帮忙想办法，杨虎城对此十分支持并决定由保密条件较好的绥署军需处印刷厂负责印制。杨虎城还说："这本小册子发到前线官兵手里，作用很大。秘密保不住的时候，特务无非拿枪杆吓人，咱也有枪杆对付。有勇气抗日，不怕特务，特务来软的，我们软对付；来硬的，便和他们硬干。"经过几个夜晚的加班突击，秘密印成了 8000 册《活路》，然后由高崇民委托解方、李泽民、王士达、胡圣一、应德田、孙铭九等，将其中的 6000 册散发给东北军前线部队。杨虎城则让崔孟博将另外 2000 册送往宜川，交孙蔚如分发给第十七路军在前线的部队。负责中共中央与第十七路军联系的交通员梁明德很快给毛泽东送去两本，经红军政治部翻印，也发给了红军指战员阅读。

尽管杨虎城等采取了严格的保密措施，但混在印刷队伍中的两个特务，还是用同样的白纸偷换了一份《活路》清样，夹在裤裆里带了出去，并交给蒋系特务机关。当时张学良不在西安，"西北剿总"参谋长晏道刚一面旁敲侧击地向杨虎城发出告诫，一面召集江雄风、马志超、曾扩情等特务头子进行研究，企图找出《活路》的编写人。他们分析来分析去，竟然想到了与此事毫不相干的全国经济委员会西北办事处专员郭增恺。5 月 8 日，晏道刚密电蒋介石，称"西北情形极为复杂"，"最近查获《活路》之反动刊物，力诋中央，煽惑东北军联共抗日，即在绥署秘密印刷"，请求蒋介石饬令全国经委会将"蒙蔽虎城、阴结汉奸共匪"之郭增恺调开，"如罢免，必须限制其

不来西北。"5 月 10 日，蒋介石回电："郭增恺应即在陕直接逮捕解京可也。"12 日，晏道刚亲自打电话将郭增恺骗至"西北剿总"逮捕，并连夜秘密解送南京。

当《活路》泄密事件发生时，杨虎城曾于 5 月 4 日飞往洛川与张学良会商，6 日飞返西安。由于蒋系特务未能查出文章的撰写者，晏道刚便拿着《活路》清样去追问杨虎城和张学良。杨虎城斩钉截铁地说："第十七路军军需处绝不会印这些东西，请你在西安市面上彻查。"张学良则故作生气的样子说："这样的刊物，应当查禁，应追查是何人写的！"并在公开集会上大加训斥，严令部队查禁收缴。结果，收缴回来的《活路》，除个别被特务机关存档外，其余的又被张学良安排栗又文、孙铭九等人，以各种秘密方式重新发放到了部队。

郭增恺被捕后，特务们逐渐发觉《活路》为高崇民所编，遂报请蒋介石下令通缉高崇民，而高崇民已移住洛川。为了确保其安全，张学良密令王以哲、刘多荃派人将高崇民送往天津租界友人家中躲避，继续与南汉宸等保持联系。直到当年 8 月风声过去，张学良、杨虎城分别派袁晓轩和绥署交际处科员梁蔼然赴天津，将高崇民秘密接至三原东里堡杨虎城的别墅居住，由高崇民暗中开展张学良、杨虎城的沟通工作。10 月间，杨虎城又秘密将高崇民接回西安，住在西仓门 76 号王惟之（绥署军需处长）家中，继续进行联共抗日等工作。

高崇民（1891—1971），辽宁开源人。早年参加同盟会。九一八事变后，投身抗日救亡运动，参与组织"东北民众抗日救亡会""复东会"，反对不抵抗主义，主张联合抗日。1936 年 10 月同东北旅陕人士一起组织成立"东北民众救亡会"（简称"东救"），同"西救"联合开展西北地区的抗日救亡运动

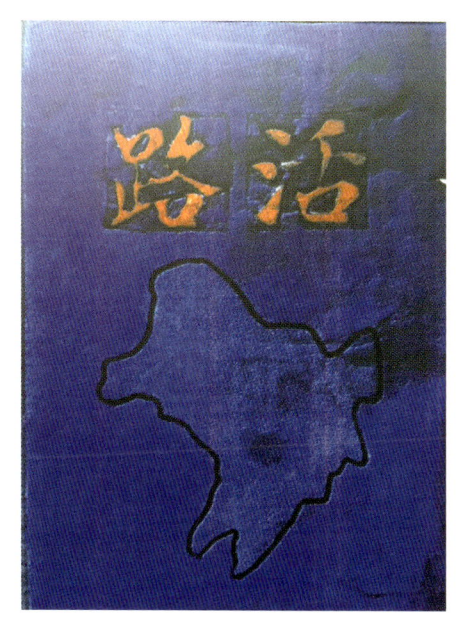

《活路》杂志封面

由上可知，正是在张学良、杨虎城的紧密配合下，《活路》事件虽然有郭增恺被捕的缺憾（西安事变发生后被宋子文保释），但总算波澜不惊地解决了。

二、联合开办军官训练团

为了提高东北军、第十七路军中下级军官的政治军事素质，培养联合抗日的骨干力量，在征得杨虎城的同意后，张学良遂仿照庐山军官训练团，报请蒋介石批准，于1936年6月开办了长安军官训练团。因该训练团设在西安南郊长安县的王曲镇，故又有王曲军官训练团之称。军训团以蒋介石为挂名团长、张学良为副团长（代理团长）、杨虎城为副团长，由王以哲（后由黄显声、董英斌接替）任教育长具体负责训练事宜。在筹备期间，张学良曾就训练内容征询并采纳中共驻西安联络代表刘鼎的意见和建议。6月15日，军训团正式开学，因张学良有事去了南京，由杨虎城主持了开学典礼。军训团前后共办过4期，每期集训1个月。第一期为干部连，学员108人；后三期为学员班，每期学员约500人。6月22日，张学良对军训团全体教职人员作了以《中国出路唯有抗日》为主题的长篇讲话，系统阐述其抗日的理论和具体主张，首次公开表明了抗日的立场和决心，并将其与蒋介石的政见分歧公之于众。10月初，中共驻东北军正式代表叶剑英到西安后，亦曾到军训团帮助指导工作。王曲军训团的成功开办，为"三位一体"亦即西北抗日民族统一战线的形成奠定了思想基础和组织基础。

为联合抗日在思想上和人员上做准备，张学良、杨虎城共同开办了王曲军官训练团。图为王曲军官训练团旧址

杨虎城在王曲军官训练团

复原后的王曲军官训练团旧址

三、创办东北军学兵队

　　1936年七八月间，为了充实东北军的基层干部队伍，张学良根据西安"东工委"书记刘澜波和委员宋黎的建议，决定创办学兵队。刘澜波等将此事向中共中央北方局做了汇报，得到大力支持。北方局先后从平津地区参加过一二·九运动的青年学生和民先队员中招收了三批学员，总计约410人。其中，原有的中共党员和新发展的党员约150人。学兵队的全称为"西北剿总卫队第二营学兵队"，亦称东北军学兵队，初以孙铭九兼任总队长，旋由康鸿泰（康博缨，中共党员）继任。应西安"东工委"的请求，北方局为学兵队选派了4名专职政治教官。西安"东工委"还从西安二中抽调李梦龄、张寒晖担任教官。学员全部按军事编制，实行军事化管理。学习内容分为政治教育和军事教育两种，但更侧重于前者。9月18日，即九一八事变五周年纪念日，学兵队第一批学员举行开学典礼，刘澜波到会讲话。刘鼎、朱理治也曾应邀为学员讲课。学员结业后，大都被分配到各部队中，为东北军的改造增添了新鲜血液。

学兵队驻地——1936年的西安东城门楼

维修后的西安东城门

四、成立抗日同志会

抗日同志会是张学良根据肤施会谈以来周恩来等共产党人的多次建议而在东北军内部组织的以联共抗日为宗旨的秘密核心政治组织，正式成立于1936年9月中旬。初成立时有会员13人（另称15人），后扩充到80人左右。其领导机构为中央委员会，以张学良为主席（或称总理）、应德田为书记、苗剑秋为理论宣传部长、车向忱为群众运动（或称青年部）部长、何镜华为军事部长，后又推选刘澜波为组织部长、刘鼎为教育部长。抗日同志会由张学良亲自组织发起，自然以张学良为中心领袖，其核心骨干则为应德田、孙铭九和苗剑秋，并由此三人组成一个小中心，实际控制着该组织。同志会成立后，在促进停止内战、联共抗日以及推动对蒋介石兵谏方面发挥了重要作用，但其中的左倾盲动分子在西安事变善后阶段又制造了二二事件，直接导致"三位一体"中实力最强的东北军的瓦解，加快了东北军、十七路军分裂的步伐，特别是极大地削弱了东北军的力量。东北军和十七路军联合行动的局面，已完全陷于瓦解。

抗日同志会中的三个"火枪手"：孙铭九（左）、应德田（中）、苗剑秋（右）

五、艳晚事件：张学良、杨虎城与蒋介石矛盾的激化

所谓"艳晚事件"，指的是 1936 年 8 月 29 日晚由宋黎等人被捕而引发张学良派兵围抄国民党陕西省党部的一次非常事件。按电报代日韵目，29 日为"艳"字，故称"艳晚事件"，南京方面则称之为"西安事件"。

宋黎是东北大学的学生，中共党员，一二·九运动游行时的总指挥。1936 年 1 月底应张学良电邀，作为东北大学和北平学联的代表之一来到西安，被张学良留下从事民众抗日救亡等工作，并被安排住在西北饭店。曾为西安省立二中和第十七路军作过关于一二·九运动和团结抗日的报告；又曾持张学良亲笔信并以其秘书身份赴北平营救东大被捕的 40 多名学生出狱；还协助张学良创办学兵队并改组《西京民报》。1936 年 7 月任西安"东工委"委员兼宣传部长。随着西安抗日救亡运动热情的日渐高涨，蒋系特务的跟踪、监视和情报活动也益形频繁。同年 8 月，蒋介石电令批捕刘澜波、栗又文、孙达生、马绍周 4 名"共党分子"。宋黎尽管不在蒋介石的批捕名单之内，但因其与各方人士来往较多，又十分活跃，早已引起蒋系特务的嫉恨。当时，与宋黎同住一个房间的还有东北大学的另一个学生代表马绍周（后来入党又叛变）。

8 月 28 日傍晚，国民党陕西省党部调查室行动队奉蒋介石令派出一批便衣特务，前往西北饭店捕人。当时，宋黎、马绍周从外地刚回到饭店，马绍周先出去洗澡，宋黎则在室内与东北中学学生代表谈话。特务即闯进去将宋黎架走，并留下埋伏等着抓捕马绍周。马绍周洗完澡回来后，立刻被特务逮去省党部。后关时润（关沛仓）奉命前往了解情况时，也被特务一并捕去。

西北饭店和国民党陕西省党部都在东大街上，距离不远。正当宋黎被架出饭店大门的时候，碰巧遇上了绥署宪兵营的巡逻队。宋黎急中生智，即连声呼喊："土匪绑架！救命！"经巡逻队据理力争、机巧周旋，遂将宋黎和特务一起带回设在端履门横街的宪兵营部。当特务回省党部补办公文期间，经代理营长职务的宪兵营营附谢晋生与绥署交际处处长申伯纯的及时沟通并电告张学良，张学良派其随从参谋孙铭九赶到宪兵营部，将宋黎接回金家巷。随之，省党部多次给谢晋生打电话要求提人，谢晋生佯称"不在"以拖延时间。事后，谢晋生将此事向杨虎城做了报告，杨虎城夸奖说："你对这件事处理得很好，张副司令也有电话给我，他对你这件事的处理，很高兴！"

救回宋黎后，张学良得知马绍周和关时润亦被捕，而且很可能于次日押往南京，

极为震怒，便急调驻王曲的一〇五师一个团火速入城，同时命令孙铭九紧急集合卫队二营（当时该营营长为周文章，后由孙铭九接任），准备围抄陕西省党部。继而又召来省政府主席邵力子质问道："你知道省党部在街上抓我的学生和部属吗？"并表示"我决不能容忍，已派队去搜查，请你负责声明，限天明以前把抓去的人送回我处"。据邵力子回忆，大概张学良误以为他是省党部负责人而有此举，实则省党部主任委员一直由杨虎城兼任，而杨虎城也只是挂了一个虚名，并"未管省党部的事"。邵力子按张学良的要求连夜将省党部几个委员请来，证明抓人确有其事，但应是南京方面直接下令经办，他们也不大清楚。

当日后半夜，张学良的副官兼一〇五师副师长谭海和孙铭九带领部队已将省党部团团包围，并闯入大门救出了正在遭受刑讯的马绍周和关时润，扣押了特务行动队长，查抄了特务电台、密码和档案文件。当邵力子向张学良复命时，因人已救出，张学良的情绪缓和了很多。邵力子表示，捕人确系奉蒋介石的命令，省党部事先没有请示张副司令，是他们的严重错误，现在托我向张副司令请示如何处理。张学良即让邵力子赶快把原电送来。看完蒋介石的电令后，张学良和颜悦色地对邵力子说："很对不起你，深夜惊动，请回去休息吧！"

国民党的封疆大吏竟敢派兵围抄一省之党部，这在当时来说确属十分罕见的事件。"西北剿总"政训处处长、力行社（俗称蓝衣社）十三太保之一的曾扩情急忙于30日清早飞往广州，向蒋介石面报"西安事件"，蒋介石则训斥说："你们在西安干什么？都是死人吗？人抓到还被抢去！"又在曾扩情的书面报告上批示："胡说，交张副司令阅。"意在麻痹张学良。而张学良也在同一天致电蒋介石称："省党部特务随意逮捕总部职员，致使群情激愤，学良迫不得已，直接向省党部稍示惩戒，并索还被捕人员。唯因事出仓促，未能事先呈报钧座，不无鲁莽之处，自请处分。被捕的马绍周等人拟交总部军法机关严加审处。"（10多天后，张学良即煞有介事地安排了一场"审讯"，再经具保予以释放）

蒋介石听了曾扩情的陈诉，又看了张学良的来电，真可谓气恨交加。但因两广事变刚刚平息，善后工作尚待处理，尤其对西北的军事行动还未部署，自感不能因小失大。所以他只好隐忍不发，对张学良批了个"应免置议"的回电，并让曾扩情回西安后勿动声色。

张学良派兵围抄国民党省党部，既让西北爱国军民一泄长久积压的愤懑之气，也使张学良、杨虎城之间的关系更加密切。张学良与蒋介石矛盾的激化，实际上成为西安事变的一个前奏。

宋黎（1911-2002），吉林奉化（今梨树）人，东北大学学生，中共党员。北平学联和东北大学学生会代表。1935年一二·九运动游行示威队伍总指挥。1936年春来到西安，以张学良机要秘书的身份做抗日救亡宣传工作

东北大学西京同学会揭露特务无故抓捕张学良总部工作人员行径的《告全国同胞书》

00072

全國同胞們：

我們東北大學同學馬紹周，宋黎，關時潤三人，於八月二十九日午後八點鐘，在西安西北飯店，被陝西省黨部派員逮捕去了！馬紹周，宋黎，這兩位同學，過去在北平參加過學生運動，都是愛國青年。來陝後經張副司令親自加以考察，並試作各種工作，認爲他們確是純潔的愛國青年，熱誠的抗日份子。他們受張副司令地指導，常然沒有其他背景，而現在陝西省黨部竟擅自逮捕他們，這樣摧殘愛國青年，斷喪國本，我們不知道這與一般人所詬罵的汗奸行爲有什麼區別？！

逮捕人的時候，逮捕人的人既穿便衣，又無憑據，蠻不講理，強行架擄，簡直類乎綁票。至於因爲什麼逮捕，事後據逮捕人的人說：馬紹周，是承中央黨部特務室的密令。如果眞有密令，因爲什麼不通知地方軍警最高常局，和現任東北大學校長的張副司令，而竟非法專行？至於宋黎，他們說：密令上本來沒有他。不知他們何所根據而竟逮捕了他？是不是他們自己違反中央的密令，而任意胡行？論到關時潤，他們的罪就更離譜了。常逮捕時，關時潤不過適逢其會到西北飯店串門，同時並嚴重登明：「我是西北剿匪總司令部現職人員，有機關可作保證，有門證可作執照。⋯⋯」而他們不但滿不聽題，並且他要求通知總部一個電話都不被容許。同胞們！看看！這與我們所痛恨的，並且他要求通知總部一個電話都不被容許。同胞們！看看！這與我們所痛恨的土匪的行爲又有什麼區別？！

他們不僅牽無根據地，非法地，土匪式地逮捕人，而且在他們把人逮捕去以後，還矢口否認，我們眞不了解他們要玩什麼鬼把戲！

我們東大西京校友會全體會員，誓死反對陝西省黨部這種類乎汗奸，土匪的行爲！誓死爲被捕同學作後援！同時，我們迫切地要求全國同胞對於這一件事有一公平的批判，和正義地拯助！

東北大學西京校友會全體會員謹啓 二五·八·三○·

六、张学良、杨虎城两部与民众运动的相互支持

在西北"三位一体"逐步形成的过程中,张学良、杨虎城与中共领导的西北民众抗日救亡运动之间也呈现出较为密切的关系。一方面,向来重视武力与民众相结合的张学良、杨虎城两位将军,充分利用其手中的权力和军事实力,或明或暗地鼓励、支持、保护民众运动的蓬勃发展;另一方面,日益高涨的民众救亡运动热潮又反过来推动着张学良、杨虎城部的官兵更加坚定地沿着联共抗日的道路向前迈进。

随着1936年6月(或7月)成立的西北各界救国联合会(简称"西救")活动的日见成效,东北流亡集团也在筹划着组建自己的群众组织。经"旅陕东北民众'九一八'五周年纪念大会"顺利召开的激励,在西安"东工委"的支持和帮助下,由车向忱、宋黎负责的抗日同志会青年部出面发起和领导,于10月4日在东关索罗巷竞存小学礼堂召开大会,正式成立了东北民众救亡会(简称"东救"),选举车向忱为常务执行委员。嗣后,"东救"多次派出大批宣传队深入前线部队进行宣传,受到广大官兵的热烈欢迎。

10月10日"双十节","东救"和"西救"联合举行庆祝大会,发表宣言,要求恢复孙中山的三大政策,举国一致,团结抗日。会后进行列队游行,"东救"并发表《告同胞书》,呼吁全国军民"马上武装起来,打走日本强盗,打到东北去!"10月19日凌晨,鲁迅先生病逝于上海。22日,中共中央、中华苏维埃中央政府为追悼鲁迅先生发出告全国同胞和全世界人士书。西安的中共党组织随即发动文教界人士出面筹备召开追悼大会,但却遭到国民党省党部和蒋系宪警、特务的阻拦与破坏,致使会期一再延期。为此,主办者一面寻求军政要员支持,一面邀请士绅名流出席,同时请求张学良、杨虎城派进步官兵以维持秩序为名暗中加以保护。11月1日,由西安各界发起的追悼鲁迅大会得以在陕西省民众教育馆礼堂顺利举行。11月15日,在西安各救国会、反日会等的基础上,西安学生联合会亦告成立。时值绥远抗战爆发,"西救"、"东救"和"学联"召开西安各界抗日援绥大会,并在会后举行游行募捐活动。11月20日,车向忱率领"旅陕东北民众慰劳绥远抗日将士代表团",携带募集的款项、物资用品,赴绥远前线慰问,返回后即对记者发表感言,认为"只有全力对外,才能完成真正统一",并相信"华北各将领苟能出兵援绥,中华民族一定可以找出一条生路"。11月28日,陕西各界在革命公园召开"坚持西安围城胜利十周年纪念大

会"，张学良、杨虎城亲率东北军和第十七路军官兵出席大会。会上，张学良和杨虎城两位将军并肩站在一起，东北军和第十七路军官兵并肩站在一起，东望小学、竞存小学和西安各校学生并肩站在一起，共同高唱抗日歌曲。大会主席团首先率领与会者在死难烈士遗冢前进行祭奠，然后请杨虎城介绍反围城斗争的经过，再请张学良讲话。张学良在讲话中高度评价了杨虎城率部与民众站在一起坚守西安的意义和不怕牺牲的精神，并表示在今天，"我们也一定要抱定最大的决心——死的决心，不顾一切地来同我们最大的敌人——日本帝国主义一拼"，"整个中华民族终有像十年前守城军民获得最后胜利的一天"！接着，杨虎城在讲话中表示衷心感谢张学良和东北军莅会支持，表示"我们要继续坚守西安的精神，坚守国土"，并愿在张副司令领导下共同抗日。张学良、杨虎城的讲话赢得了全场经久不息的掌声和欢呼声。大会结束后，群众队伍即分成几路，到各个街巷游行示威。《西北文化日报》为此专门印发了《西安围城纪念特刊》，杨虎城还发布了《坚守西安十周年纪念告民众书》《坚守西安十周年告第十七路军全体官兵书》。

西安民众救亡运动的日益高涨，一方面得益于中共组织的积极正确领导，另一方面也与张学良、杨虎城两部官兵的支持和保护分不开。而民众救亡运动的热潮，又极大地感染和影响了张学良、杨虎城两部官兵，真正达到了张学良所说的"军民合作"或"民众就是武力"。

1936年9月18日，"旅陕东北民众九一八五周年纪念大会"在西安举行。图为张学良在大会上讲话

"西救"的主要负责人杨明轩　　　　　"东救"的主要负责人车向忱

1936年9月18日，"旅陕东北民众九一八五周年纪念大会"之后的游行队伍

1936年"双十节"上午，张学良在西安西关机场阅兵。图为张学良向受阅部队讲话

1936年10月11日，国民党《西京日报》关于张学良在西安阅兵的报道

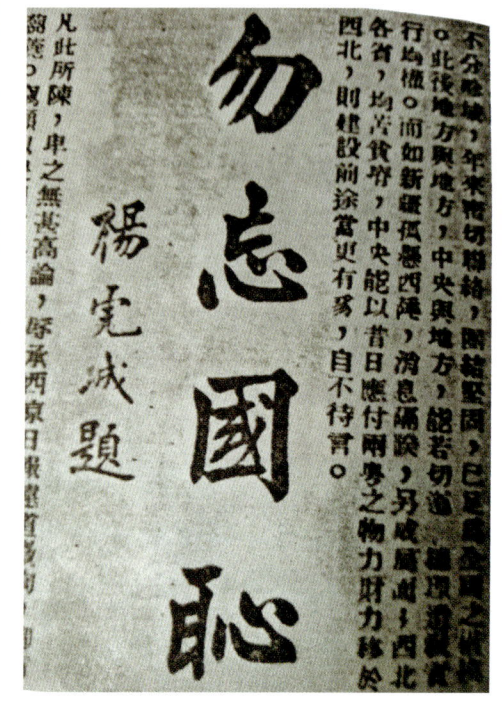

1936年10月10日，杨虎城为纪念"双十节"题词"勿忘国耻"

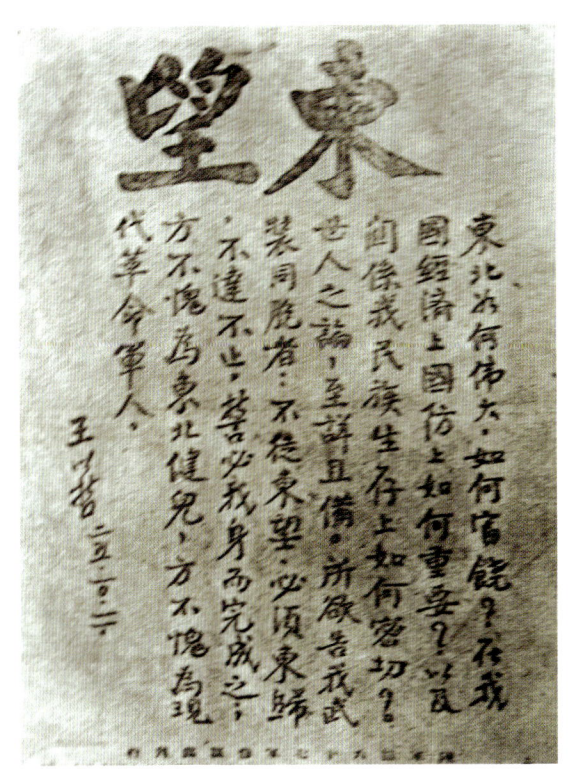

1936年10月11日，东北军第六十七军军长王以哲为《东望》杂志题词

1936年11月1日，西安各界举行追悼鲁迅大会，张学良和杨虎城夫妇均送去花圈表示支持，邵力子也送了"大名堪比高尔基，大作犹称孔乙己"的挽联。左图为鲁迅先生肖像，右图为西安高中学生救国会于1936年11月发表的《为追悼鲁迅告各界同胞书》

　　1936年11月28日，西安各界在革命公园召开"坚守西安胜利十周年纪念大会"。上图为张学良、杨虎城两位将军并肩站在一起。下图为张学良（左）、杨虎城（右）在大会上讲话

第四章

大义抉择

随着《活路》事件、艳晚事件的发生和西北"三位一体"抗日力量大联合局面的形成，张学良、杨虎城同蒋介石的矛盾也日趋激化。对张学良、杨虎城联共活动早有觉察的蒋介石，在处理完两广事变并稳住了华北局势之后，便腾出手来要解决所谓西北问题了。1936年10月、12月，蒋介石两次亲临西安，一方面频繁调兵遣将北上，积极部署针对红军的军事行动，企图一举消灭陕甘红军；另一方面软硬兼施，逼迫张学良、杨虎城"剿共"，拒绝张学良、杨虎城的援绥抗日要求；同时又逮捕爱国志士，查封进步刊物，敌视民众游行请愿活动。张学良、杨虎城屡次劝谏、苦谏、哭谏，均不能改变蒋介石的误国行动，双方的政见分歧已无法化解。为了抗日救国，张学良、杨虎城迫不得已而决定实行兵谏。

第一节　蒋介石坚持"攘外必先安内"

一、改设行辕于临潼华清池

蒋介石曾在 1934 年 10 月 12 日、1935 年 10 月 7 日两次到过西安，其行辕均设于西安绥靖公署所在地新城大楼。可是到了 1936 年 10 月，当他决定第三次来西安的时候，则因与张学良、杨虎城矛盾的激化，出于安全和保密的考虑，乃叮嘱侍从室第一处主任钱大钧，要将行辕改设于距西安约 30 千米的临潼华清池。钱大钧不敢怠慢，迅即调派励志社干事张玉荪，连同熟悉军事工作的参谋秋宗鼎先行飞赴西安，为蒋介石一行安排华清池行辕的食宿、设置警戒和通讯。

张玉荪、秋宗鼎到西安后，先后晋见了张学良、杨虎城、邵力子，受到了"优渥的款待"。张学良还指派"西北剿总"副官处长马效寒（马兆琦）负责协助他们，并说："你们要干什么，都可以向马处长说，能办得到的，他会完全按照你们的要求去办的，不必客气！"而杨虎城在征得张学良的赞同后则在私宅宴请时向张玉荪等提出："华清池离西安太远，往来不便，而且西安城内现成的房屋很多，最适合的九爷府（即九府街止园），房屋设备都是现成的，只要稍加整理布置，一切便能就绪。同时，委座一来，免不了要到西安，或者开会，或者见客，都需要有一处地方，供他使用。即使开会、见客都在华清池，偶然进城，路途尘土飞扬，在城中，亦得有一个地方休息。"杨虎城主张在城内亦布置一处房屋，以策万全。随之，张玉荪在杨虎城带领下去看了止园，认为"气派很够，设备很好，只需要稍作布置，大致都很合适。只是临近尚有房屋毗连，稍嫌接近市廛，但以此事与原来指示不符，不敢任意做主，且布置总需要一些费用，深恐将来无法报销，或受责怪。"又"深恐请示后赶办不及，且目前正在华清池布置，亦无法分身办理。"杨虎城说："只要你们指点如何布置，一切都由我来派员办理，不必你们费心。"于是，张玉荪等"自属无法再行推诿，只能答应"，并"和杨虎城的人员，逐一商议计划，由他们办理。"

蒋介石于 10 月 22 日偕宋美龄、钱大钧等第三次飞临西安机场的时候，在欢迎的行列中，张学良叮嘱张玉荪要单独向蒋介石报告，已经在城内九府街和临潼华清池两处都准备好行辕了，请示前往何处休息？这让"无名小卒"张玉荪颇感为难。杨虎城在旁也说："我们两个人都不便请示，应住何处，还是由你来吧。"当张玉苏急匆匆趋前欲向蒋介石报告时，蒋介石似乎愣了一下，回过头望着钱大钧，意思说："怎么回事？"钱大钧见势不妙，马上接口说："到华清池去！"才替张玉苏解了围。接着，蒋介石一行登上汽车，直奔华清池而去。

1936年的蒋介石

1936年10月22日，蒋介石由西安西关机场去临潼，在华清池行辕下车的情景

蒋介石夫妇在西安绥靖
公署招待大楼前的合影

二、到军训团"训话"遭批驳

蒋介石第三次到西安的最初几天，装出一副若无其事、颇为悠闲的样子，让张学良、杨虎城、邵力子陪同游览华山、潼关山，参观西安碑林。然后就露出了威逼张学良、杨虎城"剿共"的本相。蒋介石在华清池分别召见张学良、杨虎城，宣布其继续"剿共"的计划，并征询两人的意见。张学良不仅不同意继续"剿共"，而且正式提出了停止内战、共同抗日的主张，并说明这不只是他个人的意见，更是东北军全体官兵的意见。张学良还把毛泽东、周恩来10月5日写给他的信以及中共草拟的《国共两党抗日救国协定草案》的内容向蒋介石做了转达（以前去南京没找到适当机会）。蒋介石不等张学良把话说完，就骂张学良是"中了共产党的魔术了"，随之大声训斥道："军人以服从为天职，我叫你向东，你就应该向东……我叫你去死，你就得去死。不要问为什么！"杨虎城则委婉地表示对于"剿共"，他个人服从命令没有问题，但是部队的抗日情绪高涨，"剿共"士气低落，很让人忧虑。蒋介石则称风吹草偃，兵随将走，"剿共"势在必行；"抗日之事，不要偏听共匪蛊惑，士气问题，我来解决。"于是，蒋介石提出要亲自去军训团训话。

10月27日上午，在张学良、杨虎城和邵力子陪同下，蒋介石专程到王曲军训团训话。听训者除学员外，还有"西北剿总"和第十七路军总指挥部上校以上官佐及西安各部队团长以上军官。蒋介石站在台上说："我们革命军人首先要明礼仪、知廉耻，在家要尽孝，要孝顺父母；为国要尽忠，要服从长官。这是我们革命军人的本分。"接着便重谈"剿共"老调："我们革命军人要分清敌人的远近、事情的缓急，我们最近的敌人是共产党，危害也最急；日本离我们很远，危害尚缓。如果远近不分，缓急不辨，不是积极'剿共'而是轻言抗日，便是是非不明，前后倒置，便是不革命。那样在家是不孝，为国是不忠；不忠不孝，便不能算是一个革命军人。国家有法律纪律在，对这种不忠不孝的军人要予以制裁的。"又说："假如我们现在不集中力量打眼前的主要敌人，而大喊大叫要打几千里外的敌人，那是违反我的'安内攘外'政策，违反这个政策，就是反革命，反革命我就要打倒他。"针对东北军军心不稳和官兵"通匪"等情况，蒋介石则言不由衷地训导说："我对于你们的副司令看得如同子弟一般，对于你们我也是看成是我的子弟兵。可是在我未到西北以前接到报告，说东北军内部有一部分人思想庞杂，言论纷歧，且有勾通匪部自由退却等事情。但我绝不信东北军内部有此种现象。我希望你们全体东北军将士注意保持你们参加革命的光荣历史。倘若真正发现了害群之马，你们可以随时向我检举。为了维持国家纲纪，中央对于不遵守纪律的军人，一定会加以严格的制裁。"

蒋介石在台上扬扬自得地大放厥词，台下的咳嗽声、跺脚声、交头接耳声却接连不断。会前张学良曾表示可以提问，由蒋介石解答，但看到会场这种情形，唯恐出事，故训话一结束即宣布散会。而蒋介石对会上的骚动，似乎视而不见，会后即让张学良、杨虎城、邵力子陪着他去看青龙岭和终南山的景色，午饭后还到陕西省银行欣赏了宋代名画《万里长江图》。

当晚，张学良专门召集军训团的主要负责人和属下幕僚讲话，以安抚大家的情绪。他说："蒋介石的讲话，主要是对我说的，不是对你们，希望你们要安下心来，要知道我们今天是孤臣孽子，谁叫我们把自己东北家乡丢掉了呢？我们应当有最大的克制和判断。"不过，在西安的中共组织却不肯善罢甘休。除了利用自己影响下的报纸刊发批蒋文章外，又安排人写了两篇演说稿子，"到军训团找人演说，批驳蒋介石的演说。"他们通过军训团教育长黄显声，请苗剑秋到军训团演说批蒋。苗剑秋以讲话毫无顾忌、敢说敢骂著称，人送绰号"苗疯子"。苗剑秋在演说中讲道："团结抗日，是救国政策，是绝对的正确；'剿共'内战，是亡国政策，是绝对的荒谬。昨天竟有人说，日寇是外敌，共产党是内患，要打共产党。我们东北被日寇占领了，东北人都成了亡省亡家的人，受到的苦太多了，现在居然还有人在这里说这种话，我们东北人稍有血气，就不应该让他站着走出去，而应该叫他躺着抬出去！"

苗剑秋的演说激昂慷慨，酣畅淋漓，发挥了批蒋清毒的作用。蒋系特务将此事上报晏道刚，晏道刚要求张学良予以严惩，张学良则秘密派人将苗剑秋送出西安，以"苗剑秋畏罪潜逃"为由使问题不了了之。

蒋介石在西安期间，中共方面曾以毛泽东、朱德、张国焘等红军将领46人的名义，于10月26日致书蒋介石及西北各将领，要求国民党政府"领导抗战，驱除日寇"，停止自相残杀的内战。并表示："只要贵党政府决心抗战，红军愿作前驱，并誓与你们合作到底。"然而，28日晚蒋介石接见《大公报》记者时却声称："对于'共匪'，不论其标榜若何，政府决贯彻戡乱方针，因为共产党受共产国际指挥，不以民族利益为本位……（政府）断不能容许国际操纵之势力，以武力破坏国家，毁弃中华民族之独立性。"再次公开表明了其坚持"剿共"的立场。

1936年10月25日，蒋介石在张学良等人的陪同下游览西岳华山。图为蒋介石在华山苍龙岭

蒋介石在潼关山上翻阅《潼关名胜要览》

1936年10月27日，蒋介石在张学良、杨虎城、邵力子等的陪同下，到王曲军官训练团视察。前左起蒋介石、杨虎城、邵力子、张学良

蒋介石在王曲军官训练团"训话"。台上中间为蒋介石

三、蒋介石洛阳"避寿"背后的真实意图

1936年10月31日是蒋介石五十大寿。10月29日，蒋介石离开西安前往洛阳，名义上是"避寿"，其背后的真实意图则是为西北"剿共"战争进行准备。国民政府在全国发起献机祝寿运动，号召各界以捐款集资购买战斗机和轰炸机的形式来庆祝蒋介石的五十大寿。蒋介石则发表《报国与思亲》长文，以所谓"母慈子孝"的故事为包装，要求国人秉持"孝亲即忠君"的传统观念，移孝于忠，"大孝报国"，致力于华夏"复兴"大业和效忠最高领袖。

30日上午，阎锡山、傅作义、徐永昌应张学良之约，先飞西安到九府街止园与张学良、杨虎城商议劝蒋介石停止内战、团结抗日等事，再于当晚和张学良、邵力子、何柱国一同乘专车启程，次日上午抵达洛阳，到军分校出席蒋介石祝寿庆典。午宴过后，张学良、阎锡山即联袂谒见蒋介石，陈述其停止内战、一致抗日的意见，对蒋介石表示"不剿匪，要抗日"，恳请蒋介石予以采纳。蒋介石则声称红军已成强弩之末，只要大家努力，在短期内彻底荡平并不难，可永绝后患。当张学良、阎锡山反复申述必须抗日的理由时，蒋介石则极为生气地质问道："别的你们不要再说了，我不要听。你们只答复我一句话：是我该服从你们呢，还是你们该服从我？你们说！"阎锡山只得陪着笑脸不情愿地回答："委员长是最高统帅，我们当然服从委员长。"于是，蒋介石接着说："那就好了，既然你们服从我，我叫你们打共产党，你们就全力'剿共'，不要三心二意，不要来向我谈什么团结抗日的老调。这道理我不懂吗？我蒋某人难道不抗日吗？我心里比你们还急！只是共产党在我们背后捣乱，不消灭他们，我们能安心抗日吗？这么个简单道理，你们都想不明白！"参加完蒋介石夫妇的晚宴，张学良、阎锡山两人在军分校操场上散步。张学良半天不说话，心情异常沉重。阎锡山劝慰说："汉卿，看蒋先生生气的态度，固执己见，一意孤行，咱们不能再说话了。你要收复你的家乡，我要保护我的家乡，一切全得靠我们自己！我回晋以后，就部署部队作守土抗战的准备。"张学良感慨道："是啊，以后全要靠我们自己干。"阎锡山又说："蒋先生永远不会采纳我们的抗战主张。今后我们要结成血肉相连的关系，要干就靠我们自己干。"张学良紧紧握着阎锡山的手说："好！一言为定。"

11月1日，蒋介石在洛阳军分校阅兵后举行的扩大纪念周集会上发表《国家之现势与革命的方针》训词。他在训词中恶毒攻击、污蔑中共，鼓吹要打"近处的敌人"，然后含沙射影、不点名地斥骂："通日本的是汉奸，通共产党的也是汉奸，而且是二等汉奸。现在断不能用任何理由去主张联共，否则就是要出卖国家民族，存心与'共匪'同声相应，甘心为共产党下面的二等汉奸。"如此谬说，连蒋介石的侍从室第一处主任钱大钧都觉得过分。张学良听后"有如凉水浇头"，对蒋介石"深感绝望"，"回至寝室，暗自饮泣"，下午即乘专机飞返西安。在飞机上，张学良对何柱国说："我现在想干什么，我的太太亦无从知道。"

在洛阳，蒋介石仍十分关注绥远和华北形势。为此，他曾答应帮助傅作义抵御伪蒙军犯绥，并于11月7日飞抵太原会晤阎锡山等，表示支持傅作义剿灭伪蒙军，因为绥远如果落入日伪之手，华北将失去半壁屏障，危及他的统治；但是，蒋介石虽允许傅作义部一战，却是有限度的"攻势防御战"，对手以伪军为限。19日蒋介石又飞抵济南安抚韩复榘，并表示倚重韩复榘和宋哲元支撑华北危局，稳住日本。然而当绥远抗战取得红格尔图和百灵庙两次大捷之后，蒋介石则于 28 日派陈诚到绥远，命令傅作义迅速停战，"打到一定程度，要适可而止。"傅作义不仅拒绝蒋介石的命令，反而采取了极端措施，即以万金相许，要求前来反正的伪军王英部旅长金宪章、石玉山将小滨大佐以下 29 名日本顾问全部逮捕枪决，又于 12 月 9 日收复了大庙。因此，蒋介石在秘密准备以蒋鼎文取代张学良的同时，也准备以卫立煌和陈诚取代傅作义。

在洛阳期间，蒋介石更着力于调兵遣将，部署西北的"剿共"。除了西北各省原有的杂牌军和早已进入甘、宁地区的胡宗南、关麟征、王钧、毛炳文等率领的中央军之外，又陆续把解决两广事变时的嫡系精锐 30 个师全部北调。到 12 月初，蒋介石调集部队总兵力已达 60 余师 260 多个团，从而对陕甘宁苏区形成西、南、东三面大包围。蒋介石还下令扩建西安和兰州飞机场，要求能容纳近百架新式战斗机和轰炸机。随即，蒋介石令陇海线上的中央军向西推进，樊崧甫的第四十六军已布防于洛阳以西至潼关之间，王耀武师已进驻汉中，万耀煌师更已进驻咸阳。为了配合军事行动，蒋介石又于 11 月 23 日下令逮捕了上海"全救会"领袖沈钧儒、章乃器、邹韬奋、李公朴、沙千里、王造时、史良等，造成了轰动一时的"七君子事件"。同时还查封了 14 种宣传抗日的进步刊物。

1936 年 10 月 31 日，庆寿时的蒋介石、宋美龄夫妇

1936 年 10 月 31 日，庆寿时蒋介石等合影。前排左起：傅作义、张学良、宋美龄、蒋介石、阎锡山

蒋介石在洛阳期间会晤绥远省主席兼第三十五军军长傅作义，答应帮助傅作义抵御伪蒙军犯绥。前排左三起：蒋介石、宋美龄、刘芸生（傅作义夫人）、傅作义

1936年11月7日，蒋介石从洛阳飞抵太原，次日与阎锡山等商讨剿灭绥远伪蒙军之策

1936年11月19日，蒋介石从洛阳飞抵济南安抚韩复榘，并表示倚重韩复榘和宋哲元支撑华北危局。左起：蒋介石、韩复榘

1936年11月，中央军北调所乘之兵车

1936年11月，中央军北调兵车上的装甲部队

1936年11月，中央军北调兵车上的骑兵部队

第二节　抗日与"剿共"的抉择

一、张学良请缨援绥被拒绝

自参加洛阳祝寿遭蒋介石斥骂返回西安后，张学良出于对蒋介石的义愤，曾一度想到过"和蒋介石告别，自己辞职走开"。但经过冷静考虑，他又觉得这样做，既违背了自己率部打回老家去的誓言，又正中蒋介石的下怀，内心实有不甘。于是他决定"对蒋介石做最后的'诤谏'"，希望蒋介石"能在最后，万一地改变态度主张"。

11 月 23 日，张学良只身驾机飞洛阳谒见蒋介石，请求蒋介石批准其东北军改编方案，允许东北军出兵援绥，并于 27 日向蒋介石呈交了一封请缨抗敌书。其中写道："今绥东战事既起，正良执殳前驱，为国效死之时矣。日夕磨砺，唯望大命朝临，三军即可夕发。盖深信钧座对于抗日事件，必有整个计划与统一步骤，故唯有静以待命，无烦喋陈。乃彼大军调赴前方者，或已成行，或已到达，而宠命迄未下逮于良，绕室彷徨，至深焦悚！每念家仇国难，丛集一身，已早欲拼此一腔热血，洒向疆场，为个人洗一份之前愆，为国家尽一份之天职……今者前锋既接，大战将临，就战略而言，自应厚集兵力，一鼓而挫敌气，则遣良部北上，似已其时。就驭下言，若非即时调用，则良昔日之以时机未至慰抑众情者，今亦难为曲解。万一因不谅于良，进而有不明钧座意图之处，则此后之统帅驭使，必增困难。盖用众贵有诚信，应战在不失时机。凡此种种，想皆洞鉴之中。伏恳迅颁宠命，调派东北军全部或一部，克日北上助战，则不独私愿得偿，而自良以下十余万人，拥护钧座之热诚，更当加增百倍。"

然而，蒋介石的表态却是："等我死后，你再去抗战"；"你的责任就是'剿共'，不许到绥远抗战，若要不然，就把你换掉！"接着，张学良又提出"七君子"问题。他说："上海的几位救国领袖究竟犯了什么罪，我想全国大多数人谁也不晓得。事实上，他们根本就没有罪，如果说他们也有罪，那就真成了沈钧儒说的'爱国未遂罪'了。"并恳求蒋介石释放这些爱国的同胞，免得失去人心。但蒋介石仍不采纳张学良的意见。张学良一看劝不下，就气愤地说："委员长这样专制，这样摧残爱国人士，和袁世凯、张宗昌有什么区别！"蒋介石则斥责道："全国只有你这样看，我是革命政府，我这样做，就是革命！不服从我，就是反革命！"两人乃不欢而散。

　　这场争论表明，张学良、蒋介石之间的政见分歧已很难化解。但张学良思来想去，还是一本初衷，于12月2日乘军机再飞洛阳，又一次就出兵援绥、"七君子"问题和改变"剿共"政策等向蒋介石进谏，结果依旧无效。

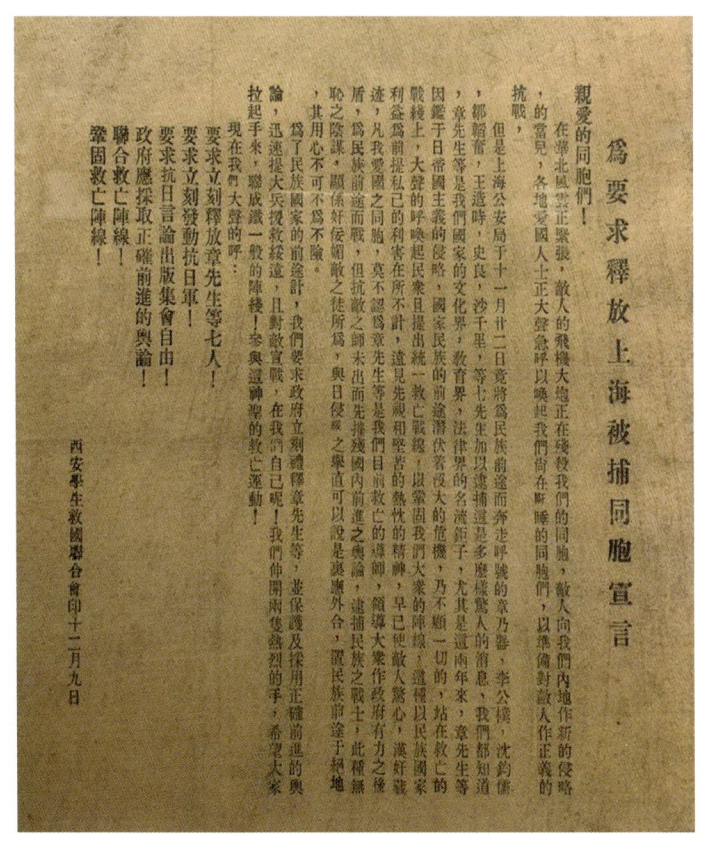

1936年11月27日，张学良交给蒋介石的请缨抗敌书

1936年12月9日，西安学生救国联合会印发的《为要求释放上海救国同胞宣言》传单

二、蒋介石重返西安与张学良、杨虎城决定扣蒋

鉴于西安的"剿共大计"尚未安排就绪，蒋介石遂于1936年12月4日偕张学良、钱大钧以及秘书、参谋、侍卫人员乘其专列重返西安。此即蒋介石第四次到西安。按照蒋介石的指令，专列就停在临潼火车站，仍以华清池为行辕。随着蒋介石的到来，南京的一大批军政要员如蒋鼎文、卫立煌、陈诚、陈继承、朱绍良、万耀煌、蒋作宾、邵元冲、陈调元、蒋百里、蒋锄欧、萨镇冰、郭寄峤、李基鸿等陆续聚集西安，大都住进了城内的西京招待所。

12月5日，蒋介石首先接见了《大公报》主笔张季鸾。张季鸾告以西安谣言甚盛，流行的说法多为"停止内战，联共抗日"。蒋介石说："我来西安的目的，就是要平息东北军、西北军的分歧论调。"从6日起，蒋介石在华清池依次召见、宴请东北军、第十七路军高级将领，"告以剿匪已达最后五分钟成功之阶段，勖以坚定勇往，迅赴事机之必要"，而张学良、杨虎城并未在座。然后，蒋介石便向张学良、杨虎城提出了两种办法供其选择：一是如服从命令，将东北军、第十七路军全部投入前线，在中央军监视下进剿红军；二是如果不愿"剿共"，就将两军调至闽、皖，把陕甘让给中央军。显然，这两种办法张学良、杨虎城都无法接受。

12月7日，为了制止内战，张学良、杨虎城基本商定了兵谏扣蒋，但张学良又提议最后再劝一次，"他再不听，先礼后兵，那我们对得起他。"杨虎城则认为，蒋介石死不回头，劝也劝不转，又怕说翻了会露出马脚，蒋介石若走了事情更不好办。但张学良说："看不出蒋介石有提防我们的迹象。蒋介石很骄傲，以为我们只会服从他。或许蒋介石认为我们既去劝他，便不会有其他的举动。"杨虎城不好阻拦，只得同意。当日下午，张学良去华清池拜谒蒋介石，当面痛哭陈词，要求制止和反击日本的侵略，接纳共产党一致抗日。并表示，只要蒋介石能领导全国人民抗日，自己一定会维护蒋介石的威信，支持和拥戴蒋介石做最高领袖和全民族的伟大英雄。然而蒋介石却丝毫不为所动，并责备张学良年轻无知，受了共产党的麻痹和欺骗。最后竟说："即使你用手枪把我打死，我的'剿共'政策也不会改变。"

8日上午，张学良一见杨虎城就说："我的劝说失败了！蒋介石还拍了桌子和我吵了一阵，你可再走一趟。"约11时，杨虎城到华清池向蒋介石进谏说："看国内形势，不抗日，国家是没有出路的，人心是趋向抗日的。对红军的事可以商量办，宜用政治

方法解决，不宜再对红军用兵。"蒋介石依旧执迷不悟，声称自己有把握消灭红军，要求杨虎城放手撤换第十七路军中不愿"剿共"而主张抗日的军官。杨虎城见蒋介石态度无法挽回，多说无益，遂告辞而出。

杨虎城返回后马上去见张学良，提出劝谏既已失败，应立即采取行动，不能丧失时机和人心。并表示："为了抗日救国，牺牲掉这两个团体（指东北军和第十七路军）也值得！"张学良也说："我们为了国家，对蒋介石也仁至义尽了，现在只有干这一条路。"于是，张学良、杨虎城在万不得已的情况下，只有铤而走险，决定实行扣蒋兵谏，并作了明确分工，即东北军负责扣蒋，第十七路军负责西安城内行动。然后相约各自进行准备。

8日，蒋介石曾召集其亲信将领举行军事会议，却将张学良、杨虎城排除在外。会议确定了"剿共"作战计划，并准备在开战之前逮捕一批西安的中共党员和亲共分子。9日，蒋介石又费尽心机，亲笔写了一封密函给邵力子，要求邵力子密嘱民营报纸《大公报》记者发表（实是外泄）"以蒋鼎文为西北剿匪前敌总司令"等几项人事任命消息，逼使张学良、杨虎城就范。事实上，张学良、杨虎城与张季鸾和《大公报》记者均有密切联系，故在蒋介石密嘱内容尚未见报之前，张学良、杨虎城就已获悉。蒋介石要撤换张学良，张学良自然不会坐以待毙。后来周恩来分析说："蒋介石召集西安会议，陈诚来了，蒋鼎文也来了，是准备以蒋鼎文代替张学良。这样就逼出来一个西安事变。"

西安事变前蒋介石（右）与张学良（左）、杨虎城（中）在华清池的合影

张季鸾（1888—1941），名炽章，以字行。祖籍陕西榆林，生于山东邹平县。从1926年起，长期主持《大公报》笔政，被誉为"文坛巨擘，报界宗师"。他和于右任、李仪祉并称"陕西三杰"

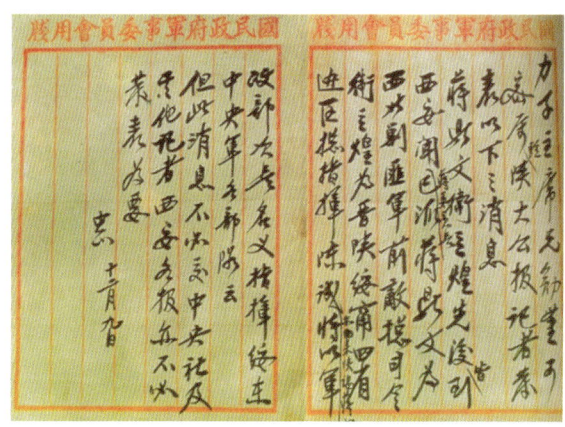

1936年12月9日，蒋介石在华清池给陕西省政府主席邵力子写了一封"密函"，令其密嘱《大公报》记者发表关于以蒋鼎文取代张学良的消息。左图为蒋介石致邵力子密函全文。右图为12月12日《大公报》发表的该消息

三、西安一二·九周年游行请愿

12月4日，蒋介石第四次来到西安，西安地区的形势一天比一天紧张。一方面是蒋介石"剿共"内战的战车正在加速运转，另一方面是西北军民的抗日要求越发强烈。西安顿时成了"剿共"与"抗日"两种势力较量的中心舞台。

1936年12月9日，是一二·九运动周年纪念日，西安举行了一场规模空前的游行请愿活动。这一天拂晓，西安高中、西安师范、省立一中、省立二中、民立中学、东北大学工学院以及东望小学等13所西安大中小学校的学生和少数市民5000余人，分途走上大街，他们高举连夜赶制的旗帜和横幅，沿路散发着传单，张贴着标语，呼喊着救亡口号，于8时许陆续聚集在南院门"西北剿总"门前，准备开纪念大会。突然传来消息说，东关竞存小学的队伍冲出校门时，蒋系宪警开枪打伤了一名东北籍小学生，立刻引起全场一片抗议并夹杂着哭泣声、痛骂声，连"西北剿总"门前的卫兵也止不住为之落泪。在随后的纪念大会上，"西救"代表宣读了《为督促政府动员全国兵力抗日停止内战宣言》，获得在场群众的一致赞同。接着，请愿代表团向张学良递交请愿书，因张学良去了临潼，遂由"西北剿总"的一位交际科长代为接见，他表示"一定将大家的要求转达给副司令"。学生队伍高呼着"拥护东北军抗日""中国人不打中国人"、"东北军打回老家去"的口号，涌向了北院门陕西省政府门前。省政府主席邵力子先是派一位秘书出来应付，引起学生的不满；继而勉强接见请愿代表时，"对所请之事项全置之不理，反责大家要守规矩安心读书"，"甚至认为'警察暴行'是出自学生之过"，从而激起学生更强烈的愤怒；邵力子争辩不过学生，只得"恼羞拂袖而去"。下午两点钟，学生们忍受着饥饿、疲劳又涌进了新城绥署向杨虎城请愿。杨虎城没有出面，由其参谋长李兴中代为接见。李兴中的"答复甚为恳切"，但也只是答应转告蒋介石而已。由于城内的游行请愿均未达到预期目的，游行指挥小组便临时决定，满足群众要求，出城赴临潼直接向蒋介石请愿。

这一消息很快被蒋系特务得知，蒋介石闻讯大发雷霆，立即向张学良发出命令"制止学生闹事，如学生不听，开枪打死勿论！"同时命令军警在沿途布防，"假如学生再前进，他便下令用机关枪打！"城内宣布临时戒严，大批宪警布满街头，邵力子还要求杨虎城派兵封闭城门。

游行请愿队伍离开新城，原计划出中山门（今小东门）再绕道乘火车去临潼，不料刚走了一半就听说中山门已被封锁，只得折回来经尚仁路（今解放路）向北走中正门（今解放门），然而却远远地望见了中正门已经闭合，军警防守着水泄不通。这时，已经到了下午5时左右，学生们通过各种方式对守门的士兵展开"攻心战"。当守门士兵受到感动而态度有所缓和时，几名学生夺过钥匙，打开了城门。于是，"黑压压的人群像潮水般滚滚涌出。到了火车站，由于特务的作祟，火车头已不知去向。"学生们遂决定徒步向临潼进发。

就在学生请愿队伍走到东郊十里铺的时候，张学良却轻车简从追了过来。张学良站在路旁的一个土坡上，劝说大家回城，以免发生不幸。他以十分沉痛的心情说："同学们！诸位的爱国热情，深深地感动了我，这么冷的天气，你们挨着饿去临潼请愿，这使我个人难受极了……"稍作停顿，张学良又说："你们的救国热忱，我是非常钦佩的，但是今天时间已不早了，路程尚远，而临潼又无餐宿之地，太辛苦了！不如请大家转行回去，把你们的请愿书交给我，由我代你们向蒋委员长陈述，比你们自己去还要快些。"但学生们坚持要去临潼，并表示，为了抗日救国，决不怕辛苦，宁愿不吃饭，也要由蒋介石亲自答复请愿要求。张学良则关切地说："你们的救国志愿，我并不阻挠，只是政府不满学生干预国事，你们此去必触动最高主权者之怒。我为爱护你们，不忍见你们去流血牺牲。"这时，站在队伍前列的东大工学院学生首先高呼"我们愿意为救国而流血！我们愿意为救国而牺牲！打回东北老家去！死在救国的路上是光荣的！"一位学生还大声说："张先生，你的家乡东北沦亡了五六年了，你的祖宗坟墓还在那里，忘记了吗？现在华北特殊化了，眼看着日寇就要全面进攻，国家命运是你们拿枪的掌握着，你们的枪还要打自己人，是何居心？我们要同蒋介石去算账！"说罢放声大哭，全场男女随之嚎哭连天。大家连哭带喊："我们不愿作亡国奴！我们情愿为救国而死！同学们，我们前进吧！"刹那间，撼天动地的哭声、喊声连成一片！

面对如此凄惨、悲壮的情景，连伫立观望的行人、保护学生的东北军和第十七路军官兵无不泪流满面、痛哭失声。张学良抑制不住自己的感情，也掩面而泣，声泪俱下地说："各位同胞、同学，我张学良不是不救国的，我的心情是和你们一样的。自从失掉东北四省，全国人民不论男女老少，无不骂我张学良。我何尝不敢打日本强盗呢？上级不许我打，这种隐痛是一时不能对人说的。我不是愿作亡国奴的人，我与日寇有杀父之仇，是不共戴天的。我的最后一滴血，是要流在抗日战场的。""今天，我敢肯定地答复你们，我张学良至死还是抗日的，不但你们现在要求我出兵，要求政府出兵绥远，而且我自己也在极力请示中央抗战……诸位，我张学良是国家的军人，决不做走狗或汉奸，你们的救国心愿，我决不辜负。请你们大家相信我，我张学良若不出兵抗日，任凭诸位将我处分，我也是自甘领受的。"言至此，大家掌声雷动，一阵欢呼："欢迎张副司令出兵抗日！""拥护抗敌领袖！"接着，张学良又慨然道："亲爱的同学们，你们的要求，我是完全接受，或者还能作你们的一个请愿代表，我即刻将你们的意思转达给在临潼的蒋委员长，至少我比你们有效力，你们如若不信……等看三五日内便有事实的表现答复你们，我是绝不会欺骗诸位的……天黑了，你们如信服我张学良的话，那么就请你们回去吧！"大家见张学良的态度如此恳切，遂于9时许返回到西安城内。

张学良说到做到，当晚就去临潼向蒋介石报告了学生请愿的要求，并一再说明学生的动机是爱国的，是完全纯洁的。蒋介石不仅不接受，反而怒气冲冲地斥责张学良："学生要来找我，我让你派兵镇压，你为什么不执行？你是代表学生呢，还是代表我？你到底是站在学生的立场呢，还是站在国家的立场？"张学良的情绪极为冲动，一直与蒋介石争辩到深夜，但终无结果，只得愤愤而回。

毫无疑义，12月9日西安学生的游行请愿活动，以及蒋介石临阵换将的消息，就成了几天后兵谏捉蒋的重要催化剂和导火索。

1936年12月9日，是一二·九运动周年纪念日，西安5000余名学生举行了大规模的游行请愿活动，要求停止内战，一致抗日。图为学生请愿队伍经过钟楼行进在大街上

纪念一二·九运动一周年，西安学生游行队伍行进中

游行队伍在"西北剿总"总司令部门前请愿

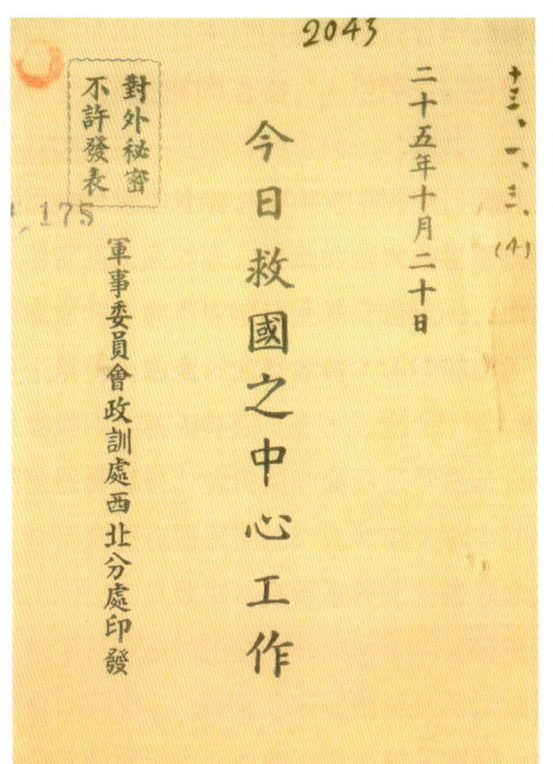
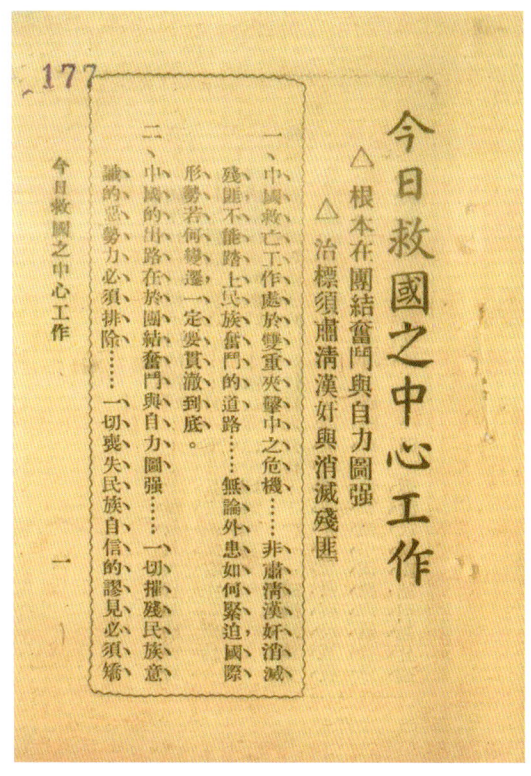
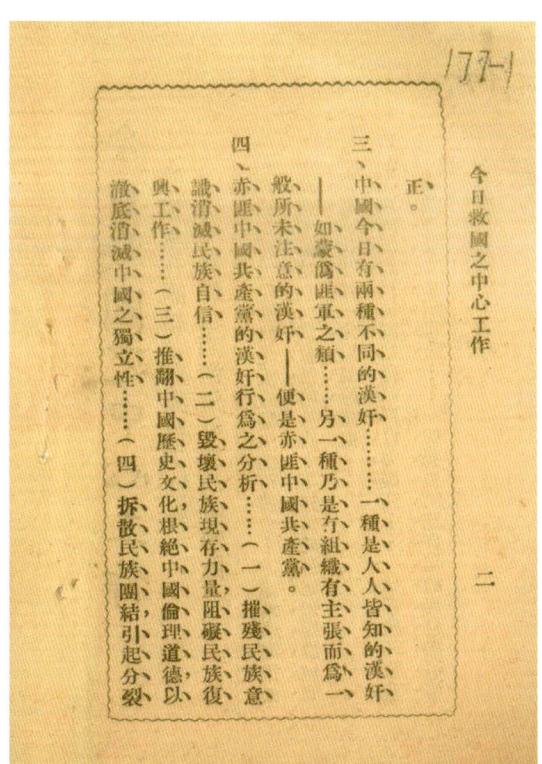
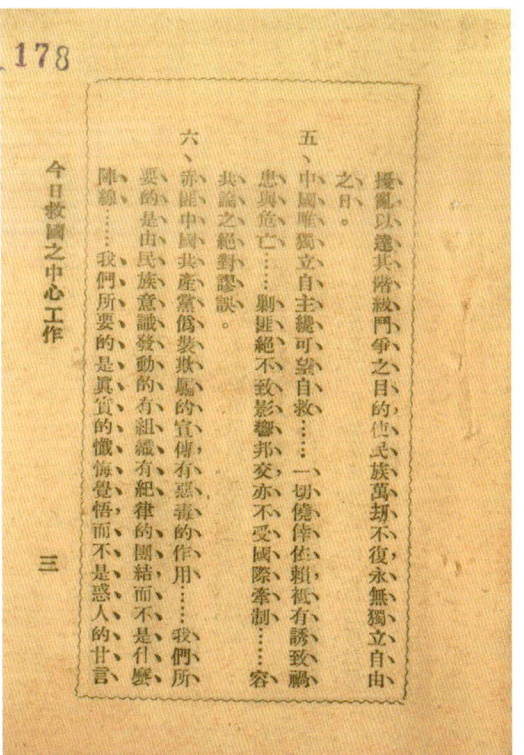

1936年12月9日，南京国民政府军事委员会训政处西北分处奉蒋介石令向西安各机关、学校紧急发放《今日中国之中心工作》，继续鼓吹并顽固坚持其"剿共"政策

四、一场由误会引起的虚惊

同样是12月9日晚，西安城里忽生险象，一场误会差点毁了兵谏大计！原来，当天傍晚，第十七路军特务营营长宋文梅去找东北军卫队二营营长孙铭九，走到东城门楼城坡时，看见孙铭九急急匆匆带着一部分全副武装的士兵乘卡车要出发。宋文梅便问孙铭九："你们干什么去？"孙铭九只答了声："去临潼！"就出发了。当时，他俩已知道要兵谏，只是心照不宣。宋文梅见孙铭九如此匆忙，误以为孙铭九带人是去临潼捉蒋的，就赶快驱车到东大街南柳巷报告了王菊人。王菊人也没有仔细问一问，又马上到易俗社去找杨虎城。

此时，杨虎城正在易俗社举行戏曲招待晚会，邀请蒋系军政大员陈诚、卫立煌等欣赏秦腔。鉴于事情重大，王菊人请杨虎城回到新城总部，报告说东北军已开始行动，孙铭九已去临潼捉蒋。碰巧这一晚张学良因学生请愿的事去了临潼，回来很迟。杨虎城听了王菊人的报告，又见张学良没在剧场，便信以为真，立即让王菊人转告赵寿山派兵包围了易俗社，并警戒绥署至易俗社沿途的交通安全，同时命令按之前与张学良商定的计划部署兵力，只等东北军一动手，就迅速解除城内蒋系军警宪特的武装，占领和接收各机关。为了不使蒋系人员看出破绽，杨虎城布置完毕又回到剧场继续陪客看戏，但心神十分不安。一直等到11时半左右，张学良来到剧场。杨虎城看张学良完全是一副没事人的样子，心中顿生疑窦，但又不好当着众人的面问张学良，就又点了两出戏让接着唱下去，自己则回新城去看个究竟。而宋文梅和王菊人也正在绥署内发急，担心会不会出什么意外。杨虎城来后，立即命令宋文梅速赴东北军卫队二营查问虚实。

宋文梅在去卫队营的路上，得知孙铭九不在营部，便匆匆前往金家巷孙铭九家里。孙铭九的副官开门时，宋文梅忙问："孙营长在不在家？"副官答："两个钟头前就回来了，现已睡了！"宋文梅闻言大吃一惊，急步进屋叫醒孙铭九，问后才知，张学良担心学生晚上又去临潼请愿会遭毒手，特派孙铭九带人去"巡路"，如果见到请愿队伍即劝其回城。至此，宋文梅终于明白这是一场天大的误会，吓得出了一身冷汗，赶紧跑回新城向王菊人等说明了真相。因杨虎城尚在易俗社，王菊人等也顾不上请示了，马上下令收兵回营。

戏曲晚会到深夜1时前尽兴而散。当时有人发现周围布满士兵，曾质问杨虎城，杨虎城以保护大家安全为由，敷衍搪塞了过去。杨虎城回到新城得知是一场由误会引起的虚惊，既长长地舒了一口气，又斥责宋文梅、王菊人等办事太过鲁莽，把天大的事当成儿戏。

这一夜，杨虎城的精神非常紧张，一直未能入眠。他深感兵谏之事已如箭在弦上，不可久拖。10日拂晓，张学良也得到报告，打了两次电话要求去人面谈。随后，杨虎城亲自到张学良公馆谈了昨晚的问题，并说："看今日情况，学生、市民、东北军和第十七路军的大部分中下级军官，对蒋介石是愤恨的，他们的情绪很激动，捕捉蒋介石时间，不能再迟了，万一我们对部下控制不了，发生骚动，那更危险。"张学良也是一样的看法。于是，两人当下商定，今、明两天准备，12日凌晨正式行动。

1936年12月9日，张学良、杨虎城联名在西安易俗社举办戏曲招待晚会，邀请莅陕的南京军政大员及各界名流观赏秦腔名剧《柜中缘》等

图为民国时期的
西安东城门楼

五、 两场最后的晚宴

12月11日夜晚，临潼华清池和西安新城大楼同时举行着两场宴会。前者是由蒋介石宴请，被邀者都是与"剿共"有关的总司令、总指挥，如陈诚、蒋鼎文、卫立煌、朱绍良等，张学良、杨虎城、于学忠也在被邀之列。后者则是以张学良、杨虎城的名义宴请南京军政大员，出席者有蒋作宾、邵元冲、蒋百里、陈调元、陈继承等。这是两场用意不同的晚宴。

在华清池，蒋介石以晚宴为名，"招张学良、杨虎城、于学忠与中央将领来行辕会议进剿计划"，实际上是要正式宣布对蒋鼎文、卫立煌、陈诚的新任命，以蒋鼎文取代张学良为"西北剿总"总司令。

大约下午6时，张学良受邀来到华清池。杨虎城因要主持西安新城的宴会，无法分身；于学忠要代表张学良，也不能到临潼。蒋介石问："虎城怎么没有来？"张学良指着陈诚、蒋鼎文等人说："今晚我们两人做东，在新城大楼请他们吃饭，虎城在那里。"由于此次宴请是钱大钧临时用电话分别邀约的，因而杨虎城、于学忠的缺席并未使在座者特别在意。

据当时在华清池服务的励志社干事张玉荪回忆："在宴会进行快终了时，委员长忽然口头任命了三位总司令，那是陈诚、蒋鼎文和卫立煌。"也就是以蒋鼎文为西北剿匪军前敌总司令、卫立煌为晋陕绥宁四省边区总指挥、陈诚以军政部次长名义指挥绥东中央军各部队。对此，张学良颇感意外，虽然此前他也有所风

蒋介石（左）和张学良（右）在华清池

闻，但没有想到会在这种场合。所以，当他"一听见该项口头宣布的命令后，面色立即大变"。隔了半晌，张学良起立质问蒋介石："刚才委员长任命的三位总司令，他们的资历和身份都和学良不相上下，他们的防区，又都与现在'西北剿总'的防区紧密接壤，在这个小小的防区之间，竟有了四个总司令，将来作战的时候，如何配合？由谁指挥谁呢？"蒋介石听了张学良的询问，并未直接予以答复，而是大为震怒并痛加斥责道："屡次训示，你是军人，只要服从命令，不要问为什么？怎么？你又提出问题来了？"

蒋介石这种当众斥责张学良的做法，使张学良十分难堪，无地自容。宴会结束后，张学良怒容满面，低头疾步地离开现场，连来送他的张玉荪都没看一眼。蒋介石公开宣布以蒋鼎文取代张学良以及对张学良的当众斥责，只能起到火上浇油的作用，更加坚定了张学良发动西安事变的决心。

华清池宴会后，张学良陪同陈诚、卫立煌等赶赴西安新城大楼，参加他和杨虎城为转移南京大员视线而举行的招待宴会。张学良亲自开车，途经灞桥时，张学良对同行者说："你们的命都在我手中攥着呢。"众问其故，张学良笑着说："我的手一偏，汽车掉在桥下，你们不就都完了吗？"大家为之一笑。张学良一语双关，一场惊天动地的大事变已不可避免。

第五章

兵谏霹雳

1936 年 10 月 22 日、12 月 4 日，蒋介石两次入陕之后，西安地区的局势可谓风云激荡，瞬息万变。坚持"剿共"和力主停止内战、共同抗日的两股力量展开了各种形式、紧张激烈的博弈。张学良、杨虎城在反复劝谏、诤谏和"涕泣苦谏"无效之后，又面临着被削夺兵权、两军调离和大规模内战的威胁。生死关头，为了抗日救国，他们只有破釜沉舟，铤而走险，采取非常手段武力扣蒋，以逼其改变误国政策。经过几个昼夜紧急而周密的部署，一场"戳天"的兵谏大剧就此揭开了帷幕。

张学良

杨虎城

第一节　华清池蒋介石行辕的布局及警戒

如前所述，蒋介石第三、第四次到西安，均以华清池为行辕。华清池位于临潼县城之南、骊山北麓，自古以来就是以温泉汤池闻名中外的胜迹或景区。经 1930 年整修的华清池，面积约 6000 平方米，大门坐东朝西，门的上方刻有于右任在民国十九年书写的"华清池"三个大字，进入大门为一空旷的外院，再右拐就到了二道门，二道门的上方刻有"华清胜境"四个字，顶端则为国民党的青天白日党徽。二道门以内称内院（原清代环园），迎面就是荷花池，经西侧的杨贵妃池和东边的第二桥、飞虹桥均可通达荷花阁、白莲榭和蒋介石下榻的五间厅。整个华清池（包括内院、外院、北花园）均有围墙环绕，飞虹桥之东侧、围墙之东南角则为上山的后门。

据在华清池为蒋介石行辕服务近两个月的张玉苏回忆，并综合其他资料可知，五间厅从西到东的安排是：特务副官室、蒋介石卧室、蒋介石办公室、会议室兼小餐厅、机要秘书室。从卧室到办公室必须走房外走廊，为避免清晨受寒，蒋介石重返华清池次日，即下令将卧室、办公室的隔墙打通而成里外间。当时，住在特务副官室的是蒋介石的亲随侍从副官、堂侄蒋孝镇；住在机要秘书室的则为蒋介石的机要秘书俞国华。于是，五间厅就成了蒋介石行辕的核心和机要重地。

1936 年 12 月 4 日，蒋介石来西安，所带侍卫官、便衣卫士和卫士队士兵仅 20 余人，虽兵力不多但装备精良，每人都配有手提机关枪和二十响驳壳枪，火力较强。其中，由区队长毛裕礼（蒋介石前妻侄子）率领的卫士队分别住在五间厅后面的窑洞和华清池西边的公共浴池（俗称群众池，亦即陕西省第二民众教育馆所在地）；侍卫官、便衣卫士及侍从秘书、侍从副官大都住在五间厅前左方的贵妃池附近和五间厅东侧的三间厅。其他侍从人员如侍从医官、会计及侍从秘书萧乃华、前来办理黄埔同学联谊会事宜的秘书萧赞育、葛武棨则分别住在民教馆西侧的县卫生院和华清池小学里。那时，张玉苏原本住在荷花池旁的荷花阁内，萧乃华因担任蒋介石会客时的记录员，遂与张玉苏调换了住处。不料事变当日凌晨，萧乃华听见枪声出门喝问，即遭枪击而亡，这是后话。

此外，随蒋介石的专列而来的 80 名中央宪兵，由蒋介石的堂侄、中央宪兵第三团团长兼侍从室第四组组长蒋孝先率领，其中一排40人住在华清池大门对过、小广场西边的禹王殿以及佛教会、戏楼等处，并且大多与在华清池外围司警戒的东北军卫队一营混住。而蒋孝先和侍从室第一处主任钱大钧，则住在五间厅后左方的平房里。

又据张玉苏回忆并结合其他资料分析判断，华清池的警戒由里到外分为三个层次：一是二道门和内院，即五间厅周围，由蒋介石的侍卫人员轮流值班警戒；二是华清池大门及外院、围墙四周，分派中央宪兵一个排40人守卫，后山上也安排了部分宪兵岗哨，另一排40名宪兵留驻临潼火车站守护蒋介石的专列；三是华清池外围的警戒，则交由张学良的"卫队团林团长"即东北军独立第一〇五师（该师为张学良卫队师）第一旅第三团团长林大木负责，并在骊山上驻扎了一个连的兵力，支架着10余顶帐篷住宿，以保障山后的安全。至于临潼大道上，则分设了几个警戒所负责沿途警戒，兵力约有一个营。据张玉苏的回忆，没有提及东北军王玉瓒的卫队一营，这里的"一个营"所指是否为卫队一营，尚难判明。

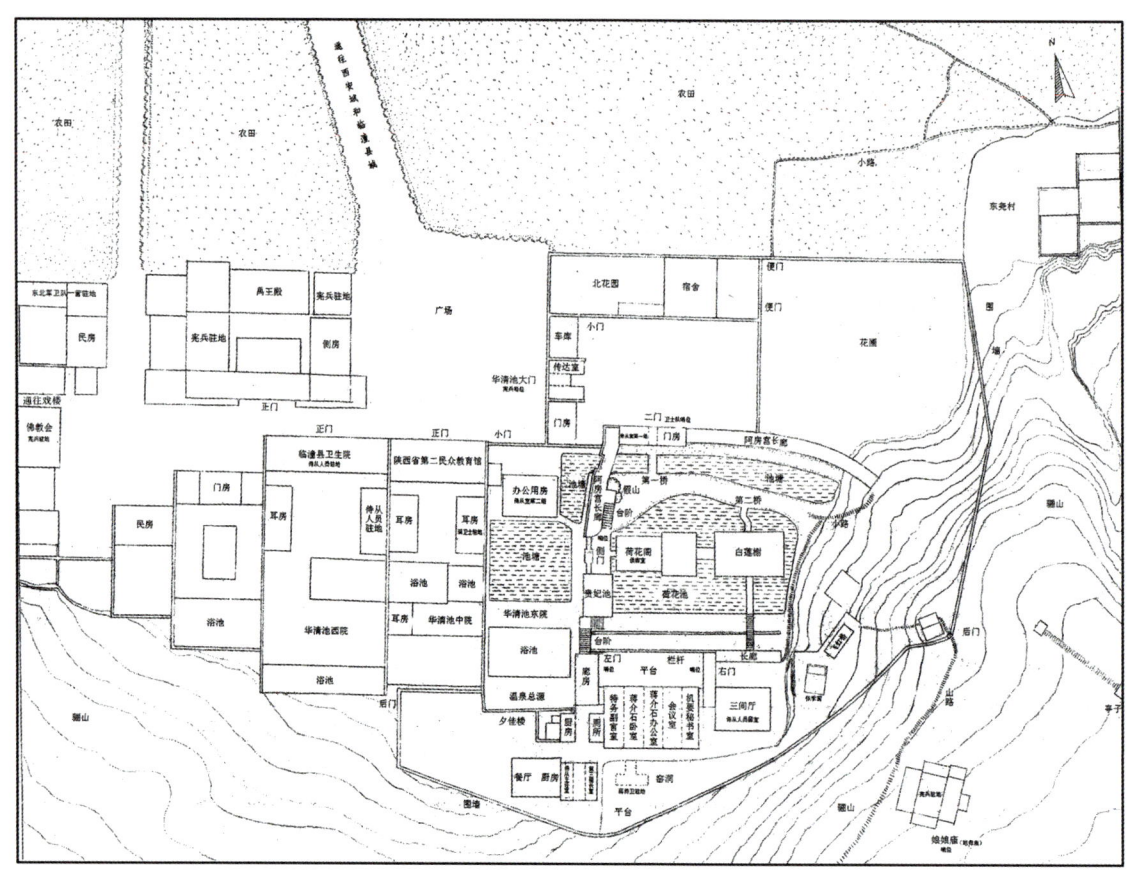

西安事变前华清池平面图（内蒙古农业大学赵殿武考证绘制）

关于 12 月 4 日后守卫华清池大门的人员，除了张玉荪的回忆比较可靠之外，还可证之以刘桂五、孙铭九、商同昌等当事人的忆述和夏时的文章（刘桂五说是"蒋的守卫哨兵"，孙铭九说是"蒋的守卫岗哨"，商同昌说是"卫兵"，夏时说是"哨兵"），以及邵力子省政府大门由中央宪兵一个连把守的事实。因此，要说东北军卫队一营第一连此时仍在守卫华清池大门似不太可能。但卫队一营官兵在华清池大门附近围墙外及临潼大道上司警戒则可以肯定。

西安事变前军事形势图

第二节　张学良、杨虎城调兵遣将实行兵谏

　　张学良、杨虎城在下定了兵谏扣蒋的决心之后，就按照商定的分工进行紧急部署。他们的分工很明确，即东北军负责临潼扣蒋，第十七路军负责西安城内行动。

西安事变前夕，张学良和杨虎城的合影

一、东北军方面的准备

鉴于华清池行辕的布局和警戒情况，以及兵谏扣蒋不同于一般的两军对垒作战等特点，张学良遂决定派警卫张学良公馆的卫队二营具体执行扣蒋任务。卫队二营营长孙铭九曾随张学良参与过洛川会谈、肤施会谈的警卫工作，又是抗日同志会的行动部长，颇得张学良的信任，但却没有实战经验。张学良马上电调绿林出身、善于夜战"掏窝子"，又为人忠诚的骑兵第六师师长白凤翔（当时驻防甘肃固原）和骑六师十八团团长刘桂五（当时在王曲军训团受训）回西安。12月8日刘桂五到达西安后，当晚就去见张学良，张学良佯称要派刘桂五去刺杀杨虎城以检验其勇气和胆量，并嘱刘桂五随时待命。9日早，白凤翔和刘桂五应召到张学良公馆，因当时客人很多，张学良先让他们去副官处帮其联系赴华清池谒见蒋介石"请训"事宜。次日，张学良即亲自带领（另说由张学良的副官陪同）白凤翔、刘桂五谒见蒋介石，实则以"请训"为名熟悉华清池地形、道路。还发给他们12支20发进口手枪。出发之前，张学良还指示孙铭九"要听白师长的话，服从他的指挥"。从而组成了一支由白凤翔指挥，刘桂五、孙铭九协助，包括骑六师几名骨干和卫队二营第七连（连长王协一）官兵在内的专门部队，以奇袭的方式赴华清池扣蒋。

为了确保华清池扣蒋的成功，张学良还着意安排了外线部队，以防止蒋介石及其卫士队突围，并适时支援华清池内线。其部署是：以原警戒华清池外围的一〇五师第一旅林大木团部署于骊山附近，包围华清池的南面和东面，并在靠近华清池的地方设置了较强兵力；以原驻西安南门至韦曲一带的一〇五师第一旅张振邦团部署于灞桥以东地带，包围华清池的西面和北面，并密切监视临潼火车站蒋介石的专列，控制各路上的交通。另有一〇五师第一旅葛晏春团负责守卫西安飞机场和金家巷张学良公馆，不能调动。由于一〇五师第一旅原旅长董彦平被派往新疆与盛世才联系，新任旅长高福源也被派往青海与马步芳联系，因而张学良于12月11日中午发出急电并派飞机接回一〇五师第二旅旅长唐君尧（当时驻防甘肃平凉），并命令唐君尧担任华清池外线的指挥官。据卫队一营营长王玉瓒回忆，他曾带一部分战士两次随蒋介石出行（一次是10月27日上午蒋介石去王曲军训团训话，一次是随蒋介石游西岳华山），而且卫队一营有部分战士与中央宪兵混住在一起。这恐怕就是张学良没有把扣蒋任务交给卫队一营的原因。也正因为如此，直到11日下午4时多，张学良才从华清池带王玉攒回公馆，要王玉瓒到其副官长兼一〇五师副师长谭海处改换服装并接受具体任务，实际上就是让卫队一营与上述外线部队协同行动，以配合专门突击部队扣蒋。12月9日傍晚，孙铭九奉张学良之命率卫队二营第七连王振东排20余人乘两辆载重汽车进驻十里铺（原以巡路为名保护请愿学生，但该排并未撤回）。10日上午，孙铭九又派第七连连长王协一率沈连峰排30余人前往十里铺，与王振东排汇合，东出至灞桥屯驻。11日上午，孙铭九再派营附商同昌率张万山的第八连进驻灞桥，与王协一连靠拢，驻扎在十里铺和灞桥一带，做好随时赴华清池扣蒋的准备。

对于兵谏扣蒋这一惊世骇俗的"犯上"之举，张学良自知其危险性所在，一旦发生意外，后果将不堪设想。因此，张学良对各个主官采取了相互牵制策略，其做法就是向他们分头秘密地下达命令，并未指定某一人是整个临潼行动（包括内线、外线）的总指挥（其实张学良才是总指挥），而各部队也事前互不通气，只是按照张学良的命令完成各自的任务，从而形成一种外线与内线既彼此配合又相互牵制的总体行动格局。至于所谓刘多荃任总指挥的观点，则缺乏充分的资料和事实支撑。根据刘桂五、孙铭九、商同昌（即商亚东，兵谏时的卫队二营代理营长）等关键当事人的直接或间接忆述，一〇五师师长刘多荃到达华清池时，战斗已基本结束；孙铭九事前也不知道刘多荃会来。刘多荃本人所写《扣蒋前夕》的回忆，也没有张学良交代其负责这场行动的记述。再者，陕西省档案馆所藏1937年1月15日西安行营参谋处《对参与西安事变有关重要人员的调查分析情报材料》中更明确记载："此次犯临潼者：白凤翔、刘桂五。犯临潼部队系孙铭久（九）特务营。以后参加者：刘多荃。"尽管如此，刘多荃的到来却并非多此一举，除了用电话向张学良汇报华清池的情况之外，更重要的是根据张学良的命令协调各部队合围搜山，以防蒋介石逃跑。谭海的出现则与抓住了蒋介石有关，以便把蒋介石安全地押回西安，为兵谏扣蒋行动画上一个比较完满的句号。

兵谏扣蒋行动是国民党内部因不同政见而引发的，其目的只是"逼蒋抗日"，所以张学良对所有被召见者一再强调，不得伤害蒋介石，更不得将其打死；如果蒋介石能改变误国政策，还要拥护他当领袖；对于蒋介石的侍卫人员，也是以制服、缴械为原则，尽可能减少伤亡。以上种种，都彰显出张学良精细、审慎的为人处世之道。

二、第十七路军方面的准备

当时，如同东北军的主力大都在甘宁前线一样，第十七路军的主力也都在外县和陕北前线，西安只有绥署的特务营、教导营、炮兵营、卫士队和陕西警备第二旅的 3 个团，总计有 8000 余人。警备第二旅旅长孔从洲的旅部和第四团沈玺亭部、第六团唐得楹部驻西关营房，第五团郑培元部驻东、西、北城。其中除第五团较为可靠外，沈玺亭、唐得楹两团"均系新由张鸿远的地方团队改编，军纪不好"，旅长孔从洲到任仅两个月，还未来得及加以训练，对这两个团的使用尚无把握。教导营营长李振西系黄埔学生，思想和态度较为暧昧。杨虎城部真正可靠的官兵，大约 3000 人。而蒋系势力在西安的单位多达 120 余个，拥有武装者 42 个，其中以中央宪兵第一团、省保安处（即保安司令部）的保安团、省会警察局及其 4 个警察大队、公秉藩的别动支队实力颇强，兵力在 4000 人以上；若再加上国民党各部队留守处、办事处和特务机关等零散武力，合计约 7000 人。此外，随蒋介石而来的 10 多位南京军政大员则住在新城尚仁路（今解放路）北段具有新式卫生设施的现代化宾馆西京招待所以及东大街的花园饭店里。

根据以上情况，为确保万无一失，杨虎城命令孔从洲连续数夜在城内举行演习，准确摸清蒋系军、警、宪、特的装备和分布。后又经与孔从洲、李兴中、赵寿山等的周密研究，对西安具体行动计划做出了有针对性的安排和部署，即由孔从洲指挥警备第二旅，以该旅大部分兵力负责解决中央宪兵团、省保安处、省会警察局、警察大队、西安军警联合督察处、别动支队等的武装；同时以该旅之一部担任西安各街巷的警戒。为增强该旅的领导力量，特调许权中任副旅长。孔从洲还指挥绥署炮兵营，将炮布置在西安北门城墙上，监视西安火车站，随时准备对来犯之敌轰击。派特务营营长宋文梅率所辖大部分兵力负责扣留西京招待所和花园饭店的南京军政大员及其随员，并以另一部分作为预备队就地待命。派卫士队队长白志钧率所部负责警戒新城绥署和杨虎城公馆。教导营则由赵寿山直接指挥，负责警戒新城城防，并解决新城东北几个警察单位的武装。随后，杨虎城任命赵寿山为西安行动的总指挥，并决定战斗一旦打响即成立西安戒严司令部，由孙蔚如担任西安戒严司令，由赵寿山担任省会公安局长。12 月 11 日夜晚，杨虎城及其亲信部将和心腹幕僚在新城杨虎城公馆（即西安事变指挥部）对好了手表，静候张学良一干人的到来，共同启动兵谏大举！

西安新城内杨虎城公馆——西安事变指挥部

西京招待所逐日报告单（1936年12月10日）

西安事变前二日西京招待所旅客名单（王新衡住一一九房）

三、临潼华清池的扣蒋战斗

临潼华清池兵谏扣蒋的整个战斗分为内线和外线。内线的指挥官为东北军骑兵第六师师长白凤翔，在骑六师十八团团长刘桂五和孙铭九的协助下，指挥骑六师的几名骨干和东北军卫队二营王协一连组成专门部队，担任奇袭华清池、拘捕蒋介石的任务；卫队二营代理营长商同昌带领张万山连紧随策应。外线的指挥官为东北军一〇五师第二旅旅长唐君尧，指挥一〇五师第一旅的两个团，在华清池的外围构成大包围，以配合内线行动。东北军卫队一营也参与了对院外宪兵的战斗及合围搜山。

12月12日凌晨6时，兵谏扣蒋行动开始。按张学良的设想，"本是不需要开枪的"，但当扣蒋部队乘车赶到华清池头道门时，却遇到门卫宪兵的鸣枪报警。卫队二营在击毙1名（另说3名）宪兵后，强行突入华清池。接着即兵分两路，在二道门、贵妃池以及院外的禹王庙、群众池等处与蒋介石的侍卫和宪兵展开了激烈的枪战。孙铭九绕道冲进五间厅蒋介石的卧室一看，蒋介石已不见了。原来，蒋介石刚做完床上运动，忽闻枪声，即派卫士查看。继而枪声大作，他一开始以为是红军偷袭，后来得知是东北军"叛变"，顾不上换衣服、戴假牙，就在贴身侍从副官、堂侄蒋孝镇等的帮扶下，仓皇从后窗逃出，拟从东侧后门到骊山上躲避，因找不到钥匙，乃翻墙跌入墙外深沟，摔伤了脊背。随之向山顶攀爬，又遇到东北军一〇五师士兵的阻击。蒋介石自知难以逃脱，便决定返回行辕，急行中陷入山腰间虎斑石旁的一个岩穴，躲了起来。8时许被搜山部队发现，由孙铭九等人背着经东尧村下了山，旋即被谭海送回西安新城大楼。

西安事变临潼华清池行动内外线指挥官及重要人员名单

1. 白凤翔　　2. 刘桂五　　3. 孙铭九　　4. 王国才
5. 唐君尧　　6. 王玉瓒　　7. 刘多荃　　8. 谭　海

白凤翔（1897—1942），字源兰，号瑞麟，原籍热河围场县，河北沧州人。时任东北军骑兵第六师师长，驻防甘肃固原。西安事变前奉召回西安，担任奇袭华清池扣蒋部队的指挥

刘桂五（1902—1938），字馨山，辽宁朝阳人。东北军骑兵第六师第十八团团长。西安事变时协助白凤翔指挥华清池内线的扣蒋行动

孙铭九（1909—2000），辽宁新民人。时任"西北剿总"卫队二营营长，负责张学良及总部直属机构的警卫。1936年12月12日，率部作为主力参加临潼捉蒋行动

王国才（1903—1978），字捷三，辽宁新民人。时任东北军骑兵第六师副官处长。1936年12月12日，任奋勇队队长，参加奇袭华清池的战斗

唐君尧照片缺

唐君尧（1899—1967），字镜宇，辽宁辽阳人。时任东北军一零五师第二旅旅长，驻防甘肃平凉。1936年12月11日上午奉张学良紧急电召飞回西安，担任华清池兵谏扣蒋的外线指挥官

王玉瓒（1896—1984），辽宁黑山人。1936年春任"西北剿总"卫队一营营长。西安事变时率部配合内线部队解除华清池院外蒋介石宪兵等的武装，并参与合围搜山

刘多荃（1897—1985），字芳波，辽宁凤城人。时任东北军一零五师师长，华清池战斗基本结束后，奉张学良之命赴临潼了解华清池战况并向张学良汇报，继而协调内外线部队合围搜山，以防蒋介石逃逸

谭海（1891—1954），字思波，辽宁人。时任张学良的副官长兼东北军一〇五师副师长。蒋介石在骊山山腰被找到后，谭海奉张学良之命专程驱车赴临潼华清池把蒋介石安全送回西安

兵谏亭。1946年3月，由胡宗南发起，国民党中央军校七分校全体士官募捐修成高4米、宽2.5米的钢筋水泥亭，名曰"正气亭"，亦称"民族复兴亭"，建在骊山蒋介石藏身的虎斑石旁。1949年后改称"捉蒋亭"，1986年更名为"兵谏亭"

蒋介石从临潼被送回西安的第一个住所——新城大楼

国民党方面制作的蒋介石蒙难纪念章

四、 第十七路军城内行动

第十七路军负责西安城内的战斗。杨虎城命令特务营营长宋文梅率部负责搜捕西京招待所和花园饭店的蒋系军政大员及其随员；派遣警备二旅3个团解除城内蒋系势力的武装；另派炮兵营在北门城墙上监视西安火车站并解除蒋系过路部队的武装。

赵寿山（1894—1965），陕西户县（今鄠邑区）人。时任第十七路军十七师五十一旅旅长。西安事变时任城内行动总指挥

孔从洲（1906—1991），陕西西安人。时任第十七路军陕西警备第二旅旅长兼西安城防司令。西安事变中负责指挥部队解除国民党在西安的各种武装，很快控制了西安的局面

宋文梅（1910—1955），陕西富平人。时任第十七路军西安绥靖公署特务营营长。西安事变中负责扣留住在西京招待所和花园饭店的国民党军政大员及其随员

李兴中（1890—1962），天津人。时任西安绥靖公署参谋长。西安事变中协助赵寿山指挥城内军事行动

许权中（1894—1943），陕西临潼人。第十七路军独立旅旅长。西安事变时被调任警备二旅副旅长，参与指挥城内战斗

五、兰州、洛阳、潼关

西安事变前夕，蒋介石的嫡系将领朱绍良、东北军五十一军军长于学忠及其三个师长均被调到西安参加会议，事变爆发时都不在兰州。朱绍良的驻甘绥靖公署主任一职由绥署参谋长章亮琛代行；于学忠的甘肃省政府主席职务由省府委员兼秘书长周达夫代行，其川陕甘边区总司令一职由陕甘边区总部参谋长刘忠干（孝同）代行。12月12日上午蒋介石被扣留后，张学良给在兰州的五十一军中校参谋解方发去一封"亲译"密电，要求解方"转达五十一军，立即在兰州响应西安的行动，发表声明拥护八项主张，并立即切断朱绍良的绥靖公署和南京政府的联系，把中央嫡系在兰州的军队、党部、公安部队一律缴械，将其主要负责人员看管起来等"。解方将此密电送给参谋长刘忠干，刘忠干即叫来参谋处长张熙光、张学良总部驻兰州联络参谋姚荫庭紧急会商，大家表示拥护张学良的主张。不久，刘忠干也收到了于学忠从西安发来的类似内容的密电。为取得省政府的支持，刘忠干又来到省政府找周达夫，向周达夫出示了于学忠的密电，周达夫表示完全赞同。此后周达夫诱捕了甘肃省会警察局长史铭，刘忠干也将绥署参谋长章亮琛、秘书长翁燕翼及各处处长软禁了起来。当晚7时，担任城防的五十一军一一三师和特务营按计划分头包抄了甘肃绥靖公署、国民党省党部、警察局和特务机关，收缴了他们的电台、密码和所有武装的枪械。与此同时，五十一军一一八师也解除了兰州东郊中央军第七军炮兵团和胡宗南部两个团的武装，还占领了飞机场，扣留了新式飞机20架。13日，于学忠和3名师长乘飞机飞回兰州，加强了兰州防务，稳定了形势。因为兰州事变是由军、师参谋长出面发动的，所以后来被人称为"参谋造反"。

然而，驻洛阳的东北军炮兵第六旅旅长黄永安和第十七路军驻大荔的第四十二师师长冯钦哉却背叛了张学良、杨虎城。12月12日凌晨两三点钟，杨虎城密电急令冯钦哉速率所部主力渡过渭河，抢占潼关，阻止中央军西进。但冯钦哉不仅拒绝执行，反而污蔑张学良、杨虎城的义举是"作乱造反"。稍后，张学良也密电黄永安，令其率部和在洛阳军分校学习的东北军士兵大队解除洛阳军分校和航校的武装，封锁飞机场，查封各银行。而黄永安则立即向洛阳军分校主任兼巩洛警备司令祝绍周告密。结果，不但东北军士兵大队被监禁，更使战略要地潼关迅速被中央军占领，为西安事变的后期发展带来了极其不利的影响。

1936年12月13日，于学忠自西安飞抵兰州，稳定了兰州事变后的形势。图为于学忠

杨虎城密电急令冯钦哉即刻占领潼关，阻止中央军西进。但冯钦哉拒不执行杨虎城的命令。图为冯钦哉

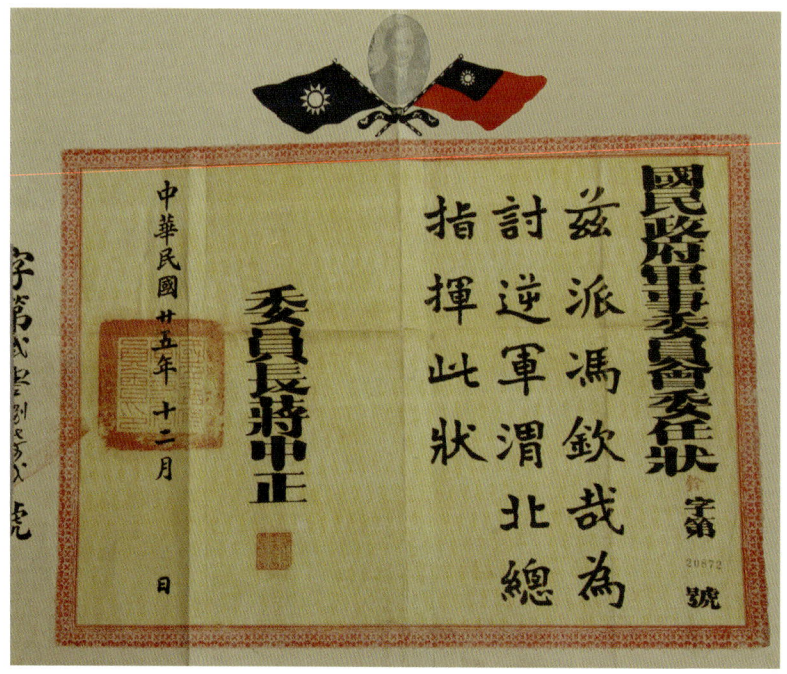

1936年12月16日，国民政府军事委员会成立"讨逆军"讨伐张学良、杨虎城，任命冯钦哉为"讨逆军"渭北总指挥。图为南京政府发给冯钦哉的委任状

"西安事变，着该旅旅长将洛阳机场监视，不准有一架飞机起飞，并将各银行封闭。"

张学良密电黄永安

六、八项主张通电和军政举措

兵谏扣蒋后，张学良在西安事变指挥部首先向在座的东北军和第十七路军的主要将领和幕僚们宣布："我和杨主任胆大包天，把天戳了一个窟窿，蒋委员长让我们捉起来了。这件事怎样收场，我和杨主任要想办法，你们也要想办法。目前国家民族的命运掌握在我们手里，我们不能胡闹，要对全中国负责。"接着，张学良、杨虎城研究决定：在政治方面成立一个设计委员会，负责研究扣蒋后亟待解决的重要政治问题，也可向张学良、杨虎城提出建议，以高崇民为召集人；在军事方面成立一个联合参谋团，秉承张学良、杨虎城旨意，研讨军事上的紧急措施，以何柱国为召集人。

为了说明事变原委和目的，争取世人的理解和支持，12日上午，张学良、杨虎城一方面指示部属分派士兵沿街散发报纸《号外》，一面领衔向国民党中央、国民政府及全国各界发出《对时局宣言》的通电，要求中枢领袖发动全国之整个抗战，并提出八项救国主张。通电特别声明："对介公为最后之诤谏，保其安全，促其反省。"

除了成立政治设计委员会和联合军事参谋团之外，从12日起，张学良、杨虎城又陆续采取了一系列军政措施：改组陕西省政府，以杨虎城的总参议王一山为代理省政府主席兼民政厅厅长、杜斌丞为省政府秘书长、续式甫为财政厅长、李寿亭为教育厅长，原建设厅长雷宝华留任；接收国民党的《西京日报》、西安广播电台，改《西京日报》为《解放日报》；撤销内战机构"西北剿总"，成立"抗日联军临时西北军事委员会"，公推张学良、杨虎城为正副委员长（旋更正为正副主任委员）；组织抗日援绥第一军团，任命孙蔚如、王以哲为正副军团长，郭希鹏为第一军团骑兵指挥官，何宏远为第一军团炮兵指挥官，任命马占山为抗日援绥骑兵集团军总指挥，准备挥师北上援绥；通令释放一切政治犯，除卖国汉奸外，限十日内办理完毕；成立陕西省民众运动指导委员会，推举王炳南为常务委员，接管国民党在陕西的各级党部，负责宣传群众、组织群众和武装群众的工作；奖励兵谏有功人员等。

1936年使用的"西北剿匪总司令部出入证"

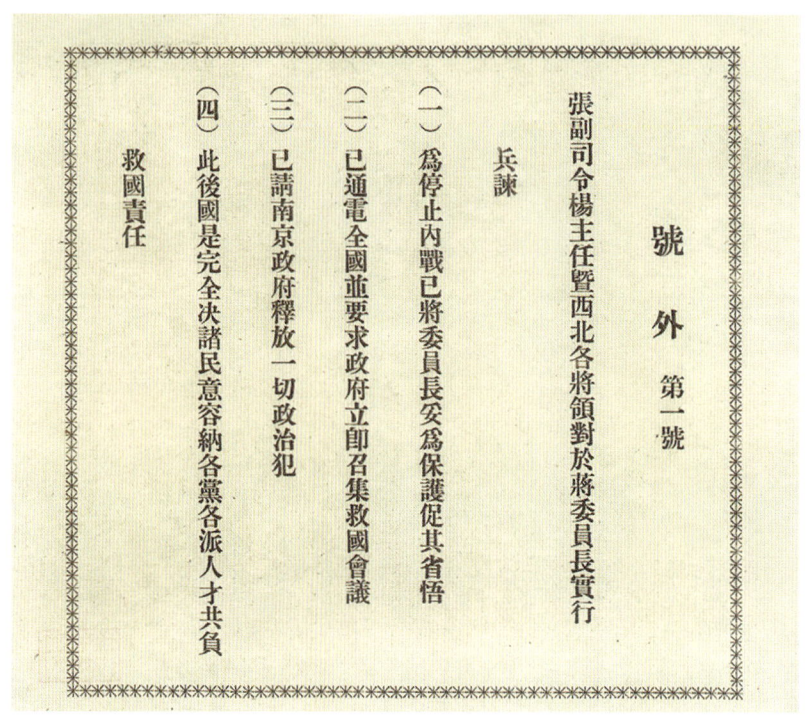

号 外 第一号

張副司令楊主任暨西北各將領對於蔣委員長實行

兵諫

（一）為停止內戰已將委員長安為保護促其省悟

（二）已通電全國並要求政府立即召集救國會議

（三）已請南京政府釋放一切政治犯

（四）此後國是完全決諸民意容納各黨各派人才共負

救國責任

西安事变当日发布的第一号《号外》："张副司令、杨主任暨西北各将领对蒋委员长实行兵谏"

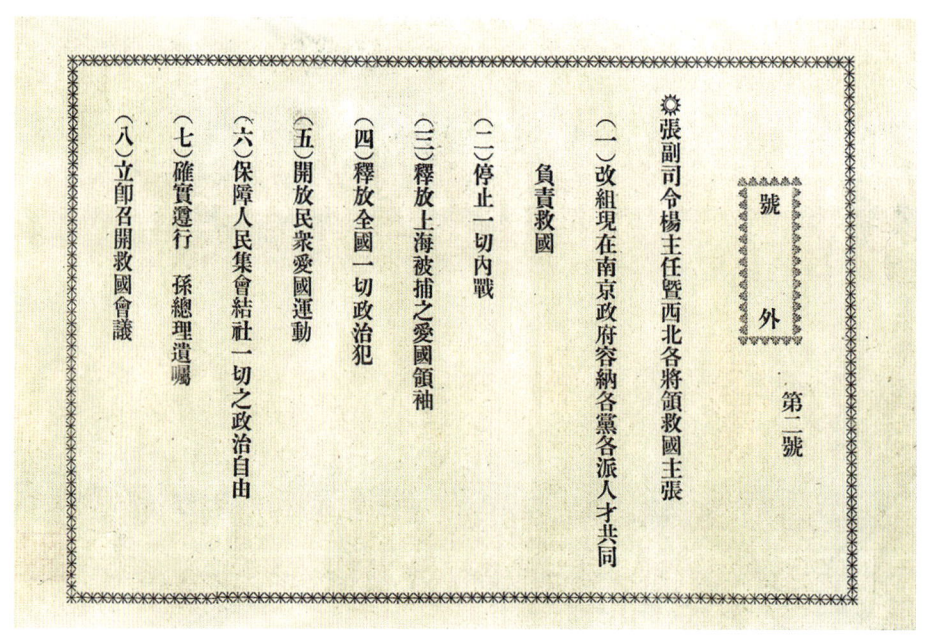

號 外 第二號

張副司令楊主任暨西北各將領救國主張

（一）改組現在南京政府容納各黨各派人才共同

負責救國

（二）停止一切內戰

（三）釋放上海被捕之愛國領袖

（四）釋放全國一切政治犯

（五）開放民眾愛國運動

（六）保障人民集會結社一切之政治自由

（七）確實遵行 孫總理遺囑

（八）立即召開救國會議

西安事变当日发布的第二号《号外》："张副司令、杨主任暨西北各将领救国主张"

1936年12月13日，《西北文化日报》对西安事变的报道

1936年12月12日，张学良、杨虎城领衔发表《对时局宣言》的通电，提出八项抗日救国主张；13日，《解放日报》即刊登了张学良、杨虎城的《对时局宣言》

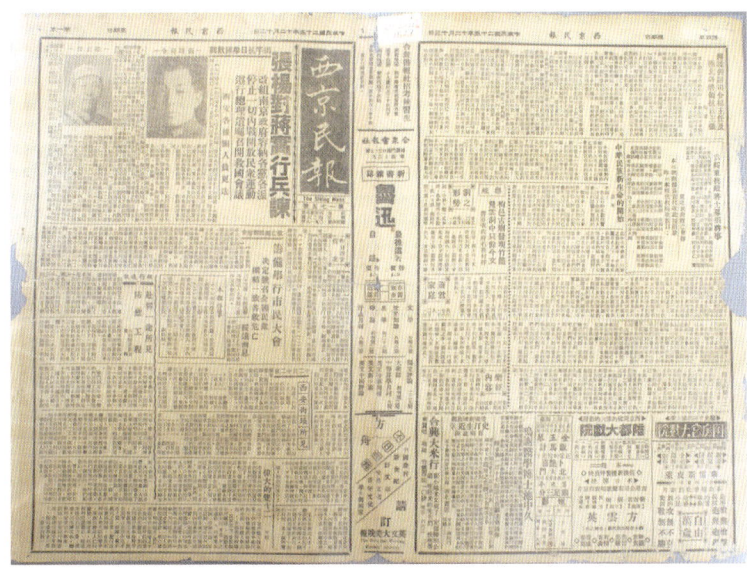

1936年12月13日，东北军机关报《西京民报》刊登的张学良、杨虎城对蒋介石实行兵谏的消息

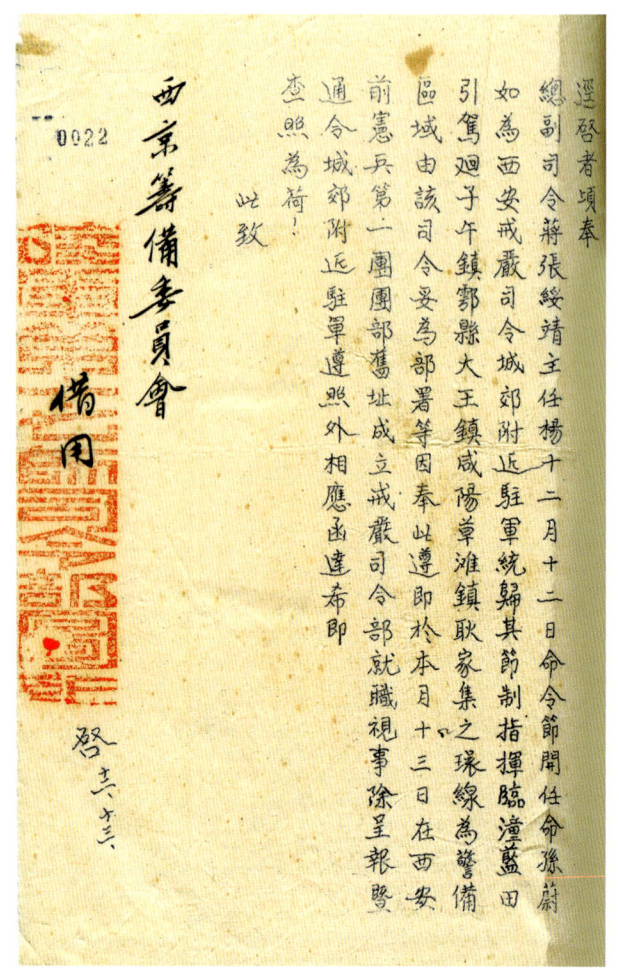

经启者顷奉
总副司令蒋张绥靖主任杨十二月十二日命令节开任命孙蔚
如为西安戒严司令城郊附近驻军统归其节制指挥临潼蓝田
引驾回子午镇鄠县大王镇咸阳草滩镇耿家集之环线为警备
区域由该司令委为部署等因奉此遵即于本月十三日在西安
前宪兵第一团团部旧址成立戒严司令部就职视事除呈报暨
通令城郊附近驻军遵照外相应函达希即
查照为荷！
　此致
西京筹备委员会
　　　　　启 廿五十三

1936年12月12日，任命孙蔚如为
西安戒严司令部司令的公函

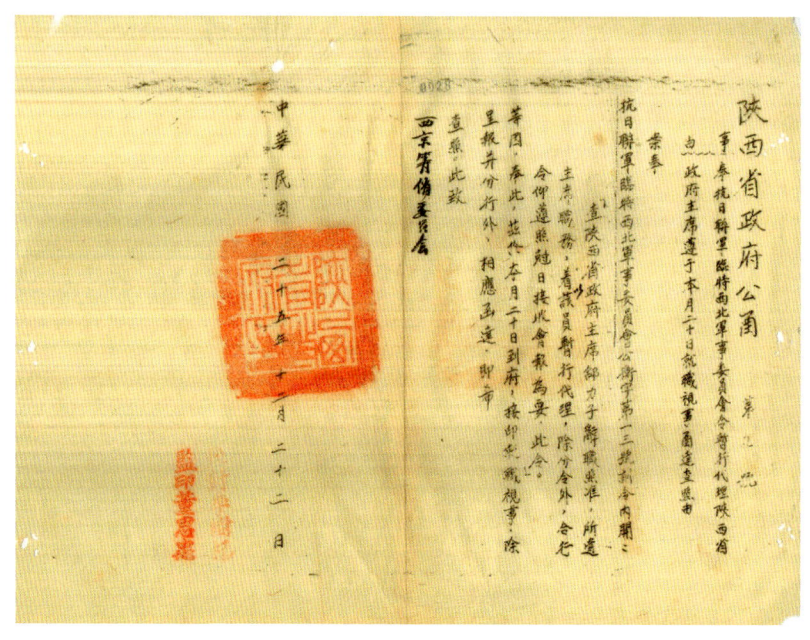

陕西省政府关于
邵力子辞职的公函

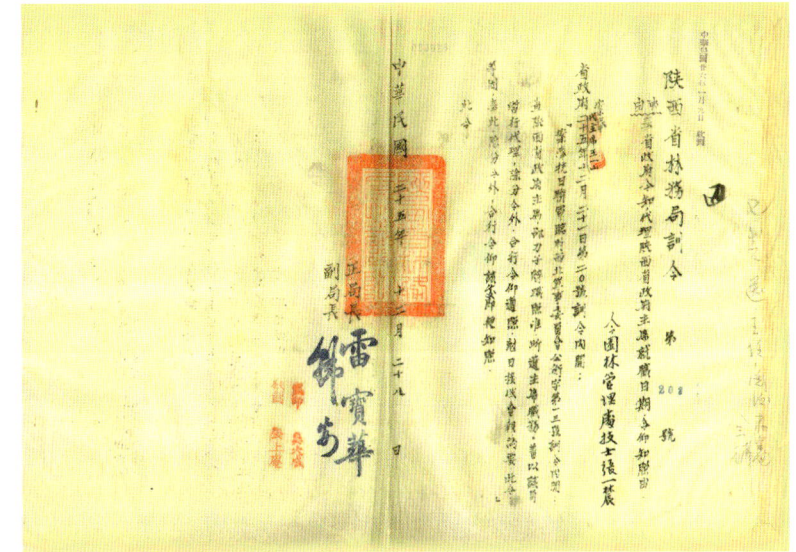

陕西省政府关于王一山代理省政府主席的公函

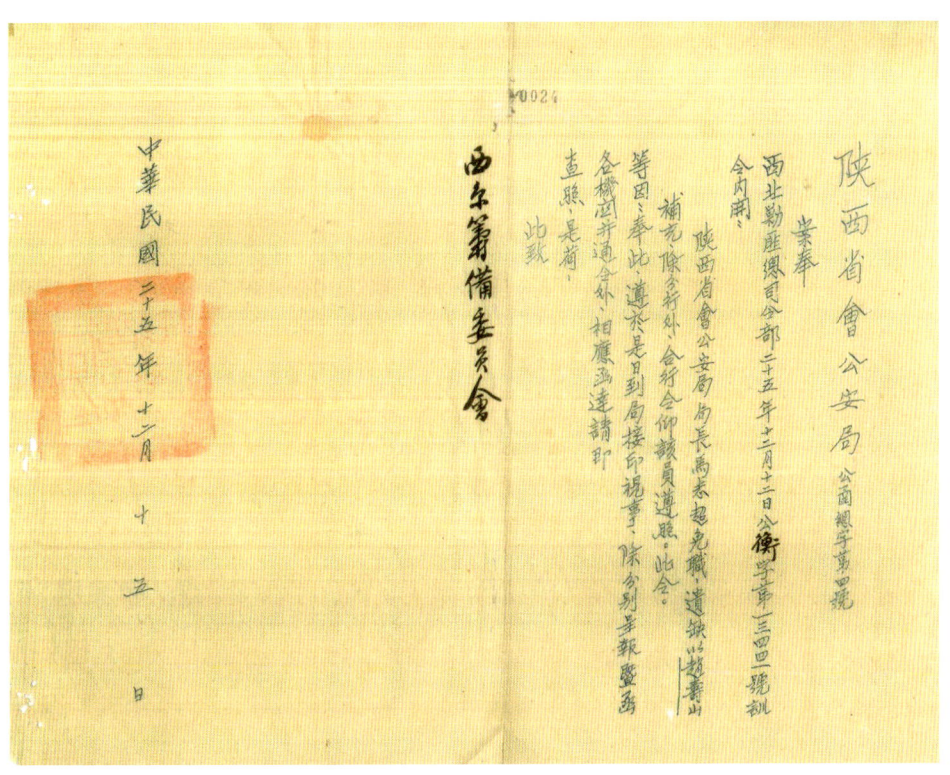

陕西省会公安局关于马志超免职、赵寿山就任省会公安局长的公函

西北民众运动蓬起

抗日联军临时西北军委会

成立指委会负责指导

王炳南等五人分任各部部

赞十二抗日救亡运动发动后，西北各地民众运动蓬起，势如潮涌，西北军军委员会、红成立陕西省民众运动指导委员会，员资抑日联市临时西北军军委员会、派王炳南筹备宋黎等五人为委员，北湖西全谷民众运动，派王炳南章苏等五人为委员、以王炳南王炳南召集、盘悉谁命于昨日举行第一次委员会议，决王炳南但常务委资深任组织部部长、救明远任训练部部长，王子英任宣传部部长，宋解任武装部部长，想世后陕西民运，将益见开展矣。（中央吐一）

成立西北民众运动指导委员会，由王炳南担任常务委员

西安事变当日，根据张学良、杨虎城指示，成立设计委员会，由高崇民担任设计委员会主任。图为高崇民

西安事变当日，根据张学良、杨虎城指示，成立联合军事参谋团，由东北军骑兵军军长何柱国担任军事参谋团主任。图为何柱国

改组陕西省政府，由王一山代理省政府主席兼民政厅厅长。图为王一山

改组陕西省政府，由杜斌丞任省政府秘书长。图为杜斌丞

中華民國二十五年十二月十四日

解放日報

電報掛號〇〇七九 社址西安五味什字

解放日報社啓事

由二十五年十二月十二日起所有西京日報社一切社務及償權等均由本社完全接收特此通告

西京日報社啓事

本社自二十五年十二月十三日起停刊所有本社一切社務及償權等均完全員責交由解放日報社接收特此通告

全國一致主張抗日

第二號

零售每張大洋一分

一三四

廣告刊例

張代總司令

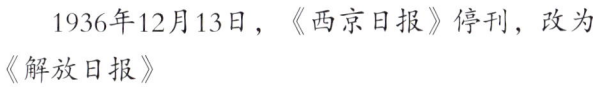

1936年12月13日，《西京日报》停刊，改为《解放日报》

第六章

举世震惊

西安事变的爆发震惊了全中国乃至全世界，引起国内外的强烈反响，时局紧张而错综复杂。在国内，西安军民热烈拥护张学良、杨虎城义举和八项抗日救国主张，要求公审蒋介石；国民政府经历了一度的混乱和争辩，决定以军事讨伐和政治分化两手策略救蒋介石脱险；地方实力派除个别人同情张学良、杨虎城外，大都态度暧昧，首鼠两端，但又基本上靠拢国民政府；社会舆论纷纭驳杂，褒贬不一，毁誉各异，支持者与反对者分歧巨大，国民党统治地区几乎形成了一边倒的反张拥蒋浪潮。在国外，各国政府因其对华利益和国际战略不同而态度迥异：日本在"静观""监视"中坚持"延续并扩大"其侵华政策；苏联由最初否定西安事变转向希望和平解决；英美为维护国民政府的统治地位而主张并助推和平解决；德意从反苏反共和中日"协调"立场出发反对西安事变。凡此种种，都摆在了事变当事人和全国人民面前，是"战"是"和"，关乎中华民族的前途和命运。

第一节　西安军民热烈拥护张、杨义举和八项主张

12月12日上午10时以后，随着一批批报纸号外和传单的散发，张学良、杨虎城兵谏扣蒋的消息迅速在古城西安传播开来。活捉了蒋介石，抗日救国有望，西安军民的情绪，很快"由消沉变为兴奋，由悲苦变为喜悦"。当日下午6时，"西救"、"东救"和西安学联等14个民众救亡团体在西安高级中学举行各界代表紧急联席会议，由"西救"负责人杨明轩主持。从上海而来的"全救会"代表张语还和从海外归来的全欧华侨救国联合会代表江隆基也参加了会议。会议决定分别以"全救会"代表团等18个团体名义通电全国，表明拥护张学良、杨虎城义举和八项救国主张的立场。

12月13日是星期天，西安宣布解除戒严，市面秩序恢复。各爱国抗日团体开始公开活动，支持张学良、杨虎城的兵谏行动。这一天，大雪纷飞，气温很低。由西安师范、西安高中、省立二中、省立一中、女子师范、女子中学、东大工学院、民兴中学、乐育中学等13所学校的学生组成的30多个宣传队，高举旗帜和横幅，分赴钟楼和各条重要街巷张贴标语，散发传单，向群众讲演。在讲演中，他们愤怒抨击蒋介石和国民政府对外屈辱妥协、对内专制独裁的行径，热情赞扬兵谏扣蒋的正义之举，大力宣传八项救国主张的内容和意义。西安的大街小巷到处洋溢着一片热气腾腾的抗日声浪。

此后，西安暨陕西各界民众自发组织的抗日救亡团体纷纷成立。计有陕西青年援绥抗敌战地服务团、陕西回民抗日救国会、西安妇女救国后援会、西安新闻界救国会、印刷工人救国会、装卸工人救国会、人力车工人救国会、小车业救国会、公务员救国会、陕北旅省各界救国会、晋绥旅陕同胞抗日救国同志会、江苏旅陕同乡救亡会等30多个民众爱国团体。西安周边20多个县也成立了救国会。"民先队"的组织迅速壮大，会员已发展到四五百人。

12月14日，西安各界2000多人在南院门大礼堂举行群众大会，第十七路军政治处处长申伯纯出席并作了报告。报告根据设计委员会讨论的提纲，首先列举蒋介石卖国不抗日、坚持打内战、残杀爱国人士、摧残抗日运动、拘捕救国领袖、破坏上海抗战、破坏华北抗战、专制独裁、贪污腐化、背弃总理遗嘱等十大罪状；继而介绍蒋

介石拒绝张学良、杨虎城停止内战、一致抗日主张的行径，说明张学良、杨虎城发动这次事变的经过和意义；最后提出应将蒋介石交付人民公审。到会群众对此提议表示热烈支持。

12月16日上午10时，西安各救亡团体在革命公园召开盛况空前的市民大会，到会的工、农、商、学、兵各界群众计2万余人。大会由杨明轩、宋绮云等13人组成的主席团主持。首先邀请张学良、杨虎城两位将军登台讲话。群众引颈而望，摇旗呐喊，欢声雷动。张学良、杨虎城身着戎装，足蹬马靴，十分激动，发表了慷慨激昂的讲话，受到了群众极其热烈的欢迎。张学良、杨虎城离开后，"全救会"代表张语还、全欧华侨代表江隆基、抗日士兵代表孙铭九以及农民代表、妇女代表、东望小学代表等相继发言，表示坚决拥护张学良、杨虎城的爱国行动和八项救国主张，声讨蒋介石丧权辱国的罪行，要求公审蒋介石；同时表示要一致联合起来，武装起来，努力实现八项主张。直到12时多，大会在群情鼎沸的气氛中通过了《通电全国民众一致拥护张杨两将军抗日救国主张》等16项重要提案。会后，西安各救亡团体、各机关、各学校和东北军、第十七路军士兵举行了声势浩大的游行活动。此时的古城西安无疑成了全国抗日救亡运动的一个中心。

1936年12月12日，在西安的18个抗日救亡团体联合发表通电，拥护张学良、杨虎城的爱国义举。图为西安钟楼上张贴的拥护张学良、杨虎城爱国行动的标语

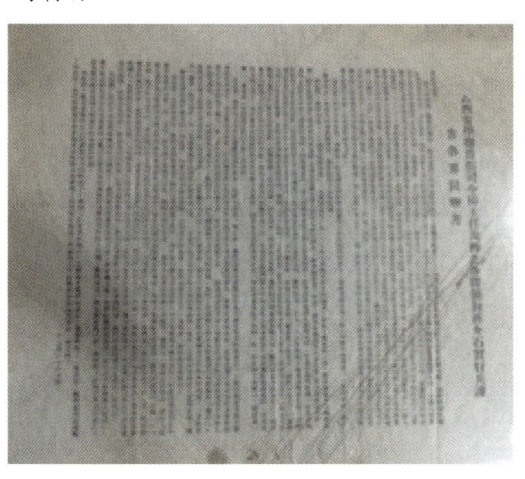

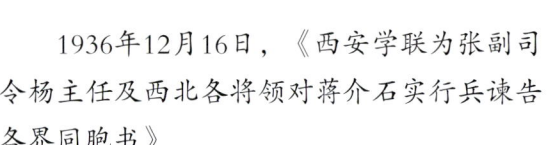

1936年12月16日，《西安学联为张副司令杨主任及西北各将领对蒋介石实行兵谏告各界同胞书》

西安市民大会
后学生的游行队伍

逕復者頃展十二月十七日
大函敬悉一一
貴會領導各界共挽危亡至深佩慰附末議次各業尤
切急需其中應由此間推行各業正在分別進行中國
運輸糜未日方艱尚希
共同繼續努力爲盼此復
西北各界擁護張楊兩將軍救國主張民眾大會
張學良
楊虎城　啓
此十二民

张学良、杨虎城复西北各界拥护
张杨两将军救国主张民众大会函

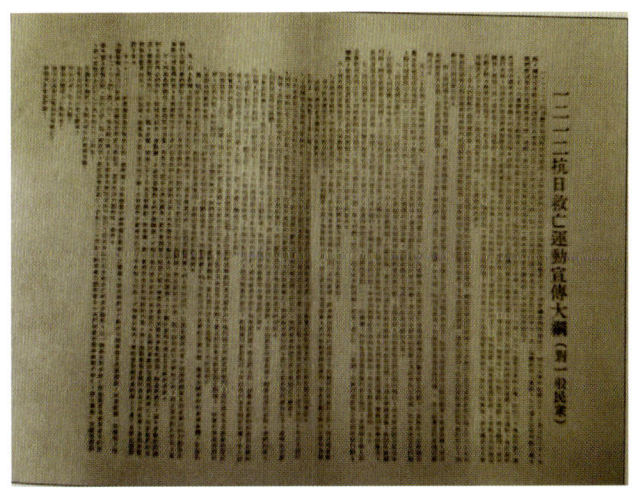

《一二一二抗日救亡
运动宣传大纲》

1936年12月16日，《解放日报》刊登的张学良、杨虎城释放政治犯的消息

西安绥靖公署政治处印制的《为双十二抗日救亡运动告全国民众书》

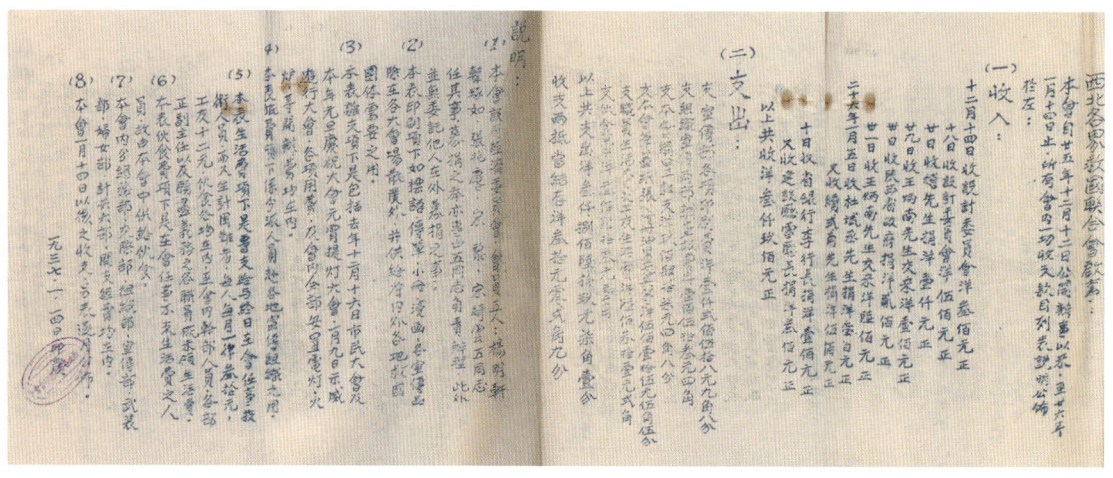

1937年1月14日，西北各界救国会捐款使用及开展宣传活动情况的启事

第二节　南京的军事讨伐与政治分化

一、混乱、惶恐及紧急应变

12月12日清晨，最早得悉黄永安密报的祝绍周，经与洛阳空军司令毛邦初和第四十六军军长樊崧甫紧急商议，并向何应钦汇报后，立刻派出30多架飞机飞临西安上空侦察、示威，同时命令第四十六军第二十八师师长董钊（西安人）率部由河南灵宝西进，抢占潼关。祝绍周又与洛阳航空学校校长王勋联系，命令飞行组长蔡锡昌驾驶小型教练机飞往临潼侦察情况，伺机接蒋介石回洛阳。不料该机于上午10时左右在临潼城南公路上降落时，立即被兵谏部队扣留。由此，西安事变的消息传到南京，引起国民党中央和国民政府的极大震动，南京顿时陷入一片混乱之中。

到了当日中午，南京的不少要员已获悉西安发生了"不寻常事件"，但又不明究竟，纷纷走访探听或打电话询问，一时间谣言风传，莫衷一是，"中枢无主、人心惶惶"。直到晚上9时，军政部长何应钦等收到张学良、杨虎城的"八项主张"通电以及张学良致孔祥熙和宋美龄的电报，才最终证实了西安事变的确切消息。此时，聚集在何应钦家中的一批要员举行临时谈话会，但各人的看法不尽相同，甚至截然相反。于是又决定连夜召开国民党中央常务委员会和中央政治委员会临时紧急联席会议，讨论应变办法。当晚11时半，联席会议在国民党中央党部召开，出席及列席的要员共有35人，由丁惟汾和于右任主持。与会者所提对策大致分为两种：一是以考试院院长戴季陶和何应钦为代表，力主武力讨伐；二是认为应先探明蒋介石是否安全，再定万全之策。双方争辩十分激烈，直至深夜2时尚不能决定。根据罗家伦所述：戴季陶的神态像发疯一般，大声疾呼地主张讨伐。戴季陶对与会者说："我要警告大家，若是今晚我们中央不能决定讨逆大计，明天全国立刻大乱！政府也垮了！大局无法收拾！我们何面目以对总理！何面目以对蒋先生！"在戴季陶的鼓噪和煽动下，讨逆的主张一时占了上风，联席会议最后仓促作出了褫职严办张学良和由何应钦指挥调动军队等决定。按理说，蒋介石在西安被扣后，他的行政院院长一职已由副院长孔祥熙代理，其军事委员会委员长一职也应由副委员长冯玉祥代理（另一副委员长阎锡山在太原），然而南京的蒋系势力绝不愿也不会让军事大权落入冯玉祥之手。尽管孙科认为应由冯玉祥负责，冯玉祥内心也以为应由自己代理，却又表示应由参谋总长程潜负责，但何应钦似乎早有准备，当即出示《国民政府军事委员会暂行组织大纲》，并说"军事委员会之组织，除委员长外，乃采用常务委员制；如委员长因故不能履职，应由常务委员负责，与行政院之组织绝不相同。"冯玉祥听后，拂袖而去。随后，冯玉祥即被何应钦派人监视。

1936年12月12日上午，由洛阳派出的飞机飞临西安上空侦察、示威

第十七路军城防部队严密监视南京飞机的袭扰

1936年12月13日，国民党中央机关报《中央日报》关于西安事变的报道

1936年12月13日，《大公报》关于西安事变的报道

力主武力讨伐西安的戴季陶

力主武力讨伐西安的何应钦

在南京有职无权，且被监视的国民
政府军事委员会副委员长冯玉祥

二、宋美龄力争和平救蒋

西安事变爆发时，孔祥熙和宋美龄都在上海。12日晚间，孔祥熙一得知西安事变的消息，就急忙赶到宋美龄寓所，告诉她西安发生兵变，委员长消息不明。宋美龄听了"不啻晴天霹雳、震骇莫名"。他们当夜即与蒋介石的外籍宾友端纳等匆促乘火车赴南京，于13日早晨7时到达。据宋美龄回忆：她到南京后，"到处搜索消息，而消息始终沉寂，周遭接触者，唯紧张之流露，形形色色之猜测，辗转流布，如飞沙，如雷震，诸凡捕风捉影之传说，眩人欲迷"。当她了解到国民党中央联席会议的情况并读了张学良的来电后认为，"中央诸要人于真相未全明了之前，遽于数小时内决定张学良之处罚，余殊觉其措置太骤，而军事方面，复于此时立即动员军队讨伐西安，毫无考量余地，认为其不容诿卸之责任，余更不能不臆断其为非健全之行动"。因而"立下决心愿竭我全力以求不流血的和平与迅速之解决"。为此，宋美龄以蒋介石夫人的特殊身份和地位，一再向"京中诸要人剀切陈述"，积极进行和平营救蒋介石的活动，并与何应钦等人展开了一场激烈论辩。宋美龄记述道："当时群情激昂，主张纷杂，或言委员长殆已不讳矣，或言国家存亡应重于个人之生命，更有人不明余所主张之理由，词色之间似谓'彼一妇人耳，仅知救丈夫而已'。余乃详告诸人曰：余虽为妇人，然余发言，绝非为救丈夫之私意。倘委员长之死，果足为国家造福，则余必首先劝其

力主和平救蒋的宋美龄　　　支持和平救蒋并主持分　　支持和平救蒋的宋子文
化瓦解西安的孔祥熙

牺牲。唯目前处置西安叛变，若遽张挞伐之师，径施轰炸，不独使举国所拥戴领袖之生命，陷于危殆，即陕西数千万无辜良民，亦重罹兵燹之灾，且将使为国防而建设之国力，浪作牺牲。故为国家计，不得不吁请诸公觅和平解决之途径。"宋美龄建议先派一些可靠而能为张学良接受的人前往西安，以探知蒋介石的安全健康情形，然后再谈其他。此意虽遭到何应钦的反对，但却得到了孔祥熙、宋子文等的支持，所以，当宋美龄又提出派澳大利亚友人端纳赴西安，由励志社总干事黄仁霖做翻译，并要求何应钦派飞机时，何应钦不好再拒绝。

就在端纳及黄仁霖于 13 日下午 3 时飞往西安的同时，国民党中央政治会议也在南京中央党部举行。会上，何应钦报告了派飞机侦察西安的情况以及一些地方实力派通电拥护中央的情况，主张下讨伐令；孔祥熙则报告了安定金融的措施，说明端纳已去西安，张学良联共抗日之事可商，主张缓和局势，和平解决西安事变。会议重申了昨天晚上的决定，要求严密迅速处理这次事变，并授权军事委员会可随时在必要地区宣布戒严。

三、双管齐下策略的确定与实施

西安事变爆发后，南京统治集团内部迅速分成了以戴季陶、何应钦及"黄埔将校"为代表的武力讨伐派和以宋美龄、孔祥熙、宋子文为代表的和平解决派。然而经过一度的混乱和争辩之后，无论是掌握军队指挥调动之权的何应钦，还是负责行政院事务的孔祥熙，他们都很清楚，单靠一种方式，无法实现"救蒋出险"的目的。何应钦表示"军事上要尽力与孔代院长之政略配合"。而孔祥熙也说："军事布置，均由何敬之会同军事委员会主持，仍与余之政治战略配合进行。"甚至连戴季陶不久亦改变了单一讨伐的主张。可见，国民政府在营救蒋介石的共同目标下，已经形成了武力讨伐与和平营救双管齐下，相互配合而又心照不宣、明暗互动的应对格局。

端纳的西安之行探明了西安事变的真相，确证蒋介石安然无恙并已移居条件甚适的高桂滋公馆，宋美龄欣喜若狂，认为这是"第一次希望之曙光"。但张学良对国民政府要求其立即护送蒋介石出险却没有任何表示。12 月 16 日上午 9 时，国民党在南京再次召开中央政治委员会会议，由孙科主持，研究处置张学良"叛变"案。又经过激烈的辩论，"遂决定军事与政治兼筹并顾之办法，以维护政府之严正立场，以示中央并未关闭渠等幡然憬悟之途径"。会议最后决定："由国民政府下讨伐令"，"推何委员应钦为讨逆总司令，迅速指挥国军，扫荡叛逆"；"推于委员右任负责宣慰西北军民"。17日，何应钦在南京宣布就任讨逆军总司令职，随即任命刘峙为讨逆军东路集团军总司令、徐庭瑶为东路集团军前敌总指挥、顾祝同为讨逆军西路集团军总司令。于右任一行也于当天下午从南京渡江赴浦口乘火车北上从事政治分化工作。

南京的军事讨伐行动实际上从西安事变当天就开始了。由于张学良、杨虎城发动事变的宗旨只是逼蒋抗日，并不想同南京打仗，因而潼关至渭南一线防务十分薄弱。加之黄永安的告密和冯钦哉的叛变，致使中央军迅速抢占了要隘潼关，继而又在大批飞机轰炸的配合下，进占了华阴、华县，并在渭南赤水一带与守军相对峙。何应钦于12月17日就任讨逆军总司令后，尽管拟定了作战方针及要领，并进行了详细的军事部署，大规模内战似乎有一触即发之势。然而，就在17日这一天，蒋鼎文返京传达蒋介石手令，宣布停止冲突三天，接着宋子文、宋美龄前往西安，形势缓和。顾祝同虽在宁夏组织了西路集团军总部，但其本人却一直留住南京，没有军事行动。

在军事讨伐的同时，国民政府从政治上分化西安的图谋也紧锣密鼓地运作起来。最初，孔祥熙以同乡之谊笼络冯钦哉，对冯钦哉"拒受乱命"予以褒奖，并利用冯钦哉转致杨虎城电报，策动杨虎城叛变张学良，要求杨虎城"另寻自处之道"，就近营救蒋介石脱险，以建"不世之殊勋"，但遭到杨虎城的凛然拒绝。"勉受驰驱"的冯钦哉并不甘心，还主动向孔祥熙献计，要求派正在陆大高教班学习的陈子坚（曾任西安绥署办公厅主任）到西安去离间张学良、杨虎城关系，设法促使杨虎城离开张学良，把蒋介石送到三原再转大荔，又建议让刘峙的代表、新编第五师师长杨渠统（原为杨虎城的部下）带100万元现金去西安，以金钱收买的办法，从下面瓦解第十七路军。但这两个计划都没有发生作用。孔祥熙同时将分化的阴谋指向了东北军一〇五师师长刘多荃，利用河南省主席商震与刘多荃长期的特殊关系，要求商震对刘多荃进行策反，设法劝使张学良"觉悟"。商震立即照办，密派刘多荃之弟刘多麟驰赴西安活动。刘多荃及其第一旅旅长唐君尧则于12月15日派该旅参谋长高志恒到潼关与樊崧甫协商，"请中央设法调解，避免战事"。因恐高志恒"泄露军情"，樊崧甫将高志恒"暂行留部，转送开封，并函慰刘、唐"。更有甚者，孔祥熙派到西北从事策反活动的张天枢（孔祥熙的旧部），在潼关与有关人员密谋炮制了一个制造张学良、杨虎城矛盾，由杨虎城拘捕张学良的计划，只是还未来得及实施。如此等等，都暴露了国民政府分化瓦解西安的险恶用心。

至于陕西籍国民党元老于右任，无论在公谊还是私交上都一直与杨虎城保持着良好关系。国民党正是利用他在西北的声望，派他来西北增强分化、瓦解西安的力度。受任西北宣慰使当天，于右任致电张学良、杨虎城，说明"中央命我入陕"，希望张学良、杨虎城"三思"而"侧然转念"。而张学良、杨虎城立即致电潼关"转投南京监察院于院长"，阻止其西来。电云："果先生以私人名义依抗日立场西来指示，极所欢迎。若代表中央有所宣慰，则弟等谨代表西北军民请先生暂缓命驾。"12 月 19 日早晨，于右任一行抵达潼关车站，并设立宣慰使行署办公，随即打电话给杨虎城，说他准备去西安。杨虎城在电话里说："你是以宣慰使名义回陕西，就请你不要进潼关；你要是回陕西探视，我派人去接你，我欢迎你。"又说："你一定要以宣慰使的名义来，请把你的宣慰使旗帜打回去。"因为于右任还在电话里喋喋不休，杨虎城生气地说："我是要求抗日，并不是叛变蒋介石，你把局势都看不来，你回西北宣慰谁来了？"最后强调说："你连现在局面都看不清楚，真是老糊涂了。"21 日，于右任获悉宋子文在 20 日到达西安，受到张学良、杨虎城接待后，又打电话给杨虎城，问杨虎城为何"迎宋而拒于"？杨虎城答："宋子文来西安，是以私人资格探视蒋介石的，没有担负任何使命，你是奉命来宣慰的，我们劝你回南京，不要来西安。"杨虎城还说："如果你这次来陕，是想去三原扫墓、探亲或者赞成我们提出的八项救国主张，共同抗日，我们是竭诚欢迎的。"于右任被挡驾后，感到进退维谷，只得盘桓于潼关，或者宴客，或者游览。

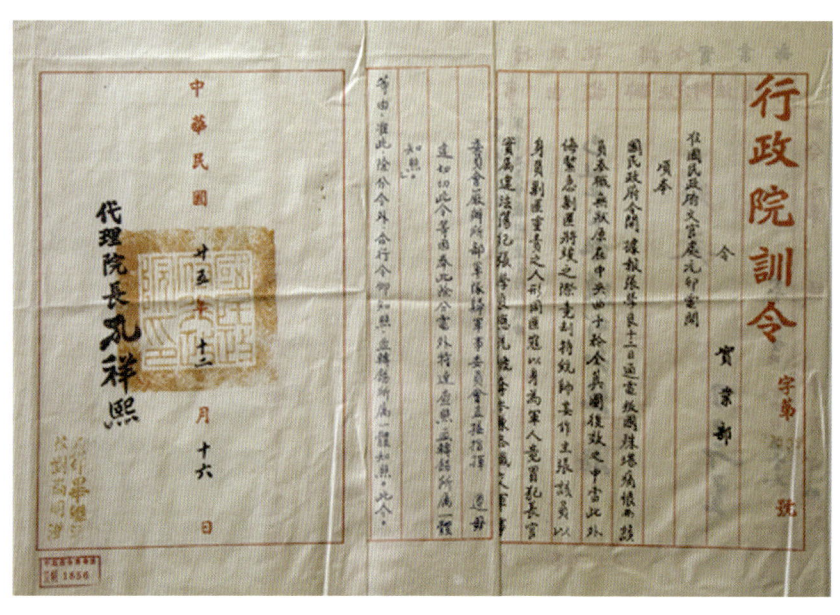

1936 年 12 月 16 日，国民党中央政治委员会会议后，国民政府代理行政院院长孔祥熙签署行政院令将张学良交军事委员会裁决

南京《中央日报》等关于12月16日国民党中央政治委员会会议决定和国民政府颁令"讨逆"的报道

1936年12月16日，被飞机轰炸后的渭南车站

1936年12月17日，在开封通电就职的"讨逆军"东路集团军总司令刘峙

"讨逆军"东路集团军前敌总指挥徐庭瑶

1936年12月17日，在南京通电就职的西路集团军总司令顾祝同

1936年12月22日，西安《解放日报》刊登西北各界救国联合会致电于右任，表达对所谓"宣慰"的义愤，告诫于右任自审进退

第三节 地方实力派的反响

西安事变爆发后，张学良、杨虎城不仅发表了《对时局宣言》通电，还分别致电或者派专人与各地方实力派联系，以争取他们的同情和支持。由于各地方实力派在历史上与蒋介石和国民政府的恩怨关系不同、现实处境不同、政治诉求也不同，出于本集团利益的考虑，他们的反响就十分复杂。除个别人同情或支持张学良、杨虎城外，地方实力派大都态度暧昧，或者旁观待变、前后不一，或者首鼠两端、投机取巧，但基本上又靠拢国民政府。

一、李宗仁、白崇禧及李济深

李宗仁

桂系的李宗仁、白崇禧长期与蒋介石存在矛盾，在两广事变中与张学良、杨虎城也有密切联系。西安事变爆发后，其驻西安的代表刘仲容也向他们发出密电说："此间兵谏事，想已见诸张学良、杨虎城两公函电，今后实际救国大计，正待共商，尤盼副座（指白崇禧）乘机来此，共商一切。"但李宗仁、白崇禧收到后，"认为应暂取静观态度"，并不急于表态。12月13日，孔祥熙发出致各省市通电后，李宗仁、白崇禧即于次日致电孔祥熙，称赞蒋介石"公忠体国"，对蒋介石的"蒙难"尤为"痛心"，肯定"中央对内对外业已决定之整个办法"，而置张学良、杨虎城的通电于不顾。15日，蛰居广西苍梧老家的粤系将领李济深致电林森、冯玉祥、于右任等，表示"唯际兹强寇压境，危亡即在目前，至盼号召全国所有力量，一致对外，方足以挽救危亡，若再另起纷争，豆

白崇禧

其相煎，是真使国家民族陷于万劫不复之境"。16 日，当国民政府发出"讨伐张学良令"后，李宗仁、白崇禧、李济深等 16 人于当晚通电全国，反对内战，主张西安事变要用政治解决，主张建立举国一致的抗日政府，立即对日宣战。这一通电是在国民政府武力讨伐的背景下发出的，当然符合张学良、杨虎城的本旨，是对西安事变有力的支持。西安《解放日报》等对此大加宣传，但并不完全符合事实。整个西安事变期间，李宗仁、白崇禧都没有明确支持张学良、杨虎城的行动，实际上仍是静观待变。反倒是李济深于 18 日再次发出通电，公开维护西安事变的正义性，明确支持张学良、杨虎城各项主张。

李济深

二、刘湘

四川省政府主席兼川康绥靖公署主任刘湘，在获知八项主张通电和收到张学良、杨虎城希望他"开诚指示，主持大计"的专电后，并没有马上表态，而是派黄慕颜到西安了解情况。12 月 14 日，刘湘致电何应钦，询问政府应变处置的方针，他虽没有指责张学良、杨虎城，也没有表示拥护国民政府，但却认为西安事变"绝非国家之福"。后刘湘在孔祥熙、何应钦通过重庆行营主任顾祝同要求其站在南京一边，不可"轻举妄动"的影响下，于 18 日晚发出通电，提出"拥护中枢，抗御外侮，弭息内争，营救领袖"四项主张。19 日，刘湘致电何应钦、孔祥熙、顾祝同，说他遵照国民政府旨意，已给张学良发去电报，提出："必须避免军事接触，速求政治解决"，"务请立即恢复介公自由"，"如兄在政治上有所主张，弟当居间进言，以求解决"。但当张学良、杨虎城所派东北民众抗日救国会骨干成员宋星池到达成都后，刘湘又表示，"川陕唇齿相依，愿做后盾"，主张对蒋介石"断然处置"。25 日晚，张学良送蒋介石回南京的消息传来，刘湘"闻报大怒"，当着宋星池的面，"拍案大骂张副司令不止"。

刘湘

三、龙云

龙云

云南省政府主席兼第十三路军总指挥龙云，一直与国民党中央保持比较密切的联系。西安事变爆发后，何应钦连日多次致电龙云，要求其正式通电，"表示拥护中央之决心，及反对张学良之坚决态度"。龙云即于12月14日通电，表示"誓唯有拥护中央既定政策"，并指责张学良"狂悖至此，危害国本，罪不容诛，自当尽法惩治，用伸国纪"。同一天，他又致电张学良说："迩来事变，自属谋国具有苦衷，略迹原心，亦所深谅"。但又认为"对外国策，所关至大"，"自难率尔变更"。并隐晦地表示："尊处此举，影响国家前途，至深且巨。言念前途，实深忧虑。"要求张学良"再加思索，为国家保一线生机，为环境留相当余地"。15日，龙云回应顾祝同询问其"有何卓见"的来电时，则复电建议："此刻我政府欲戡定内乱，营救委座，唯有毅然不顾一切，迅疾凌之以兵，予以重大打击，始能希望有变化。否则，已中其毒算也。"同日，龙云又致电国民政府及军事委员会，诬称张学良为"逆贼""国贼"，再次献言说："应举全国兵力，集中部队，速向西安猛进压迫，以伸国法，营救委座。"不仅如此，龙云还致电宋子文，建议宋子文在未以兵力予张学良、杨虎城以惩创前，"千万不可"去西安；并积极支持冯钦哉等讨伐张学良、杨虎城。

四、宋哲元

宋哲元

时任冀察政务委员会委员长兼第二十九军军长的宋哲元，和山东省政府主席韩复榘，同属于冯玉祥的前西北军。中原大战后，宋哲元部被张学良和平收编为第二十九军，双方保持着较好的关系。12月12日深夜，宋哲元收到张学良、杨虎城请其"亲来西安，或派全权代表前来，共商国事"的急电，但持有反共主张的他对张学良联共很不理解，次日上午即复电提出两项先决条件，要求张学良、杨虎城"务与共产党绝缘"，"负责维护蒋介石安全"。14日，宋哲元又在回复孔祥熙、何应钦发来的电报时攻击张学良"被共匪利用，构煽异动"，请求国民政府"迅速戡定变乱，营救委座，贯彻剿匪主张"。为了维持冀察的特殊局面，宋哲元在声明拥护国民政府和要求张学良"悬崖勒马"、早送蒋介石回京外，还于16日发布紧急治安令向日本方面示好，从而巩固了他在华北的地位。

五、韩复榘

在西安事变期间，如果说宋哲元倾向于国民政府，那么山东的韩复榘一开始就采取了两面讨好的办法。事变当晚，他收到张学良关于兵谏原因并请其速派代表赴西安"共商国事"的密电，显得十分高兴，回到家即笑呵呵地对家人说："告诉你们一件大事，张汉卿把蒋先生给扣了！"13日，韩复榘先后接到何应钦的电报，以及刘峙和商震联名呼吁营救蒋介石的来电，即于当天中午致电何应钦，认为"事已至此，唯有营救委座为唯一要着"；并派人到开封打探消息。14日，韩复榘不仅复电孔祥熙，盼望国民党中央"从速运筹决策"，使蒋介石"早脱险地"，而且致电国民政府

韩复榘

和军事委员会，表示"誓以血诚，在中央统一指挥之下，唯命是从"。16日，韩复榘又致电孙科，拥护国民政府讨伐张学良。然而，由于蒋介石手令停止冲突三天的时限已过，西安事变的问题尚未解决，韩复榘以为蒋介石恢复自由的希望不大，张学良有可能成为抗日的领袖，于是在21日以密电向张学良发出"马电"，称赞张学良的行动为"英明壮举"，并通知张学良、杨虎城说他的部队将"奉命西开，盼两军接触时勿生误会"。韩复榘的这封电报立刻被国民政府破译，随即派军事联络员蒋伯诚飞回济南，劝韩复榘不要轻举妄动。孔祥熙也于22日电告韩复榘，说明张学良"渐已悔悟"，事变"前途尚可乐观"。蒋伯诚（本是蒋介石安插在韩复榘身边的"监军"）到济南后，指责韩复榘不应该发这个电报，韩复榘自己也觉得有失妥当，就把责任推到代拟者何其巩身上。同时又约请宋哲元见面商谈，设法弥补。宋哲元认为韩复榘的"马电"太过莽撞，亦想替韩复榘转圜，遂偕秦德纯、邓哲熙去济南，在津浦线添口

车站与韩复榘会晤。韩复榘拿出事先由何其巩等拟好的另一份通电稿，请宋哲元签字后准备联名发出。宋哲元因对其中"容共"一点深表反对而嘱韩复榘缓发，但韩复榘却于第二天即 23 日就发表了。该"漾电"在提出"如何维持国家命脉""如何避免人民涂炭""如何保护领袖安全"三大原则后，又要求"召集在职人员、在野名流妥商办法"，并不符合国民政府的胃口，被视为"节外生枝""别有用心"。24 日，孔祥熙电告宋哲元、韩复榘劝其收回"漾电"。实际上，韩复榘的内心是希望张学良、杨虎城杀掉蒋介石的，以免自己的地盘有一天被蒋介石吃掉。25 日，张学良送蒋介石到达洛阳，当时正在省政府打麻将的韩复榘听到这个消息，当着蒋伯诚的面，把牌一推说："这叫什么事嘛，没想到张汉卿做事情这么虎头蛇尾！"

六、傅作义

绥远省主席兼第三十五军军长傅作义，与张学良的关系颇深。前已述及，由于绥远抗战后期不执行蒋介石"适可而止"的命令，蒋介石致邵力子密函在以蒋鼎文取代张学良的同时，也拟以卫立煌和陈诚取代傅作义，只是这个意图尚未实施而西安事变已突然爆发。12 月 15 日，傅作义收到张学良、杨虎城发给阎锡山和他并转前方抗日将士"特电慰劳"的电报，内称西安事变"只为贯彻抗日救国主张，既非内争，亦不赤化，与各将士目标一致"。16 日，由傅作义和汤恩伯领衔的 36 名前敌将士致电张学良，指责此举"非特紊乱国纪，腾笑友邦，抑且破坏御侮战线，断丧复

傅作义

兴机运"，这应该不是出自傅作义的本心。前一日，张学良、杨虎城派出的代表苗勃然到达绥远，向傅作义说明了兵谏的目的和经过，并转达了阎锡山希望他去西安调解的想法。傅作义说："这像救火一样，我一定急人所急。"他对苗勃然表示："联合起来，一致抗日，这条路线是完全正确的，我对张学良、杨虎城两公此举，决心拥护到底"；"绥东抗战的局面已经打开了，只有用拥蒋北上的办法，才有利于摆脱西安被动的困境"；"三五天内安排以后，我决心去西安与张副司令同患难"。18 日，傅作义又在与记者谈话中表示，蒋介石一向志在御侮，西安事变当是误会所致，殊

盼"作误者得以觉醒"。傅作义动身去西安调解前，先取得汤恩伯和阎锡山的支持，又得到张学良的回电欢迎，便致电孔祥熙，说他要去西安营救蒋介石，请求派飞机到绥候用。孔祥熙接电后十分高兴，当即通过宋子文派去一架欧亚航空公司的飞机。12月22日下午1时，傅作义按计划乘飞机经太原赴西安，却因中途遇大雾迷失了方向，被迫降落在河北易县城郊外。又经宋哲元派汽车接至北平。傅作义再乘火车转到太原时，获悉张学良已陪送蒋介石回洛阳了，只好向蒋介石致电问候。

七、阎锡山

有"山西土皇帝"之称的阎锡山，时任国民政府军事委员会副委员长兼太原绥靖公署主任。因受日本侵略势力的直接威胁，曾多次与张学良商讨停止内战，一致抗日事宜，也曾与张学良一起到洛阳劝蒋介石改变国策，遭拒后两人相约要"结成血肉相连的关系"。因此，西安事变爆发后，张学良对阎锡山寄望甚高，但两次急电请求支持并征询意见都未得到回复，令张学良大感失望。直到12月14日，阎锡山才致电张学良、杨虎城，居然说他对张学良、杨虎城的"震机电"和张学良的"元未电""环读再三，惊痛无似"，并提出四点质疑："第

阎锡山

一，兄等将何以善其后？第二，兄等此举增加抗战力量乎？抑减少抗战力量乎？第三，移内战为对外战争乎？抑移对外战争为内战乎？第四，兄等能保不演成国内极端残杀乎？"不仅如此，阎锡山还将此电转给南京，向南京当局献媚。针对阎锡山的四点质疑，张学良、杨虎城于15日致电阎锡山，逐条加以驳斥。当时，南京的孔祥熙则连电阎锡山，希望借助阎锡山说服张学良先把蒋介石移送到太原，由阎锡山负居间斡旋、保证之任，再行商讨。而阎锡山也只是将张学良的有关来电转给孔祥熙，却并无明确的答复和表示。

17日上午，李金洲奉张学良、杨虎城之命乘张学良的飞机从西安飞赴太原。行前，张学良向李金洲陈述了他与阎锡山在洛阳联合向蒋介石净谏遭到痛斥及两人密谈的经过，并说："你告诉他，说现在我已经做了，看他怎么办！此事他不要想摆脱干净，必要时我将调华北部队，会师太原云云。"李金洲一到太原，"将事变经过原原本本详为陈述"，并转达了张学良的意见，还通报了蒋介石在西安绝对安全，以澄清外界的

种种谣言。这次谈话持续了一个小时，阎锡山最后表示，本着"爱护国家，爱护领袖，爱护副司令，爱护东北军"四大原则，他决定派赵戴文（山西省政府主席）、徐永昌（山西清乡督办）为代表，于次日随李金洲飞往西安。但阎锡山提出，赵戴文、徐永昌到西安后，必须保证能单独与蒋介石谈话，让李金洲向西安发电请示，等复电来了再成行。当天，阎锡山即向孔祥熙发了两次电报进行通报。次日下午，西安回电同意，但天色已晚，两地均无夜航设备，只能再等一天。到19日，阎锡山得知南京代表黄绍竑要来，想先了解南京方面意见后再让李金洲、赵戴文、徐永昌出发，但飞机驾驶员坚持不能再等，阎锡山只好同意李金洲先行回陕向张学良、杨虎城汇报，再来太原迎接赵戴文、徐永昌。李金洲回到西安汇报了情况，张学良、杨虎城让李金洲第二天早9时再飞太原，并电告阎锡山。不过张学良反复思考了一夜，却改变了主意。20日晨，张学良派车接李金洲到金家巷公馆，避开正在和他共进早餐的端纳，对李金洲说："今天不用去了，我决不让阎锡山做这一票买卖。你拟个电报给阎锡山，就说天气不佳，不宜飞行，俟气候好转，再行前往。"随着端纳的沟通转圜以及20日宋子文入陕、22日宋美龄的到来，张学良可直接与国民政府和蒋介石的代表商谈，阎锡山没法再从中渔利了，孔祥熙也不再需要阎锡山居间斡旋了。"老谋深算"的阎锡山终于空谋算了一场。

八、其他

除了以上影响较大的地方实力派之外，还有新疆的盛世才、宁夏的马鸿逵、湖南的何健、内蒙古的德穆楚克栋鲁普（简称德王）也值得一提。他们都反对西安事变，表示拥护国民党中央，但又有不同的特点。西安事变爆发后，原属东北军出身的盛世才本来已准备响应，但在得知苏联的否定态度后，又马上改变立场，极力撇清自己与西安事变的关系。马鸿逵重点攻击曾密派代表争取他的杨虎城，要求南京"对杨逆务特别注意"。何健一贯坚持反共立场，表示"愿率三湘健儿，扑杀国贼"张学良。德王则将日伪军侵绥矫称为"地方之争"，并声明暂停绥东的军事行动，"以期不以地方之争影响国家大局"。这一点连国民党的要员们都感到意外。

盛世才

第四节　社会舆论的纷纭驳杂

西安事变的消息传到全国各地，引起强烈反响。社会舆论纷纭驳杂，褒贬不一，毁誉各异。各种团体和个人纷纷发出函电和主张，从不同立场和角度表明自己的态度。

一、各地救亡团体和爱国青年拥护张学良、杨虎城八项主张

除了前述西安地区的救国团体之外，全国各地的救亡团体也同样支持张学良、杨虎城义举和八项爱国主张。12月14日，北平学生救国联合会致电张学良、杨虎城说："奉读文电，雀跃无既。公等忧心国事，大义昭然！不独公等盛名重著千秋，即国家民族之生机，亦胥赖于此。""今闻佳音，额手称庆，尚祈公等早日召开救国会议，贯彻八项主张，克日誓师北上，收复已失山河，敝会等愿为后盾。"北平中华民族革命同志会来电对张学良、杨虎城表示："临潼'苦迭打'，对中国救亡前途有最大的意义，我们愿以全力拥护这个划时代的行动到底！"中华民族解放先锋队总部通电全国，呼吁"全国上下，不分党派，不分信仰，结成坚强的抗日战线，把华北和西北的力量组成一个坚强的队伍"。平津各地救国会还公推代表邹大鹏经山西来西安，与张学良、杨虎城商谈团结抗日事宜。内蒙古青年义勇队的代表包志平，不顾山隔水阻，绕道大同、韩城来西安，亲向张学良、杨虎城致崇高的敬意，并"商洽抗日援绥军出发的日期和路线"，表示"内蒙古青年愿作抗日援绥军之向导"。在日本海军陆战队和国民党当局联合镇压下，暂时忍痛复工的青岛10万纱厂工人，特意派出代表，也千里迢迢地绕道韩城来西安，支援西安军民的爱国行动。他们在致张学良、杨虎城的信中写道："听到你们十二月十二日的消息，和你们的八项主张，我们真是万分高兴！""你们停止内战、联合抗日的口号，真是我们每个人内心的要求啊！""我们内心的火焰，可是愈为炽热了，我们的意志，像座快要爆发的火山，就要喷出怒火，烧毁资本主义最后阶段的帝国主义的残余建筑！""张副司令、杨主任和西安一切抗日的战友们：努力向前冲吧！全国最大多数的大众们，都翘望着你们，准备应援你们呢！最后的光明和胜利，一定属于我们！"另据西安《解放日报》和《西北文化日报》

报道，从 12 月 13 日到 15 日，这短短的 3 天时间里，仅山西、湖南、贵州、四川和广西五省的民众团体、救亡组织，发到西安的响应电报就有上千件。贵州全省救国会在致张学良、杨虎城的电报中说道："奉读电文，无任欢腾。五年以来，国民政府一味屈辱，违背民意，全国民众要求积极抗日，国民政府偏主自戕兄弟，私心卖国，往事昭然。最近日伪侵绥，边陲告警，国民政府不但不立起援绥，共同抗战，反将沪上爱国将领擅加逮捕……言念及此，深用痛心。幸有公等义旗高撑，汉奸丧胆，中华民族庶有复兴之机。尚希继续努力，早日贯彻八项主张，本会同人誓为后盾。"

处于国民政府严密控制和高压之下的沪、宁青年，在得知西安事变的真相后，"各校学生群起响应西安事件，集会请愿，游行示威，情绪热烈"，"虽政府极端压迫，但仍在秘密活动"。南京中央大学全体爱国学生，专门托人捎来一封致张学良、杨虎城的信函，痛斥"汉奸"校长罗家伦盗用学生名义，诬蔑西安事变的行径，并热情表示："抗日救国，人同此心。将军'一二·一二'运动，实吾民族解放之第一声信号，行见民族解放之火焰，将燃及全民族与全世界弱小民族之领域，翘企西望，不胜盼切。""唯望将军等再接再厉，于驱逐日本帝国主义、解放中华民族过程中，对亲日媚日之汉奸群，予以彻底清算，尤为切祝。秦岭在望，不禁依依，谨此祝胜利成功！"南京、上海等地的爱国青年和爱国民主人士，还编印了大批支持西安事变的刊物和传单，仅被反动当局以"拥护张学良、杨虎城荒谬主张"罪名而正式发文查禁的刊物就有二十七八种之多。

在此需要重点关注和分析的，则是设在上海的全国各界救国联合会的表态。前已述及，全国各界救国联合会"七君子"被捕事件，是张学良、杨虎城发动西安事变的一个重要因素；要求释放"七君子"，也是张学良、杨虎城八项主张的一个重要内容。所以，全国各界救国联合会派出的代表张语到西安后，积极参加各种活动，全力支持西安的爱国行动。不过，由于当时"七君子"尚在狱中，不宜过于刺激国民党当局，也由于全国各界救国联合会不了解蒋介石命令绥远抗战要"适可而止"的内幕和张学良、杨虎城"迫不得已"而为之的苦衷，因而全国各界救国联合会于 12 月 15 日公开发表的《为当前时局紧急宣言》，就与其代表的表态有所不同。该宣言说："现在正是绥远抗战已经发动的时候，正是全国民众期待各党派一致合作，把绥远抗战扩大为全国抗战的时候，而在这个时候，我们国内竟发生这样的空前事变，这以整个民族的立场来讲，实在是一个极大的不幸。""张学良、杨虎城诸将军提出的主张是联合各党各派，实行民主政治，团结全国力量出兵收复失地；而所用的手段却是扣留蒋介石先生，实行武力诤谏，这种不合常规的办法，当然不能为全国民众所赞同。"这就是说，全国各界救国联合会只同情或支持张学良、杨虎城的救国主张，并不赞成张学良、杨虎城的兵谏方式。大概他们还没有考虑到，除了张学良、杨虎城"不合常规的办法"之外，还能有什么办法扭转蒋介石的误国政策，"把绥远抗战扩大为全国抗战"，"团结全国力量出兵收复失地"。该宣言进而提出："我们只有迫切地希望全国各方实力派、各军政领袖，在抗敌救亡的大前提下，立刻捐弃前嫌，和衷共济，为全国抗战而努力，为收复失地而奋斗。我们尤其希望政府当局对于陕事，能迅速和平解决，实行抗日救亡主张；希望张学良、杨虎城将军一面恢复蒋先生的自由，一面率领东北军和陕中健儿，驰赴绥远，援助我晋绥将士，用事实来表示收复失地的主张。"应该说，这些希望都是理性的，合乎西安事变发展的正确方向。

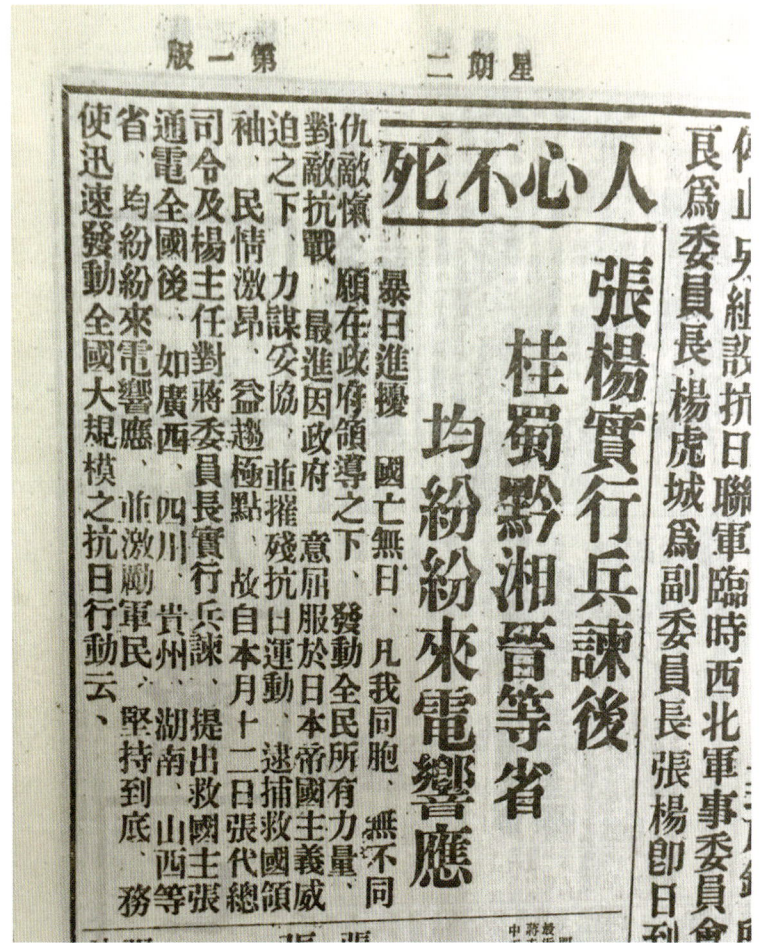

西安事变爆发后，广西、四川、贵州、湖南、山西等省纷纷响应。图为12月15日西安《解放日报》的报道

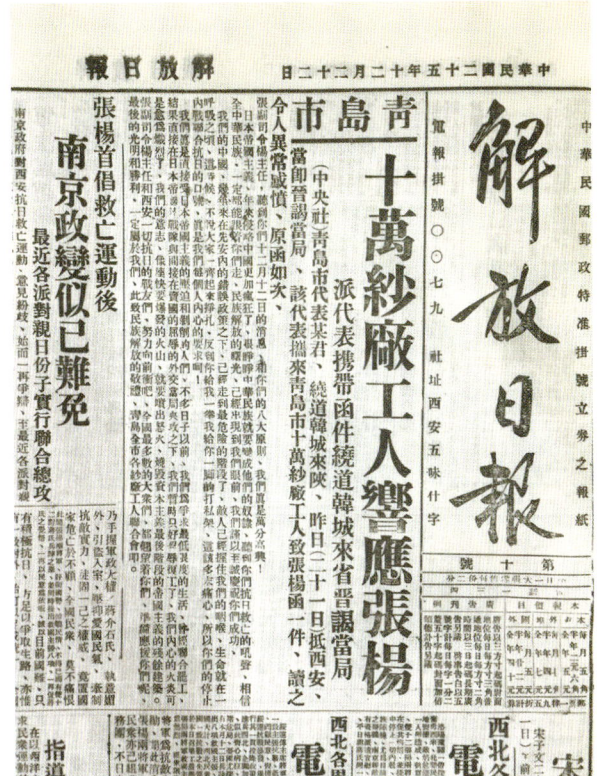

青岛10万纱厂工人派代表来西安并致信张学良、杨虎城，支援张学良、杨虎城义举并拥护八项主张。图为12月22日西安《解放日报》的报道

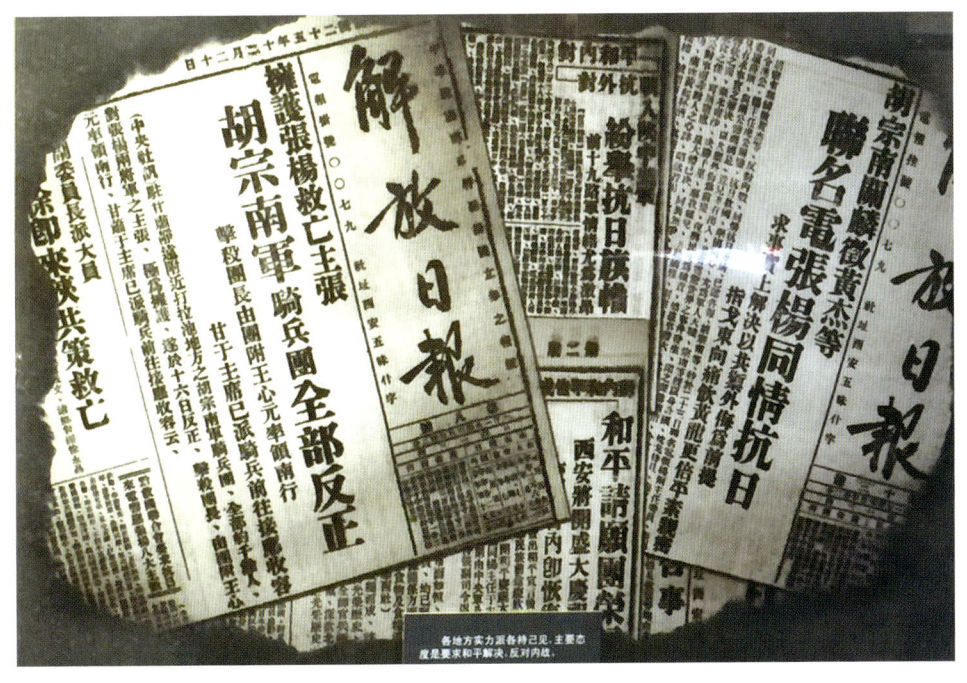

西安《解放日报》关于中央军胡宗南部骑兵团拥护张学良、杨虎城救国主张、全部反正等情况的报道

二、国民党控制下的反张拥蒋浪潮

除西北部分地区外，国民党控制下的全国知识界，包括文化教育界、新闻出版界以及多种社会团体，大都昧于时势和西安事变真相，纷纷表态反对张学良、杨虎城，称颂蒋介石，拥护国民党中央和国民政府，几乎形成了一边倒的反张拥蒋浪潮。其形式，或发表通电、宣言、告国人书，或直接致电张学良，或电呈国民党中央和国民政府；其言词，有的"声讨"，有的"规劝"，有的"切望"，有的"敬告"或"泣告"，不一而足。值得一提的是，在这股讨张拥蒋浪潮中，充当急先锋的多是有着较高社会地位和较优薪资待遇的上层知识分子，而首先向张学良发难的则为背靠国民政府的一批国立学术研究机构和国立大学。

12月13日，国立中央研究院、国立中央大学、国立编译馆、国立中央博物馆、国立中央图书馆等7个学术单位通电声讨张学良，痛骂张学良为"张贼"，攻击张学良"豺狼成性，怙恶不悛"，并宣称："当国家统一之际，绥乱将平之时，竟乃包藏祸心，劫持统帅，扰乱国本"，"同人等情切存亡，悲深微管，逢此激变，怒气填膺，谨尽下情，驰电声讨"。同日，南京各大学校长，教授罗家伦、陈裕光、吴贻芳等347人联名致电张学良，指责其扣蒋行为是"亡国之举"，"要求迅将蒋委员长护送出险，其余有所主张，悉听舆情取舍"。14日，蒋梦麟（北京大学）、梅贻琦（清华大学）、徐诵明（北平大学）、李蒸（北平师范大学）、陆志韦（燕京大学）、李麟玉（中法大学）等7位北平各大学校长致电张学良，强调"介公负国家之重，若遭危害，国家事业至少要倒退20年"，规劝张学良"应念国仇家恨，悬崖勒马，卫护介公出险，束身待罪，或可自赎于国人；若执迷不悟，名为抗战，实则自坏长城，正为敌

蒋梦麟

梅贻琦

人所深快，足下将成为国家民族之罪人矣"。同一天，翁之龙、刘湛恩、黎照寰等上海各大学校长 22 人在致电南京中枢"伏乞迅筹戡乱方法"、"竭诚拥护中央"的同时，又致电张学良，称赞"蒋公勤劳国事，为全国人民所爱戴"，切望张学良"迅即恢复蒋公自由……倘若一意孤行，是自绝于国人，先生宜三思之"。此外，南开大学教职员，清华大学教授会，武汉大学全体教职员，山东大学全体教职员，上海暨南大学、复旦大学、同济大学、交通大学等学生 12141 人，南京中央大学、金陵大学等全体学生 32187 人（根据前述中央大学学生信函，其中必有盗用学生名义之嫌），都以不同方式谴责张学良，拥护国民党中央，要求尽快营救蒋介石出险。12 月 16 日，清华大学教授会还发表了由朱自清、冯友兰、闻一多等共同起草的《为张学良叛变事宣言》，认为"张学良此次叛变，假抗日之美名，召亡国之实祸，破坏统一，罪恶昭著"，"除电请国民政府迅予讨伐外，尚望全国人士一致主张"。17 日，北京大学全体教授发表《对陕变宣言》，谴责张学良扣押蒋介石之举为"叛国祸国"，支持国民政府"讨伐叛逆"；同时又提出："万一张学良等能幡然悔悟，护送蒋院长及被困之官吏将领出险，约束部属听命中央，中央宜在振饬纲纪之中，许其自新，责以后效。"

在新闻出版界，国民党的《中央日报》率先发表《昨日西安之叛变》《时局之定力》等社评，将张学良比作古代"包藏祸心、图谋不轨"的乱臣贼子，称其"罪大恶极，不容诛戮"，号召全国国民"立予声讨"，全国将士"急起剿除"。12 月 15 日，由《申报》领衔，包括《大公报》《益世报》在内的全国各地 201 家报馆和通讯社联署发表《全国新闻界对时局共同宣言》，提出了三项主张：第一，在此内忧外患时期，亟应绝对拥护国民政府，拥护政府一切对内、对外方针与政策；第二，张学良应立即恢复蒋介石的自由并安全护送回京，继续领导救亡复兴的工作；第三，全国民众应为政府的后盾，讨平叛乱。次日，由南京时事月刊社领衔，包括政治月刊社、黄埔月刊社、中苏文化月刊社、外交评论社、妇女共鸣社在内的 217 家杂志社联合通电讨伐"乱贼"张学良。17 日，香港的《东方日报》发表《民意之表现》；18 日，北平的《华北日报》发表《讨逆与御侮》、浙江的《东南日报》发表《中央颁讨伐令张学良将何以自全》、广州的《国民日报》发表《应付目前环境应有之信念》；19 日，上海的《时事新报》发表《从张学良叛变说到中国应走之路》、上海的《新民报》发表《敬告西安的青年学生》等，都从不同角度谴责张学良、杨虎城及其拥护者，为国民政府打气撑腰。

连续多日忙得席不安枕的西安事变主角张学良，十分关注社会舆论的反响。他于

12月17日亲笔致函北平7位大学校长，可以视为他对此类反响的代表性回应。此函全文如下：

北平北京大学蒋梦麟先生转梅、徐、李、李、陆、李诸位先生台鉴：

惠电敬悉。介公系国安危，诚如尊论。良敢确保介公之安全。文日不得已之举，唯望介公一转念间，使国家民族不由此而斩。果得介公俯顺舆情，立时积极抗日，则束身归罪，绝所甘心。凡人言行不顾，必致覆亡。公等听良之言，还乞察良之行。时至今日，国人皆应从民族生死存亡大处着眼，且透过一层着想。公等邃学清流，群伦景仰，其识虑超寻常百倍，当必不以往事例今兹，以常情衡变局，更必不认为庸方可以治险症也。余详广播不复。愿缕续示教益，尤所欢迎。张学良。篠。

该函言简意赅，情真意切，表里如一。与以上的反张拥蒋言论比较，谁的眼光更为远大，谁的识虑和办法更能救治中国当时的"险症"，当可立判。不过，对许多上层知识分子的爱国情怀以及专业学术上的建树和贡献则不应否定。

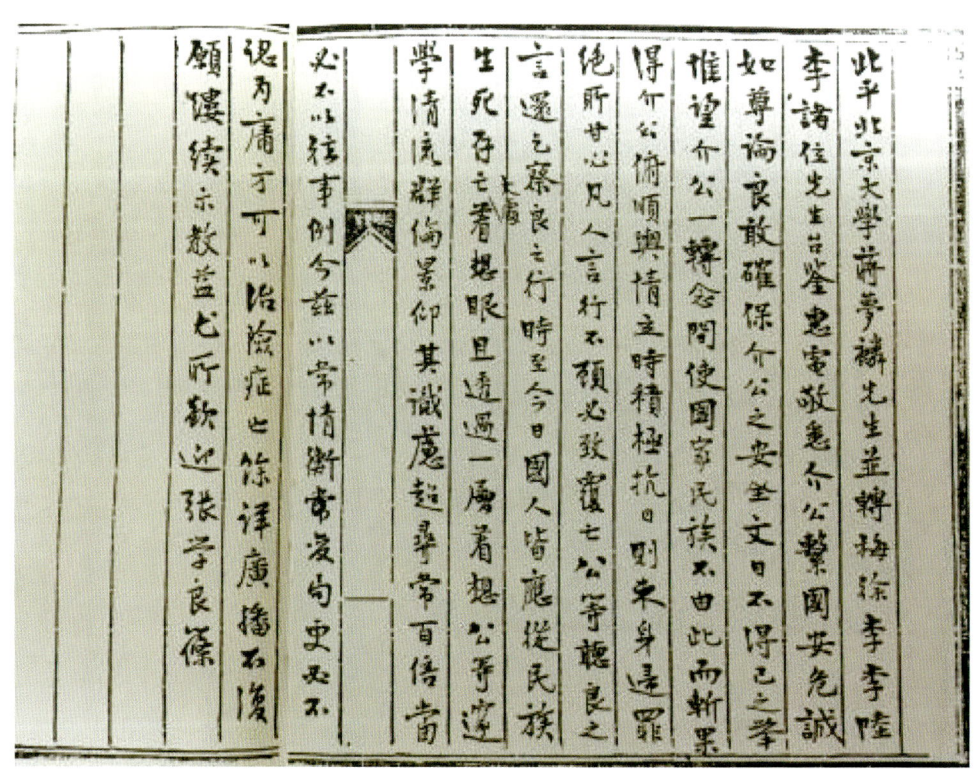

张学良致北平7位大学校长的函

三、傅斯年、胡适、张季鸾对西安事变的表态

在国民党控制下的反张拥蒋浪潮中，最为显眼、最能撩拨人心而又观点不尽相同的，莫过于傅斯年、胡适、张季鸾三位社会名流的表态。傅斯年（1896—1950），字

傅斯年

孟真，山东聊城人，著名历史学家，时任中央研究院秘书长兼历史语言所所长。西安事变的消息传到南京，他感到"仿佛头上中了一个炸弹一样"。而当他在上海读了南京七个学术机构讨伐张学良的通电后，颇嫌不足，认为"凡有心肝者，此时当无不思食张贼之肉也"，乃于12月16日在《中央日报》发表《论张贼叛变》，强烈主张以武力讨伐西安。文中既大骂张学良为"张贼"，又污蔑共产党为"汉奸"，谴责西安事变是"叛变"、是"绑票"、是"大作乱"，"糟糕到无以复加"，认为蒋介石"在中国此时是无可比拟的重要，他的安危关系到中国国运比任何事都切紧"，"营救蒋公是第一要务"。为了营救蒋介石，傅斯年声称："我以为最有效的法子是坚定政府的立场，神速地用兵把西安团团围住，然后方可有话对张贼说，然后说话方可生效。如以'投鼠忌器'之故，并调兵也不积极，才真要坏了事。""所以我们的主张，既要用兵又要神速，四面八方，都可暂时不管（绥局自然除外），一齐兼程彻夜地赴西安。统兵者并需立派统率之人，组织有能力的行营，督队包围，并且毁坏了他的飞机，这样地做头一步，然后下文容易着手。""所以现在最有力量安慰人的，是青年将领的表示，他们的积极的有力量的迅速的有步伐的行动，是保护蒋公安全，维护中国全局的主要因素。所有一切政治解决一谈，在我以为若依赖了转为坏事。"尤有甚者，傅斯年不仅口口声声谬称张学良为"张贼"，而且连带到张学良的出身，辱骂张学良天生就是个"贼种"，大失学者风度。19日，因不满于端纳斡旋和蒋鼎文传令暂停轰炸，傅斯年再次发表《讨贼中的大路》，以更激烈的言词，极力鼓吹武力解决。傅斯年说："必须和张贼先比实力，然后有话可说，必须把张贼制到死地，然后他才能认识他自己。

所以一切大路以外的消息，无论来自西安或太原，大可不必过分期待。尤其不可因为盼望这些消息，缓慢了我们讨贼的任何工作。军事的行动不当有一分钟的迟延，讨贼的呼号不可有一分钟的停歇。""现在全国上下应该只有一种意识，就是'打！打！打！'应该只有一个盼望就是'胜！胜！胜！'对张贼只可有一道命令就是'降！降！降！'此外，没有任何话给张贼说。"显然，傅斯年的这种主张，只能激起西安军民的强烈反感，也不完全符合国民政府的两手策略。

胡适（1891—1962），字适之，安徽绩溪人，五四以来闻名中外的文化学者，时任北京大学文学院院长。西安事变爆发前刚从海外归来不久。胡适与傅斯年虽在国内政治问题上存在分歧（即胡适主张实行民主宪政，反对独裁专制，傅斯年则主张行政效能及行政规范上的某些改良，不触及根本体制），但两人对西安事变性质判断和处置手段的认识上却基本一致。如果说傅斯年的态度是尖酸凶狠，那么胡适的态度就是居高临下，盛气凌人。12月20日，胡适在《大公报》发表《张学良的叛国》一文，以"青年导师"的姿态着力批评教训青年人。他说："张学良和他的部下这一次的举动，是破坏统一，是毁坏国家民族的力量，妨害国家民族的进步！这是毫无意义的。最奇怪的是，今日还有一部分青年，表示同情于张

胡适

学良，那些人不是居心危害国家，必是无知无识。居心危害国家的人，唯恐国家不乱，因为只有纷乱的状态之下，他们才可以混水里摸鱼，达到他们危害国家的目的。那种人我们可以撇开不谈，因为他们的头脑早已硬化，什么话都听不进去。至于知识幼稚的青年，他们本是抱着爱国血诚的，因为情绪太兴奋，忍耐太薄弱，不明瞭事实，总感觉到政府对外太软弱，总疑心到政府的领袖有对不住国家的心思。这种错误的感觉现在应该可以消除了。五年的忍辱不战，所求的是一个统一的国家，齐整的步伐，充实的力量。性急的青年虽然看不到这一点，我们的强邻可早就看到了。"胡适唯恐"知识幼稚"的青年还不明白，便继续以自己的错误判断进行诱导。他说："西安事变，是叛国祸国，毫无可疑。一个政府有戡平叛乱的当然责任，也毫无可疑。""十六日的讨伐是全国的要求，我们都认为很正当、很得体的处置，我们现在只希望政府坚

持这个立场，不迟疑地，迅速地出兵，在戡定叛乱的工作之中做到营救蒋陈诸先生的目的。"他无视蒋介石在西安"嗾使警察枪杀爱国幼童"和下令"用机关枪扫射"请愿青年的事实，却以一个北大一年级学生在 13 日早晨"焦急得要发疯"和两个十二岁小孩"真急得大哭"为例，说明"全国人"对蒋介石的"敬爱和关怀"，从而"格外感到这个领袖的重要"。最后，胡适将矛头指向了共产党的抗日民族统一战线，他诱导青年说："西安的叛变最明白地告诉我们，这个联合战线是绝对不可能的。"

张季鸾（1888—1941），名炽章，以字行，陕西榆林人，生于山东邹平县，著名的报刊政论家和爱国人士。1926 年 9 月起任天津《大公报》总编辑，1936 年 4 月又创办上海《大公报》，长期主持该报笔政，坚持"不党、不卖、不私、不盲"的办报方针。西安事变爆发的第二天晚上，张季鸾比徐铸成更早地到了编辑部，时而抓头皮，时而来回走动，显得满腹心事。他对徐铸成说："未经证实的消息说，张学良、杨虎城昨晚发动兵谏，要蒋先生答应与共产党联合一致抗日，我是准备庄严地说几句话，千万勿破坏团结，遗人以口实，让敌人乘虚大举入侵，各个击破。"于是张季鸾便踱到那个小房间去写社评，就是 12 月 14 日发表于津沪版《大公报》上的《西安事变之

张季鸾

善后》。徐铸成认为，事变刚发生，就提出善后，表明张季鸾对这件事不想谴责或痛快愤怒地责骂一番。该社评包括三个部分：（一）解决时局，避免分崩，以恢复蒋委员长自由为第一义。"倘其有济，则劝政府必须宽大处理，一概不咎，国家问题，从长计议。"（二）其次专论地方利害，亦不得不望主动者迅速悔祸，免陕省之糜烂。"杨主任虎城服务乡邦，饱经患难，际兹重大危机，宜发挥爱国爱乡之精神，善尽居间斡旋之力。同时希望中央以彰明法纪宣布立场之外，更宜竭力疏解……国民党元老，如于右任，宜表率陕民，特别致力，迅赴西安以为斡旋，尤为国家地方之幸矣。"（三）最后吾人愿反复为国人告者：切勿化中国为西班牙。简言之："（1）须以恢复蒋介石自由

为宽容不咎之前提条件；（2）非万不得已最后之时，勿用戡乱手段，所有斡旋调和之力，宜用无不尽；（3）各省宜一致镇定团结，维持大局，同时宜考求消弭内战之方法……切须避免西班牙之覆辙。"15日，张季鸾又发表第二篇社评《再论西安事变》，指出："必须集中社会公意，为国家前途努力为最善之解决。"第一，"吾人以为今日最有发言权而又为全国所重，即西安不能漠视者，当为绥远前方卫国守土之将士"，"吾人希望阎副委员长代表晋绥前方将士之资格，迅速向西安方面竭诚劝告，以图挽回。"第二，"闻张等于事变后之表示，与学生救国运动之主张有类似之点，且闻事变之前，西安曾有学生请愿风潮，事变之后，西安市内学生正举行宣传周"，"吾人相信青年之态度意见，至少可有间接之巨大影响也。至于为国家民族利益计，青年等意见之公正可行者，政府宜反省采纳，亦不待论矣。"第三，"陕西省，尤其西安人民现受切肤之祸，故对于要求和平解决有特别发言权"，"吾人故望在京陕籍人士，宜向中央请愿，顾全地方，非至最后无途径时，务应避免战事，尤请求勿轰炸。同时应设法与西安通信，邀同西安各界领袖，共同劝告张杨，速复主帅自由，以免人民战祸。"国民政府颁布讨伐令后，张季鸾非常着急，遂于18日再次以社评的形式发表《给西安军界的公开信》。尽管张季鸾误以为"西安军民听了许多恶意的幼稚的煽动"，"西安市充塞了乖戾幼稚不平的空气"，指责西安事变是"阴谋"、是"危害国家"、"完全错误"，但他不像傅斯年那样尖酸凶狠，也不像胡适那样盛气凌人，而是动之以情，"剀切劝说"。他说："东北军的境遇，大家特别同情，因为是东北沦陷后在国内所余唯一的军团，也就是九一八国难以来关于东北唯一的活纪念。你们在西北很辛苦，大概都带着家眷，从西安到兰州之各城市都住着东北军眷属，而且眷属之外，还有许多东北流亡同胞来依附你们。全国悲痛国难，你们还要加上亡家的苦痛。所以你们的焦躁烦闷，格外加甚，这些情形，是国民同情的。"又说："蒋先生不是全智全能，自然也会有招致不平反对的事，但是，他热诚为国的精神，与其领导全军的能力，实际上成了中国领袖。全世界国家，都以他为对华外交的重心。这样人才与资望，再找不出来，也没有机会再培植。你们制造阴谋之日，一定能预料到至少中央直属的几十万军队，要同你们拼命，那么你们怎么还说要求停止内战？你们大概以为把蒋先生劫持着，中央不肯打你，现在讨伐令下了，多少军队，在全国悲愤焦虑的空气中，正往陕西开。你们抗拒，是和全国爱国同胞抗拒。你们当中，有不少爱国者，乃既拼了命而误了国，值与不值？"随之，张季鸾向西安军民提出了"自救"之道："所幸者现在尚有机会，有办法，办法且极容易，在西安城内，就立刻可以解决……

最要紧的，你们要信仰蒋先生是你们的救星，只有他能救这个危机，只有他能了解能谅解你们！你们赶紧去见蒋先生谢罪吧！你们大家应当相互拥抱，大家同哭一场！这一哭，是中华民族的辛酸泪！是哭祖国的积弱，哭东北、哭冀察、哭绥远！哭多少年来在内忧外患中牺牲生命的同胞！你们要发誓，从此更精诚团结，一致地拥护祖国。你们如果这样悲悔了，蒋先生的泪一定更多，因为他为国事受的心酸，比你们更多几十倍。我们看他这几年在国难中常常有进步，但进步不够。此次之后，他看见全国民众这样悲忧……他的心境，一定是自责自奋，绝不怪你们。从此之后，一定更要努力集思广益，负责执行民族复兴的大业。那么，这一场事变就立刻逢凶化吉转祸为福了。你们记住几点：（一）现在不是劝你们送蒋先生出来，是你们自己应当快求蒋先生出来。（二）蒋先生若能自由执行任务，在西安就立刻可以执行。你们一个通电，蒋先生一个命令就解决了。（三）切莫索要保证条件。蒋先生的人格，全国的舆论，就是保证。你们有什么意见，待蒋先生执行任务后，尽可以去献言，只要与国家民族有利，他一定能采纳，一定比从前更认真地研究。（四）蒋先生是中央的一员，现在中央命令讨伐，是执行国家纪律。但我们相信蒋先生一定能向中央代你们恳求，一定能爱护你们到底。"张季鸾的这封公开信，显然更有利于和平解决西安事变。

第五节　世界诸大国的态度

西安事变的爆发不仅震惊全中国，也震惊了全世界。世界各国因其对华利益和国际战略不同而态度各异。其中，影响较大者有日本、苏联、英国、美国、意大利、德国，而尤以日本和苏联的态度特别引人关注。

一、日本在静观监视中坚持既定对华政策

众所周知，张学良、杨虎城发动西安事变的动机和目的是"停止内战，一致抗日"。作为此次事件最敏感一方的日本，其反应也是最迅速的。在各国驻华新闻机构中，最早得知并报道西安事变消息的，则为日本同盟通讯社上海分社的记者松本重治。此人的嗅觉和洞察力极其敏锐，当蒋介石亲赴西安部署"剿匪"军事之际，他就根据自己对中国政治形势的了解，认为蒋介石与张学良妥协的可能性不大，并不像绝大多数记者以为的那样："'剿匪'事业只须一个月即可解决。" 12 月 12 日晚，松本重治在与《大公报》总编辑张季鸾聚谈中途，接到同盟社南京分社打来的电话，得知"从今天下午起，南京与潼关间的电话联系中断……南京方面好像很惊慌"。他立即返回分社四处打探，很快即从其密友、孔祥熙的秘书乔辅三处证实，蒋介石已被东北军监禁。于是，当晚 9 时，同盟社上海分社便向东京发了如下电文："根据中国方面的情报，蒋介石 11 日去西安郊外的温泉，以后消息不明，南京正担心蒋氏安全与否。"接着就有了 12 月 14 日西安《解放日报》第 3 版刊登的"东京十三日电"："西安事变消息，于昨晚深宵抵此，各方均表示震惊，不仅晨报均以头号大字刊载此来自沪京平等地之惊人消息，各报今日且多出号外至二次三次之多，新闻记者及关心中国事务之日本人民，咸赴此间中国大使馆探询情况，继续不辍。今日虽值星期假日，海军省首脑部于今日午后集议讨论将来之态度，同时外陆省亦分别集议。一般观察，认为日本之重新策划及对华政策，全系于目前西安叛变之结果，但现时则持等待观望态度云。"

上述"东京十三日电"，约略透露出日本政府最初的反应：海军省于 13 日午后召开会议，决定了《关于西安兵变的我方对策纲要》，并在征得外务省、陆军省同意后，

向驻沪的第三舰队参谋长和驻华各大城市的武官发出机密电报，除要求强化在华警备兵力、保护侨民外，更要强调"利用此次兵变以推进对华政策"。外务省也于13日晚6—10时召开会议，决定了"静观事态推移"的方针。同日，在华北的中国驻屯军则致电陆军中央称："要根据帝国的既定方针，寻找逐渐完成华北分治的好机会。"为此，陆军省于14日制定了《西安事变对策纲要》，其对策方针是："日本依然坚持并希望实现既定的对华政策，与此同时，要以特别公正的态度对待此次事变，以期掌握中国的民心。但如果国民政府及其他地方政权不改变以往政策，反而更加激化抗日、反日思潮，侵害日本侨民安全或在华权益，则毫不犹豫地发动自卫权。"其纲要部分又具体规定"对于此次事变，不必要改变以往的方针，而要延续并推进既定的外交方针和对华政策，监视事态的发展"；对于华北，则希望"实现第二次处理华北纲要，并相机将防共范围扩大到五省"；对于内蒙古，则按照"既定方针实施，引导绥远政权走向反共，阻止苏联的潜在威胁等"。可以说，陆军省的这份文件比较全面地反映了日本在"静观""监视"中企图趁机"延续并扩大"对华侵略的险恶用心。正因为如此，所以在15日陆军省、海军省、外务省共同召开的会议上获得了一致同意。同一天，日本《朝日新闻》发表《西安事变与国际关系》的社论，大体说明了日本政府的上述政策。

12月16日，南京政府外交部发表"蒋介石仍然健在"的声明，17日，蒋鼎文携带蒋介石的手令到达南京，日本对于西安事变"神经过敏之揣测已大见冷静"。19日，日本外相有田八郎紧急约见中国驻日大使许世英，询问"蒋鼎文回到南京"，"中央政府是否与张学良妥协？"并说"中央如在抗日容共条件下与张学良妥协，日本决强硬反对"。当宋子文、宋美龄进入西安谈判时，日本首相广田弘毅于23日在枢密院会议上表示："对西安事变采取不干涉政策。倘国府与张学良以容共为妥协条件，日本则断然抨击。"可见，在西安事变和平解决端倪出现的情况下，声称不干涉政策的日本，其实念念不忘的还是干涉。

1936年12月15日，日本《朝日新闻》发表的关于西安事变的号外

二、苏联由最初的误识误判事变性质到希望和平解决

　　作为唯一的社会主义国家，苏联当时面临德、日两个帝国主义的威胁，迫切需要中国团结起来抗日，以牵制日本北上攻打苏联的企图。从避免中国内乱或内战的角度考虑，他们否认西安事变的抗日救国性质，并从一开始就为西安事变定下了"日本阴谋"的基调。12月14日，苏共中央机关报《真理报》发表题为《中国发生的事件》的社论，把西安事变说成是亲日派汪精卫在"日本组织的唆使下"，挑动张学良部队"在中国制造混乱"的"阴谋"；攻击张学良"一贯奉行为日本军国主义帮忙的对外不抵抗政策"，过去"他几乎毫无抵抗地将中国东北最富饶的几个省份送给了日本帝国主义"，如今"他又利用抗日运动以营私，名义上举起抗日旗帜，实质上制造国家分裂，使中国继续混乱下去，使其不可避免的成为外国侵略强盗的牺牲品"。同日，苏联政府机关报《消息报》也发表了关于西安事变的社论，称赞"自蒋介石执政以来，中国已逐渐集中力量，显足表示其领导国防之准备与能力"，谴责"张学良之反动，足以破坏中国反日力量之团结，不独为国民政府之危险，抑且威胁全中国。虽假借反日口号，适以便利日本帝国主义"。又说"反日人民阵线，乃系与南京合作之阵线"，而"张学良之举动，其最近影响，即最新的内战爆发，亦即日本所急于利用机会以作侵略之举者。无怪此前日方消息，首谓南京拟将蒋介石撤职，此次则谓张学良与苏联缔结攻守同盟。此类挑拨，最好答以此事究竟对谁有利？但中国人民当能洞烛日

1936年12月14日，苏联《真理报》题为《张学良反对南京政府 蒋介石被起义部队逮捕》的报道

帝国主义之奸秘"。15日,《真理报》发表了《张学良发动叛变正中日本下怀》的文章,继续指责西安事变,认为其引发内战危机只能对日本有利。

国民政府驻苏联大使蒋廷黻感到苏联"对中国表示很友善",便将上述两篇社论的摘要电告南京,并有意删除了有关汪精卫幕后策动的内容。他还请求外交部及时予以公布,使张学良及其同党能够知道莫斯科方面并不支持他们的行动。与此同时,苏联塔斯社也把这两篇新闻稿一字不漏地发到中国,希望中国报纸刊登,以撇清自己与西安事变的关系。但是国民政府未能察觉到蒋廷黻的用意

国民政府驻苏联大使蒋廷黻

和莫斯科的意图,更怀疑苏联将张学良与汪精卫扯在一起的幕后动机,遂把电稿压住不发,从而引起苏联的抗议。14日,国民政府电令蒋廷黻设法与苏联方面交涉,敦促苏联对中共和张学良、杨虎城施加影响,使蒋介石早日获释。蒋廷黻觉得让苏联出面促使张学良释放蒋介石,无疑说明苏联与西安事变有关,这正是苏联最忌讳之处,因而颇感困难。尽管如此,蒋廷黻还是硬着头皮于15日约见了苏联外交人民委员(相当于外长)李维诺夫。李维诺夫问:"是否有新从南京得到的消息?"蒋廷黻回答:"除去广西自然还有陕西以外,所有省份都支持南京政府。"并介绍说,他已将《真理报》《消息报》社评的摘要电告南京,但是他觉得"苏联把张学良的行动同汪精卫的诡诈行为扯到一起是不妥当的,因为汪精卫不可能与此事有任何关系。"李维诺夫表示:"目前的事态使我们极为不安,我们认为张学良的行动是一件很不好的事情。"至于汪精卫一事,李维诺夫解释说:"我不认为张学良直接与日本人勾结,倒觉得他是听了某人别有用心的坏主意。"又接着说:"我们一向主张中国统一,从不同情中国将军的内争。我们特别高兴近来有人致力于扩大国民政府的基地和抗击日满蒙分子。我们担心日本会利用近来的事态发动新的侵略……"蒋廷黻最后才十分委婉地提及这次约见的主旨,对李维诺夫说:"南京命令我探询苏联政府能否用其他办法帮助国民政府,而不仅仅是表示同情。"但李维诺夫听出了弦外之音,斩钉截铁地答道:"我找不到这样的办法,因为自从张学良离开东三省后,我们与他没有任何关系。"16日,

国民政府又给蒋廷黻发去"铣电"，要求其抓紧交涉，注意搜集苏联与西安事变关系的证据，并探询与苏联谈判需要付出什么代价等。17日，蒋廷黻再次与李维诺夫会面。据当晚11时半蒋廷黻发给南京外交部的电报所述："李维诺夫见面即言：'余愿趁此机会向君抗议。中国政府禁止报纸登载《真理报》《消息报》社评及塔斯社否认日本谣言的声明，表示中国政府怀疑苏联与张学良有关，此种猜测，实不友谊。余前已告君，自张学良让出东北后，苏联与彼即无关系。在莫斯科虽有中国共产党如王明等，然苏联政府不与彼辈发生关系云云。'职答以我政府禁止登载社评，本人尚无所知，唯张学良与中国共产党有关，而共产党与第三国际有关，此乃显明事实。李维诺夫即言：'第三国际与苏联政府无关'。职答以此乃苏联一贯之立场，但世人皆不之信。李维诺夫说：'苏联将始终维持其立场，无论世人信之与不信'。职告以张学良叛变，影响甚大，如不设法制止，势将演成西班牙式战争，谅非苏联政府之所愿，故颇望苏联政府能协助解决此事。李维诺夫说：'唯一协助方法，在使中国共产党知道苏联政府态度。今中国政府反而禁止登载，我无他法，并将向国民政府提出严重抗议'。"两人激烈争辩，不欢而散。

李维诺夫所说的"严重抗议"，就是指16日苏联外交当局致电其驻华临时代办斯皮尔瓦涅克，要求他立即去见代理行政院长孔祥熙或外交部长张群，并发表如下声明："（一）苏联政府得悉发生西安事变消息后，当即表示明确而肯定的立场，谴责张学良这一客观上只能有利于企图分裂和奴役中国人民的一切敌人的行为。（二）苏联政府……不仅与西安事变没有任何关系，而且自日军占领满洲之时起，从未与张学良保持任何直接或间接的关系。（三）鉴于各种虚伪和诽谤性报道仍不断出现，苏联政府……不能对中国红军的行动负任何责任。（四）中国国内少数人士和少数报刊一再重复散布的无耻谰言，似乎苏联政府与西安事变有某种牵连，苏联政府为此感到无比的惊讶与愤慨。苏联政府对此表示抗议并期待中国政府采取措施制止此类诽谤谣言的传播。"但直到19日上午张群才接见了斯皮尔瓦涅

国民政府外交部长张群

克。斯皮尔瓦涅克就前述有关问题向国民政府提出抗议后，张群做了如下答复："（一）还在发动西安事变之前，张学良就曾散布消息，他同苏联有联系，与中国红军建立了联盟关系，他在莫斯科派有代表，中共则在西安派有代表；（二）张群本人以及其他政府成员和首脑十分清楚，这类传说纯系谣言和捏造；（三）中央政府极为珍惜同苏联的友谊，因此，绝不相信也决不会相信张学良或其他第三者散布的流言蜚语；（四）张群本人将力尽所能，制止来自中国国内第三者之口的种种暗示性诽谤的扩散。"张群代表国民政府的这次答复，基本上化解了苏联的愤怒情绪。

从斯皮尔瓦涅克的声明以及 16 日共产国际发给中共中央的电报等资料可以看出，随着对西安事变真相的更多了解，苏联的态度已发生了改变。苏联不再攻击张学良的主观意图如何，而是说"客观上"只能如何。针对南京的讨伐行动，20 日《真理报》发表了《日本挑动中国内战》等文章，指出国民政府派兵讨伐西安是在挑动张学良对蒋介石下毒手，苏联希望西安事变和平解决。

三、英美为保持蒋介石的统治而助推和平解决

英美为了维护其在华利益，希望保持蒋介石在中国的统治地位，不愿看到中国发生大规模内战，不愿给日本扩大侵略造成可乘之机，因而主张并助推和平解决西安事变。

12 月 13 日星期日，英国驻华大使许阁森两次致电英国外交大臣艾登，报告蒋介石在西安被扣、南京当局采取的对策，以及他对西安事变原因的看法和事变在各方面的反应。他认为"这次事变的原因，就是蒋介石命令把受怀疑的张学良的部队调往福建"。他估计，在中国国内，两广地方实力派不会支持张学良，"韩复榘、阎锡山等人是支持中央政府的"。在国外，日本报刊虽然宣称"张学良也许同苏联达成协议"，"但这是极不可能的"。至于日本的态度，许阁森认为"他们将等待和观察"，但不会"介入"。对于蒋介石的生命安全，许阁森说："我倾向于认为蒋介石并无危险。"这与端纳的看法是一样的。

12 月 14 日下午，美国代理国务卿穆尔两次复电其驻华大使詹森，除了要求詹森立即向南京当局"口头表述"美国政府对蒋介石人身安全的关注外，还详细阐述了美国对西安事变的基本态度。其中称："对中国国民政府日常职能的干扰破坏（特别是这种干扰破坏涉及高级官员或针对他们的非暴力方式，并可能导致国内军事冲突时），

将损害和妨碍中国建立政治稳定、经济兴盛的进程，将给中国人民带来新的困难，一般说来还将对在华外国人士及其财产、事业带来新的威胁，并将对远东国际纷争带来新的危险。"因此，"美国政府的政策是不干涉或介入外国的内部事务；同时，如果任何地方的事态发展将危及真正寻求政治和经济稳定的国家利益，并且会对已经十分微妙的国际局势带来新的危难时，我们都不能漠然置之"。目前，"我们将认真观察那里的发展，并研究有益行动的可能性问题"。这就是说，美国明确否定张学良、杨虎城的爱国行动，要竭力维护国民政府在中国的统治。15日，按照华盛顿的指示，詹森访问南京外交部长张群，转达了美国政府"对蒋将军安全的关注"。当晚，詹森从新闻渠道获悉，宋美龄收到了端纳关于蒋介石安全的报告，又得知"共产党并未控制西安"，认为"共产党对此局面颇满意"。16日，詹森致电美国国务院，就他对张学良发动西安事变的动机提出看法，说"张学良与他的部队已经同共产党合作，因而扣留了蒋介石及其下属，目的是迫使中央政府停止进攻共产党并采纳共产党方面最近宣布的更积极地反对日本的方针，恢复政府的革命政策，以及对苏联采取更友好的政策"。这种认识倒与张学良、杨虎城发动西安事变的宗旨基本吻合。

在此期间，英国外交大臣艾登认为，如果张学良的安全得到保证的话，张学良"可能被说服释放蒋介石"。因此艾登提出由英国出面斡旋，让张学良"乘飞机到天津或上海，到那后，我们也许能保护他，他也可以随时离开这个国家"。17日，艾登将此建议电告英国驻华大使许阁森征询意见，并请其就近征求端纳的意见。18日，许阁森复电艾登，说"端纳现在西安，我见到了孔祥熙，他欢迎您的建议，如果您能推进这一安排，他将十分感谢"。根据英国政府的指示，英国驻美国使馆参赞立即于18日下午（华盛顿时间）将这一建议的备忘录送交美国国务院，得到代理国务卿穆尔与罗斯福总统的同意。随后穆尔将英国备忘录电告詹森，请他与英国驻华大使商议，"根据上述建议的原则，讨论采取行动的可能性和有利之处"，但"不要以美国政府的名义做出评论"；同时提醒他在与"英国

后任英国首相的罗伯特·安东尼·艾登

美国驻华大使纳尔逊·詹森

进行磋商时，您不仅要讨论可能产生的利弊、发生于英国政府所建议的程序中的困难，而且要讨论其他外国政府为避免发生悲剧而提出的某些有益、稳妥措施的任何可能性，以及西安局势进一步出现政治动乱的潜在可能"。19日，詹森和许阁森根据各自政府的指令，进行了磋商探讨。他们认为"除了英国政府的建议之外……各国不可能采取其他有益行动"；"如果中国政府不借助于外国而自己找到解决的办法，这对有关各国更为有利。但是我们相信，某些国家保证张学良（必要时保证杨虎城安全离华）这一事实本身也是有意义的。"至于本建议的具体实施方法，"我们认为唯一合适的计划，应由中国政府负责每一位（或两位）将军安全到达某地，外国从那里把他们安全带离中国。显然最近的港口是天津，他们在那里将被安排住在一艘军舰上，直到安排好行程安全"。

英美两国驻华大使将他们讨论的上述意见报告本国政府请求批准。美国政府立刻批准了这项建议，但不知为何，直到12月23日，英国政府才正式予以批准。在英美两国大使于24日正式向孔祥熙提出这项建议的第二天，蒋介石即获释离开西安。尽管英美的建议大大损害了张学良、杨虎城两将军无私无畏的自我牺牲精神，而且未经实施便告结束，但仍不失为一个积极助推和平解决西安事变的善意设想。

四、德意从反苏反共和中日"协调"立场出发反对西安事变

西安事变的消息传出后，意大利和德国均表示反对。13日，意大利驻华大使通知罗马方面，说张学良的军队在陕西发动兵变，囚禁了总司令蒋介石。而意大利的媒体也完全追随日本官方舆论对事件的报道，认为张学良与中共"勾结"，并通过苏联的鼓动而发动叛变。12月14日，张学良的好友、曾任驻华公使、时任意大利政府外交部长齐亚诺，以私人身份致函张学良，劝说张学良释放蒋介石，并指出："与莫斯科的任何合作都会给你带来危险"。同时，齐亚诺还致函其驻华大使称，张学良想让中国落入共产主义"魔掌"，并要求驻华大使一定要让中国政治家明白，若在苏联与日本之间进行选择，虽然令人遗憾，意大利必须选择日本。17日，《意大利日报》

发表文章，认为"此际中日两国，若能推行协调政策，实属最为明哲且有实际利益，反之任何企图，凡以危害此种政策为能事者，必系以破坏性质的野心为背景也"。实质上就是要求中国向日本的侵略妥协让步。21日，齐亚诺再次致电张学良称："阁下为吾挚友，倘参加共产，即为吾敌。须知中华民国苟无蒋介石将军，则难以自存。"

15日，德国《法兰克福日报》发表评论："张学良反复无常，此次与苏联携手，并非由于其对共产主义信仰，仅系颠覆蒋介石将军之势力耳。"21日，德国经济部长沙赫特致电孔祥熙说："贵国最近西安事变，沙所极其敬仰的蒋委员长蒙难，沙焦虑良深。唯望一切妥善解决，委座事业获竟全功，关切鄙诚，尚祈清察，并转达委座为感。希勒玛尔·沙赫特叩闻。"

20世纪30年代，德意两国奉行积极扶植国民党的政策，为南京政府提供军事、财政援助，支持蒋介石"剿共"。1936年10月，德意签订议定书；11月，德日又签订《反共产国际协定》，形成了世界法西斯轴心，矛头直指苏联。他们对西安事变的态度，旨在拉拢南京政府加入反苏反共营垒，但这种企图最终被国际反法西斯阵线和中国的抗日民族统一战线所击败。

面对蒋介石在西安被扣留而南京中枢又要"严办"张学良的危局，宋美龄五内俱焚，焦急万分。12月13日，宋美龄委派端纳赴陕，以探明事变真相并居中斡旋。端纳带着宋美龄写给蒋介石和张学良的两封亲笔信，经由洛阳于14日上午飞抵西安，会见了张学良和杨虎城。当晚，端纳见到了蒋介石，向蒋介石说明张学良、杨虎城两位将军并没有伤害他的意思，只要他接受他们的主张，他们仍衷心拥护他的领导。接着端纳飞洛阳用电话向宋美龄报告，宋美龄嘱其返回西安时转告蒋介石下手令制止何应钦的军事进攻。17日，在蒋方震的劝说下，蒋介石写下了停战三日的手令，由蒋鼎文带回南京传达，形势开始缓和。20日，宋子文来西安，又争取到了三天停战时间，蒋介石要求宋子文与张学良、杨虎城商谈解决办法。22日，宋子文、宋美龄同到西安，再次争取了三天停战。宋美龄面见蒋介石，使蒋介石的态度大为改变。

　　客观地说，西安事变虽然与张学良、杨虎城的联共抗日要求有关，但却是国民党的内部问题，是国民党内部在抗日和国内改革问题上因政见不同而发生的。因此，这一事变的突然爆发，使西安（张学良、杨虎城）与南京（国民政府）的矛盾急剧升温，而国共两党之间你死我活的矛盾相对下降。作为西安事变本身的一个外在因素，中共就处于十分有利的地位。初闻事变，远在陕北保安的中共中央总体上还停留于原有矛盾的思维中，乐观地提出了一个以西安为中心领导全国的方案和"审蒋""除蒋"的口号，随着周恩来于12月17日到西安并了解到更多更全面的情况，中共中央审时度势，及时调整对策，终于在12月19日确立了以第三者的身份调停双方、和平解决西安事变的基本方针，并迅速予以贯彻落实。

　　12月23日，张学良、杨虎城、周恩来与蒋介石的代表宋子文、宋美龄，在张学良公馆西楼二层会议室举行了和平谈判。作为中共的全权代表和调停者，周恩来首先提出中共的六项主张供会谈讨论，得到各方的一致认可。24日深夜和25日上午，周恩来会晤了蒋介石，蒋介石表示："停止'剿共'，联红抗日，统一全国，受他指挥。"并说，他回南京后，周恩来可以继续和他谈判。12月25日，在蒋介石以"领袖人格"担保实现六项条件后，张学良送蒋介石返回南京。

第一节　端纳、宋子文相继赴陕与蒋介石的态度变化

　　西安事变爆发后，宋美龄、孔祥熙等力主和平救蒋。在他们的坚持下，12月13日，宋美龄派出蒋介石和她的私人朋友端纳赴陕，了解事变真相及张学良、杨虎城意图。端纳于14日来到西安后，将西安方面的真实情况报告给宋美龄。宋美龄闻讯大喜，认为是她的和平救蒋方式的"第一步事实之佐证"。在端纳的劝说下，蒋介石改变了不与张学良、杨虎城对话的态度并同意由新城大楼搬往张学良公馆隔壁的高桂滋公馆。12月16日，端纳从洛阳返回西安，向张学良、蒋介石转达宋美龄要求蒋介石下达停战手令的口信。12月17日上午，张学良又请蒋方震出面劝说蒋介石制止国民政府的军事进攻，蒋介石遂写下了给何应钦关于停战三天的手令，并由蒋鼎文带回南京，形势有所缓和。20日，宋子文以私人身份到西安，使蒋介石的心情进一步放松，蒋介石要求宋子文与张学良、杨虎城商谈解决办法。在西安，宋子文亲身体会到解决西安事变的复杂性及紧迫性，遂于21日下午飞回南京，以接宋美龄来西安劝说蒋介石与张学良相互让步。

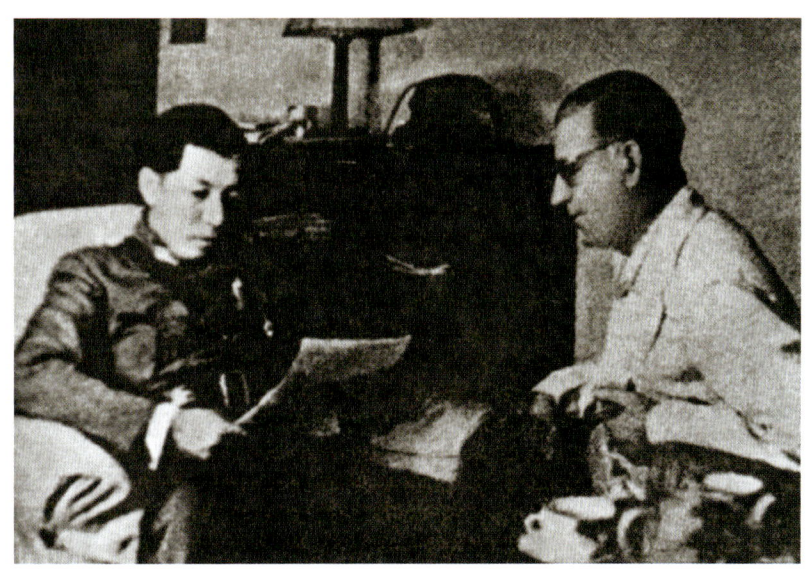

　　1936年12月14日，端纳给张学良、蒋介石分别带来宋美龄的亲笔信，宋美龄要张学良顾全大局，从公私两个方面处理好与蒋介石的关系。图为张学良在公馆会见端纳

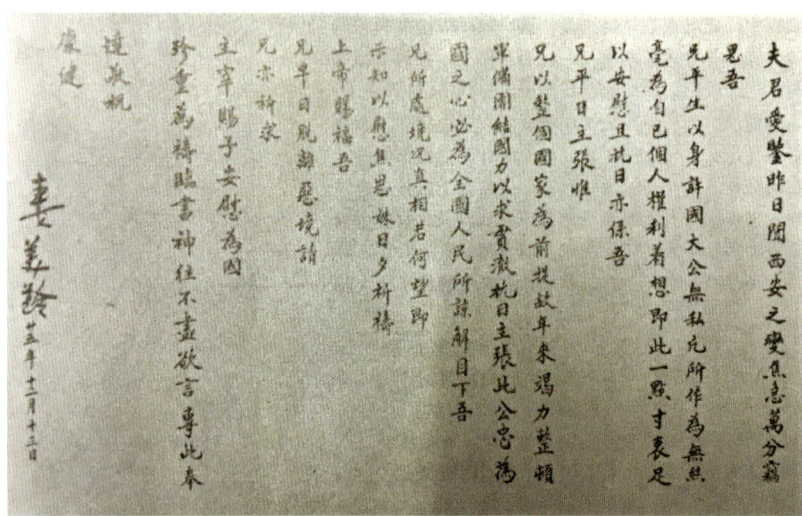

宋美龄委托端纳
带给蒋介石的信

蒋方震（1882—1938），字百里，号儋宁，浙江海宁人。1935年出任国民政府军事委员会高等顾问。1936年12月11日刚从美国考察回国，来到西安向蒋介石汇报出国考察情况，被安排住在西京招待所。西安事变中同其他南京大员一起被扣留。继宋美龄通过端纳传话后，张学良又请他出面劝说蒋介石制止国民政府的军事进攻，促使蒋介石写下了给何应钦的关于停战三日的手令

蒋鼎文，字铭三，浙江诸暨人。国民党高级将领。1936年12月17日，蒋鼎文携带蒋介石的停战手令赴南京，阻止南京方面向西安进攻和轰炸

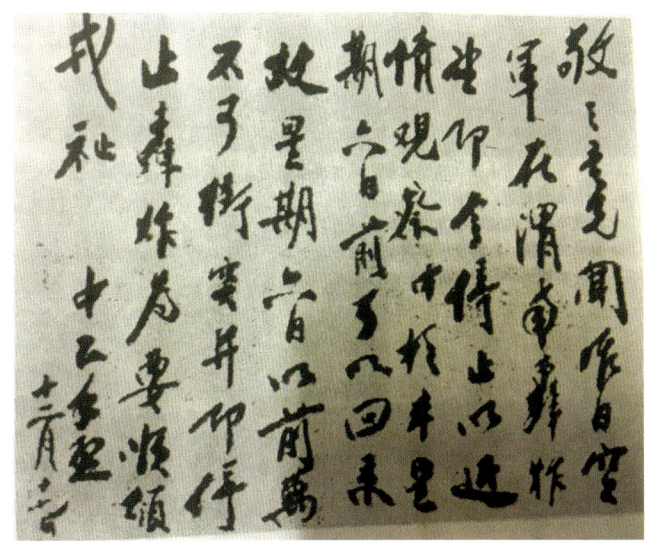

12月19日，国民党《中央日报》报道了蒋介石停战手令的消息；21日，又刊登了手令全文

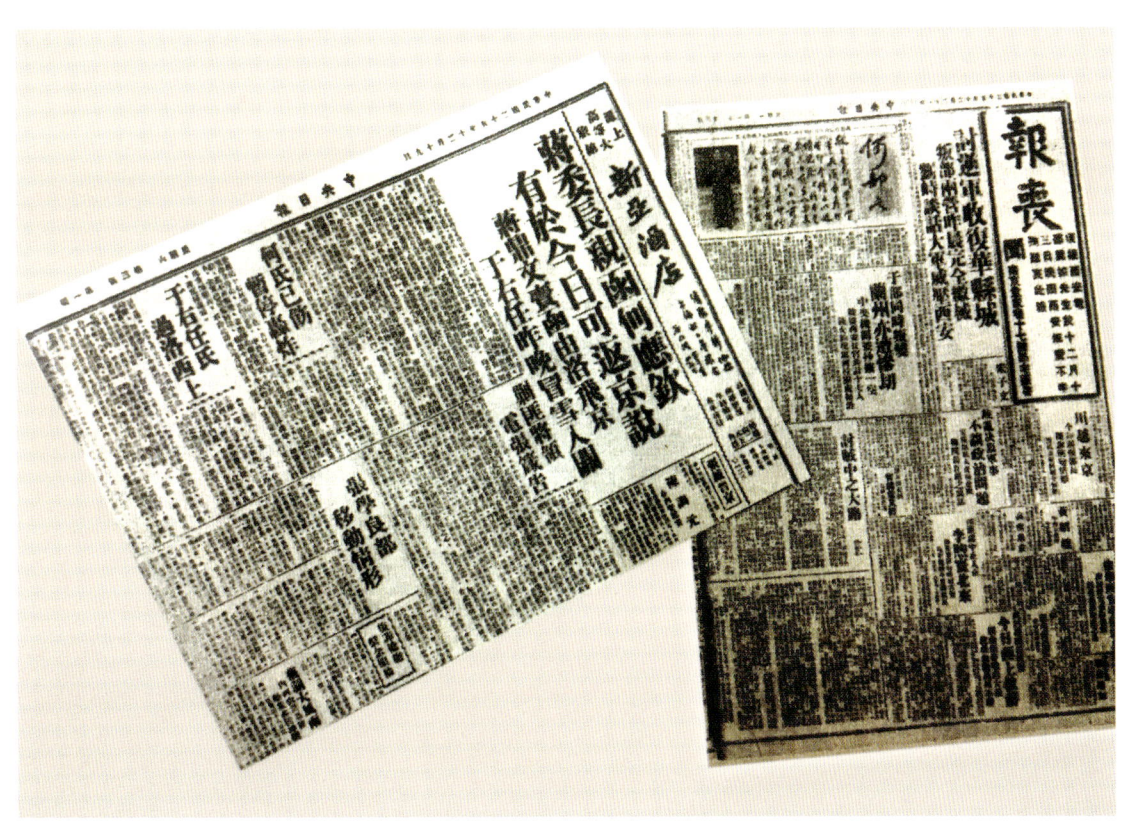

1936年12月17日，蒋介石写给何应钦的停战手令

第二节　中共的角色转换与周恩来到西安

一、初闻事变

12月12日凌晨西安事变发动时，中共中央驻东北军联络员刘鼎和张学良分别用坤台、双台向陕北保安通报了消息，中共中央领导人都感到十分突然，还有点不太相信。直到当日中午12时、下午1时，刘鼎的第二封电报和王以哲电台的电报相继到来，中共中央才确知西安发生了扣留蒋介石的大事变。

13日上午，中共中央召开有12个人参加的政治局扩大会议，集中讨论如何看待西安事变和应采取的对策。由于掌握的情况有限，认识也不完全一致，会议并没有作出决议。张闻天等在会上表示了"不与国民政府对立""争取国民政府正统"的意见，但会议的基调则是要以西安为中心领导全国，要把蒋介石与国民政府区别对待，提出了"审蒋"以至"除蒋"的口号。毛泽东最后作结论时说："现在处在一个历史事变的新阶段，前面摆着很多道路，也有许多困难。为了争取群众，我们对西安事变不轻易发言。我们不是正面反蒋，而是具体指出蒋介石个人的错误，不把反蒋抗日并列。"

对蒋介石十年"剿共"内战的血海深仇立时发酵，苏区军民更是欢欣鼓舞，拍手称快，一致的呼声就是把蒋介石交付人民审判！15日，中共中央发表了15位红军将领《致国民党国民政府电》，说明西安事变是蒋介石"对外退让、对内用兵、对民压迫"三大错误政策的结果，要求国民政府"自别于蒋氏""自别于亲日派"，接受张学良、杨虎城主张，停止内战，罢免蒋介石，交付国人裁判，"老老实实与民更始"。

当年中共中央驻保安时的部分旧址

东、来兄：

　　蒋之反革命面目已毕现。吾等为中华民族及抗日前途利益计，不顾一切，今已将蒋及重要将领陈诚、朱绍良、蒋鼎文、卫立煌等扣留，迫其释放爱国分子，改组联合政府。兄等有何高见？速复。并将红军全部集中环县，以便共同行动，防胡敌南进。弟毅。文寅。

1936年12月12日凌晨，张学良向中共中央发出的文寅电

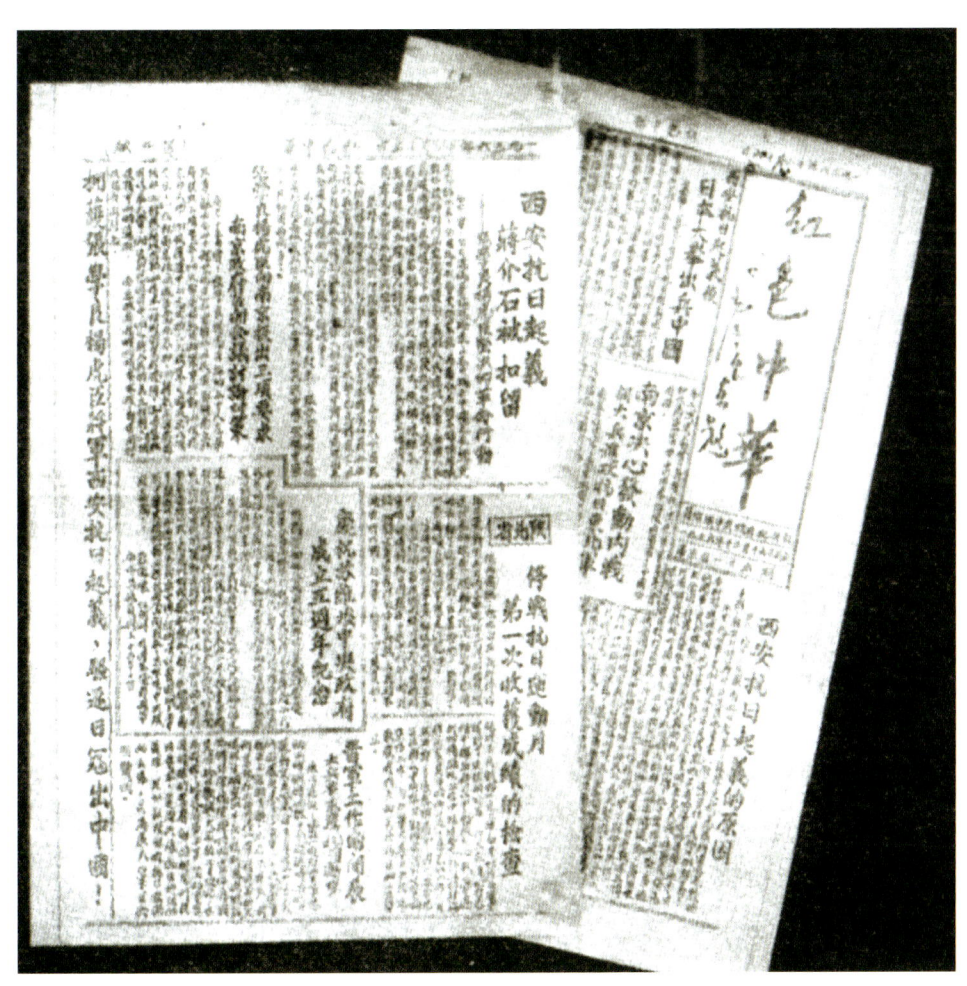

1936年12月13日、16日，中华苏维埃中央政府机关报《红色中华》关于西安事变的报道

二、 周恩来到西安

应张学良、杨虎城的邀请，中共中央派出周恩来、博古（秦邦宪）、叶剑英组成的代表团赶赴西安。12 月 17 日下午，周恩来作为中共代表到达西安，住进了张学良公馆东楼，当晚即与张学良进行秘密谈话。张学良首先向周恩来介绍了事变以来南京军事压迫、冯钦哉叛变、中央军破关而入的情况，商谈了三军配合作战的问题。张学良说："刘峙已以 5 个师入潼关，围华县，逼渭南，如急进，西安应战无把握。"他提出"拟以杨虎城部控制西安，东北军主力集渭水北备战，红军必须参加决战。"两人商定，红军主力先开庆阳、环县一带配合东北军对胡宗南部作战，一旦胡宗南部北退后即南下，同时以一部兵力接防肤施、甘泉之线，并准备再南下出渭水下游北岸，参加对潼关西来之中央军决战。张学良又介绍了端纳来西安、蒋介石态度的转变、已派蒋鼎文携停战手令赴宁、南京将派宋子文到此、于右任也以宣慰使名义西来等情况，征求周恩来对事变前景和对蒋介石处理的意见，并说："只要蒋介石接受我们提出的八项主张，愿意抗日，我们就可以放他回去，还拥护他做全国抗日的领袖。"周恩来说："西安事变有两种前途，一种会使国家变好，一种会使国家更坏，我们要争取好的前途。"周恩来与张学良还商定了准备与宋子文谈判的五项条件，如立停内战，中央军全部开出潼关；下令全国援绥抗敌；宋子文负责成立南京过渡政府；成立抗日联军；释放政治犯，开救国会议，先在西安开筹备会等。同时表示，为了缓和国民政府进兵，分化国民政府内部，在策略上答应保证蒋介石安全是可以的，但声明如国民政府进兵则蒋介石安全无望。张学良同意在内战不可避免、南京军队围攻西安前对蒋介石行最后手段。

18 日上午，在张文彬陪同下，周恩来前往止园拜会杨虎城。周恩来向杨虎城说明了昨晚同张学良谈话的主要内容，并与杨虎城分析了当前的军事形势，以便采取共同行动。杨虎城赞同周恩来、张学良所谈内容，认为开战便利于团结内部，如失手可放弃西安，以甘肃为后方，但对持久战无把握。杨虎城深知其部下并不稳固，又不敢急切改造，但表示只要红军与张学良磋商好，他一定赞同拥护。会见中，周恩来还就红二十五军误杀杨虎城部警三旅旅长、共产党员张汉民以及红四方面军突袭孙蔚如部这两个问题，代表中共中央向杨虎城作了解释。这种光明磊落的态度，最终消除了杨虎城内心存在的疙瘩。杨虎城说："我是追随张副司令的，现在更愿意倾听和尊重中共方面的意见。既然张副司令和中共意见一致，我无不乐从。"

由于国民政府从16日开始大肆播放苏联《真理报》《消息报》14日攻击张学良、否定西安事变正义性质的社论，张学良听后非常生气，就对周恩来说："本来，我一直想取得与苏联的联系，盼望苏联支持我们抗日。你我在肤施会谈时也曾商议过。可我万万想不到苏联竟骂我是亲日派，指责我们要求抗日的行动是搞"暴乱"、搞"投机"、搞"分裂"，骂得比谁都难听，弄得我和杨主任进退失据，啼笑皆非！"周恩来因不知共产国际和苏联的态度，只好解释说："请张将军不必多虑，苏联不大了解我国的实际情况，看法上难免有偏颇之处；只要苏联了解了事实真相，是会改变态度的。"周恩来随即将这一情况电告"毛泽东并中央"，并要求"国际有电来请即告我"。周恩来在西安还十分重视发动群众救亡工作，广泛与社会各界人士进行交流，并派人建立起由西安经三原、耀县、洛川到肤施的交通线（12月18日，红军从民团手中全面接管了肤施）。

中共代表在西安的驻地——金家巷张学良公馆东楼

中共中央派周恩来等先后赴西安协商解决事变。图为中共主要代表周恩来（右）、秦邦宪（左）、叶剑英（中）

中共中央派红军副参谋长左权到西安，协助西安城防司令孔从洲部署西安城防。图为左权（后排右）、宣侠父（前排左）、陈赓（后排左）、徐向前（前排右）在西安的合影

三、 中共的角色转换和基本主张

随着周恩来等到西安以及事态的发展，中共中央对西安事变和各方反响有了更多的了解，立即重新审视并调整自己的主张和决策。12月18日，中共中央发表《关于西安事变致国民党中央电》，在继续谴责国民政府内战行为的同时，已开始改变"审蒋""除蒋"的口号，提出了在一定条件下，"蒋介石的安全自由当亦不成问题"。19日上午，中共中央再次召开有15个人参加的政治局扩大会议，继续讨论西安事变问题。会议由张闻天主持，毛泽东作报告和结论。经过集体讨论，会议放弃了"以西安为中心"的设想和"公审蒋介石"的口号，承认了国民政府的正统地位，作出了站在第三者立场调停双方，变国内战争为抗日战争的决定。这是中共中央审时度势，对西安事变决策的重大调整和转变。会议通过了两个文件，一是张闻天起草的对党内的《中央关于西安事变及我们的任务的指示》，一是毛泽东起草的对外的《中华苏维埃中央政府及中共中央对西安事变通电》。这两个文件集中体现了中共中央和平解决西安事变的基本方针。为了贯彻这一方针，毛泽东当天起草并发出了14封电报，其中发给在西安的周恩来多达11封。

12月20日，中共中央收到了共产国际书记处重新发来的16日由季米特洛夫签署的电报。该电建议中国共产党考虑实际情况，坚决主张以四个条件为基础和平解决西安事变。与中共中央所确立的上述方针可谓不谋而合。尽管该电第一段话不像苏联《真理报》《消息报》社论那样攻击张学良主观上如何，而是说张学良的行动"无论其意图如何，在客观上只能如何"，但毛泽东为了不刺激张学良，在当晚8时将该电转发给周恩来时还是删除了这一段话。同日，毛泽东得知宋子文将到西安，还致电周恩来，要求他设法见宋子文一面，"提出我党调和陕变、终止内战、共同抗日之主张，站在完全第三者的立场说话"，以"解决国事"。21日，中央书记处致电周恩来，提出了和平解决西安事变的策略和具体步骤，并明确了"恢复蒋介石的自由""赞助中国统一"的条件，再次要求周恩来以共产党代表的资格"开诚谈判"，调停双方。至此，中共中央和平解决西安事变的方针最终落到实处。

毛泽东与夫人贺子珍

张闻天与夫人刘英

1936年12月19日，中共中央向党内发出的《中央关于西安事变及我们的任务的指示》

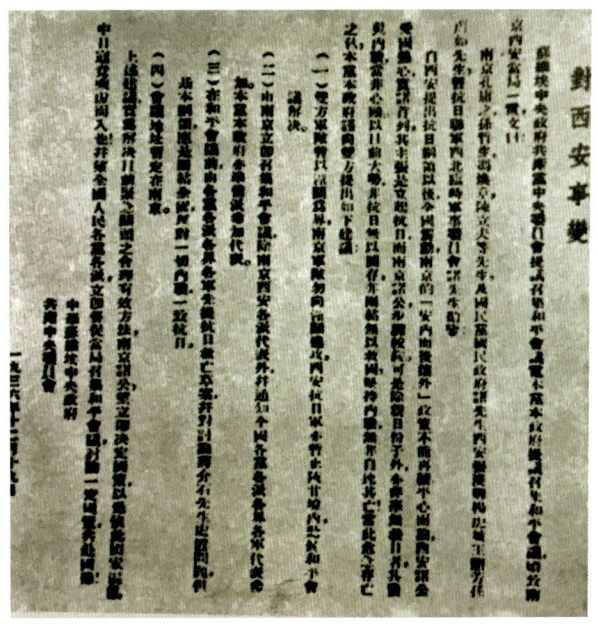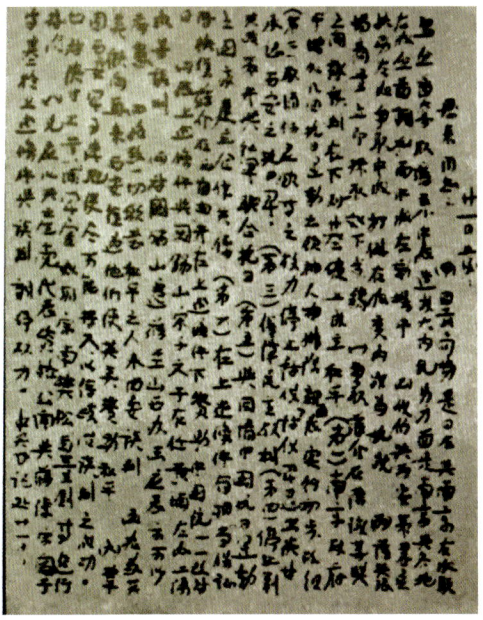

1936年12月19日，《中华苏维埃中央政府及中共中央对西安事变的通电》，提出和平解决、团结救国、召开和平会议的主张

时任共产国际总书记的格奥尔基·季米特洛夫（保加利亚人）

1936年12月21日，中共中央书记处为和平解决西安事变，给周恩来的指示电文

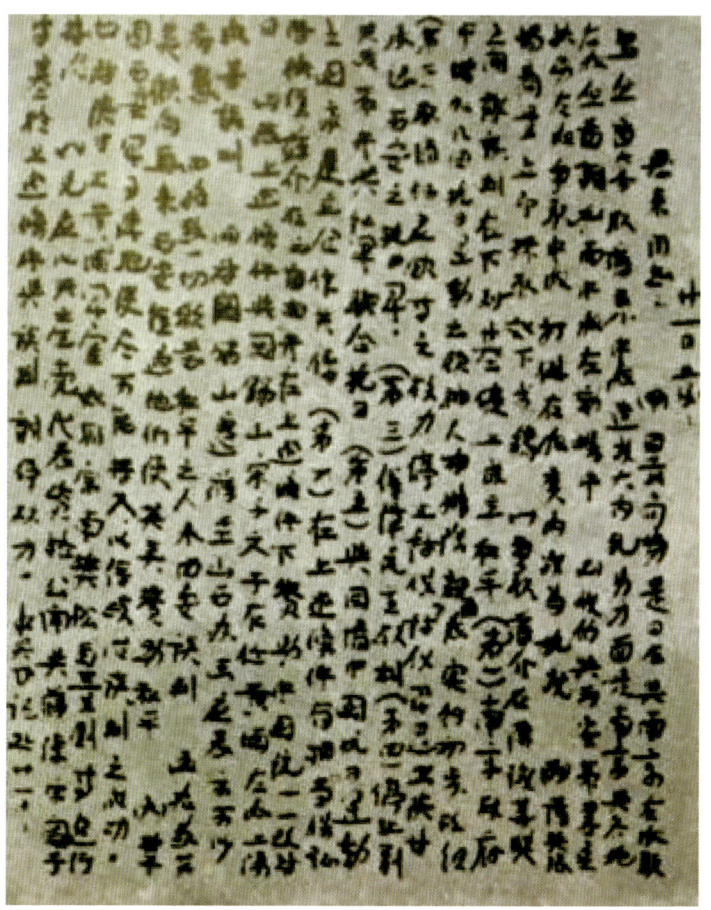

第三节　和平谈判

　　12月22日下午，宋美龄、宋子文一行乘飞机来到西安。随之，张学良、杨虎城与宋子文商定了谈判程序。宋美龄到来后，蒋介石的态度大为改变，遂嘱宋子文去见周恩来，以了解中共的态度。12月23日，宋子文代表蒋介石，与张学良、杨虎城及周恩来举行了谈判。作为中共的全权代表和调停者，周恩来首先提出中共红军的六项主张供会谈讨论：（一）停战，撤兵至潼关外；（二）改组国民政府，驱逐亲日派，加入抗日；（三）释放政治犯，保障民主权利；（四）停止"剿共"，联合红军抗日，共产党公开活动。（五）召开各党各派各界各军救国会议；（六）与同情抗日国家合作。周恩来说："以上六项主张如果蒋介石接受并保证实行，中共红军将协助他统一中国，一致抗日。"宋子文表示同意并转达蒋介石。接着，由宋子文提议，就组织过渡政府、撤兵、释放爱国领袖、释放蒋介石等具体问题进行了详细讨论。三方会谈后，宋子文、宋美龄与张学良、杨虎城、周恩来又进行了双边协商或个别谈话。宋氏兄妹要求，待蒋介石下令停战撤兵后即放蒋介石回南京，张学良表示同意，周恩来、杨虎城原则上也表示同意。

　　1936年12月21日，上海《大美晚报》关于宋子文、宋美龄离京飞陕的报道

1936年12月22日下午，宋美龄、宋子文一行飞抵西安。图为到达西安机场的宋美龄

宋美龄来西安时给蒋介石带的干笋菜盒子（文物）

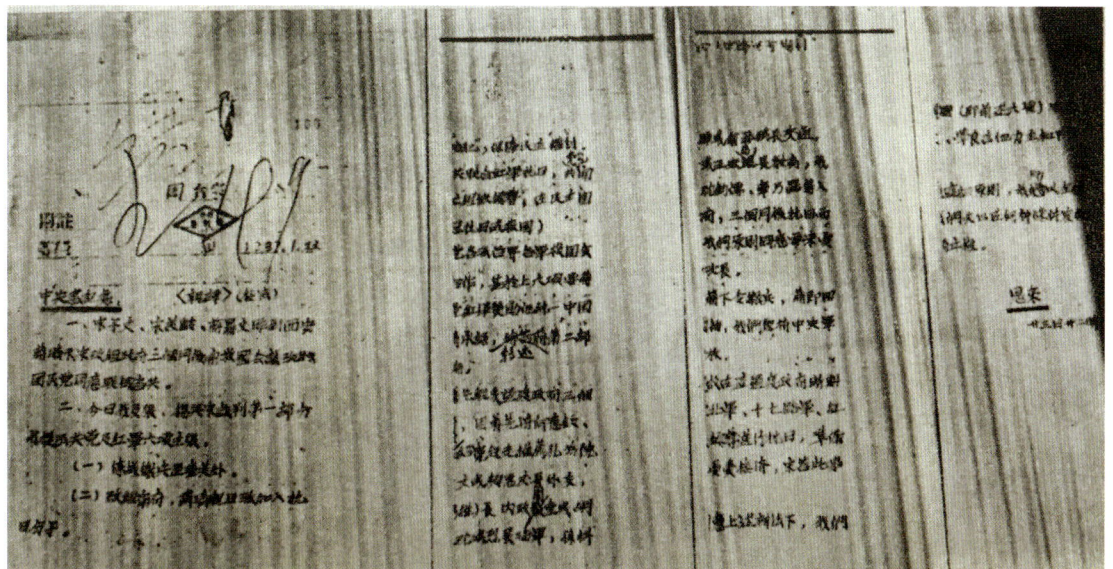

1936年12月23日，中共代表周恩来在西安发给中共中央书记处的《与宋子文谈判情况》的电报

和平解决西安事变期间，毛泽东、朱德与周恩来、秦邦宪部分往来电报目录

第四节　周恩来会晤蒋介石

　　12月24日晚10时许，周恩来在张学良、宋美龄的陪同下去见蒋介石。蒋介石因在事变中受伤，勉强在床上坐起来，与周恩来握手后只是简单地寒暄了几句，并说："你如有事，可与汉卿详谈，余已嘱其与你接洽。"25日上午10时许，周恩来在宋氏兄妹的陪同下再次会晤蒋介石，两人谈得很高兴也比较深入。蒋介石最后表示"停止'剿共'，联红抗日，统一中国，受他指挥"；他回南京后，周恩来可直接去谈判。周恩来、蒋介石会晤是国共两党高层领导人之间的会晤，达成了停止内战的协议，为西安事变的和平解决及以后的国共谈判奠定了基础。

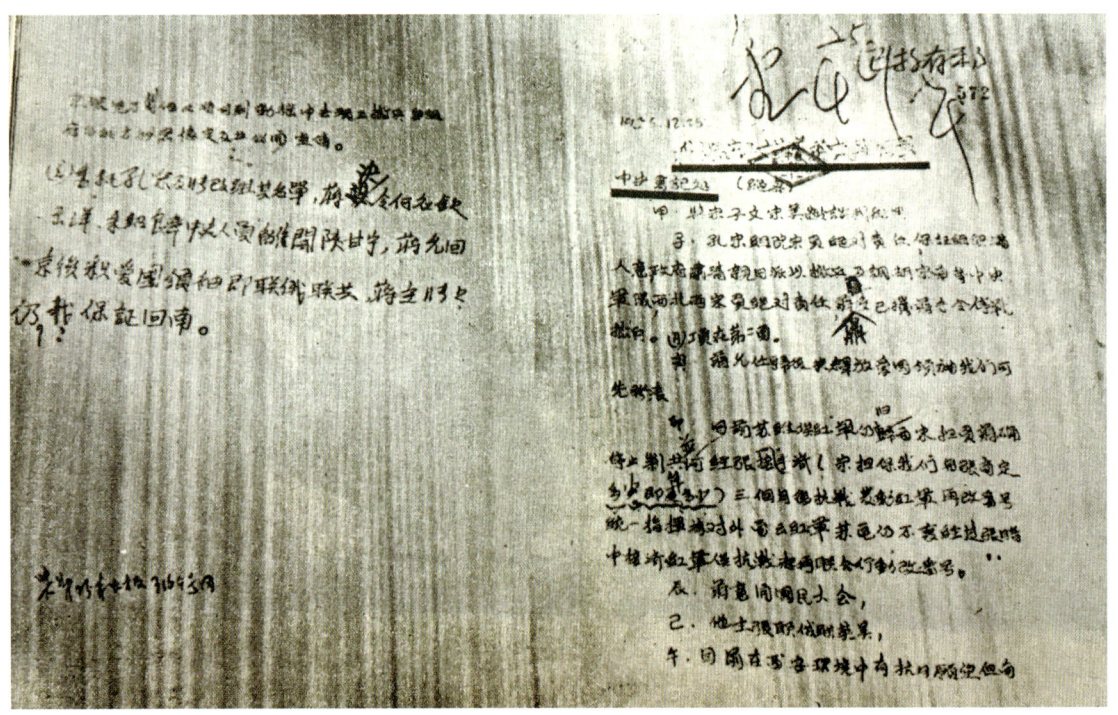

　　1936年12月25日，周恩来、博古（秦邦宪）关于与宋子文、宋美龄谈判结果及会晤蒋介石等情况给中共中央书记处的电报

第五节　张学良亲自送蒋介石回宁

经过两三天个别谈话、双边协商和三方会议谈判，蒋介石以口头承诺的方式答应了和平解决西安事变的六项协议，并表示"以领袖人格担保"其实现。因此，释放蒋介石的问题就提上了议事日程。但是何时释放、如何释放还未确定。而张学良则认为，事变的目的已经达到，为避免夜长梦多并维护蒋介石的威信，当不惜"以七尺之躯，换得主张之实现"，决定亲自送蒋介石回南京。12月25日下午4时，张学良、杨虎城陪同蒋介石、宋子文、宋美龄、端纳等到西郊机场。在机场，张学良将自己的手谕交给杨虎城，希望他走后由杨虎城代理其职，并会同于学忠指挥东北军。蒋介石在机场又对张学良、杨虎城复述了一遍他已答应的六项协议，还加上了一句"西北各省军政，统由张学良、杨虎城两位将军负其全责"的话，并说："我答应你们的那些事，我回南京后一一都可实现，你们放心。"又说："今天以前发生内战，你们负责，今天以后发生内战，我负责"，"今后绝不'剿共'，我有错，我承认，你们有错，你们亦应承认。"当天，蒋介石、张学良、宋美龄、宋子文等由西安飞抵洛阳，第二天到达南京。

张学良送蒋介石回南京时，在西安机场亲自交给杨虎城的手谕。内容为："弟离陕之际，万一发生事故，切请诸兄听从虎臣、孝候指挥，此致 何、王、缪、董各师长。以杨虎城代理余之职。"手谕上的何、王、缪、董系指东北军的何柱国、王以哲、缪澂流、董英斌四位军长，虎臣即杨虎城，孝候即于学忠

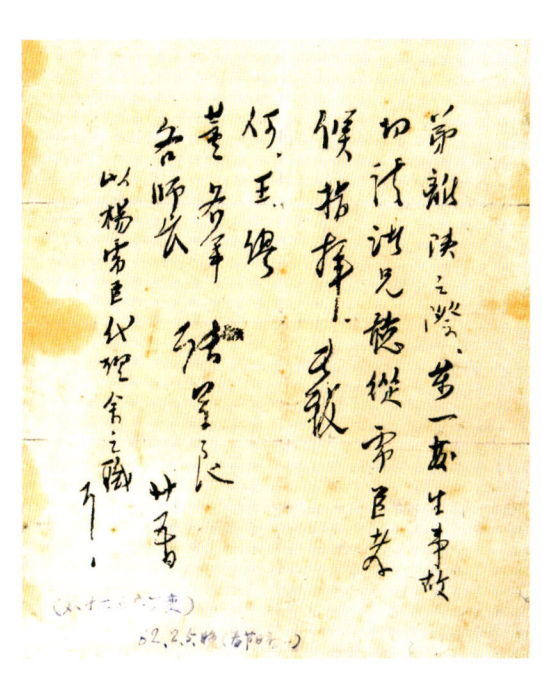

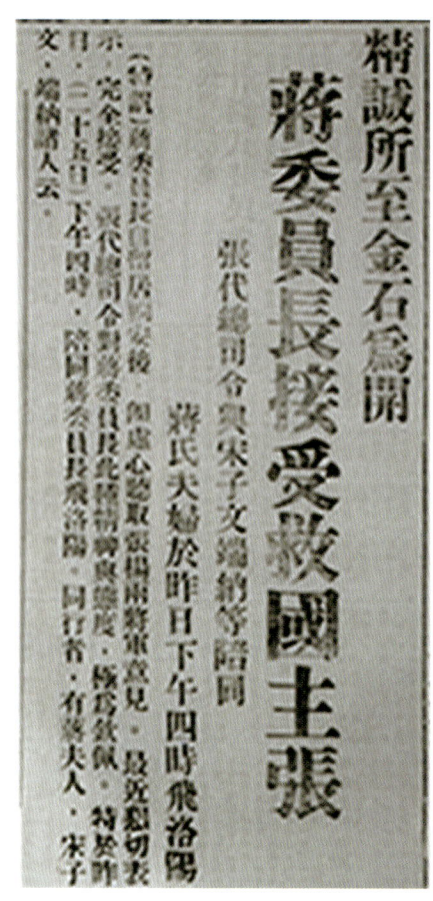

西安《解放日报》关于蒋介石离开
西安的"特讯"报道

1936年12月25日，张学良送蒋介石回南京，当天抵达洛阳。26
日中午，蒋介石从洛阳飞抵南京。当日下午，张学良与宋子文同机
到达南京。图为张学良在洛阳机场换机时留影。右方穿白色西装者
为张学良，手拿礼帽者为宋子文

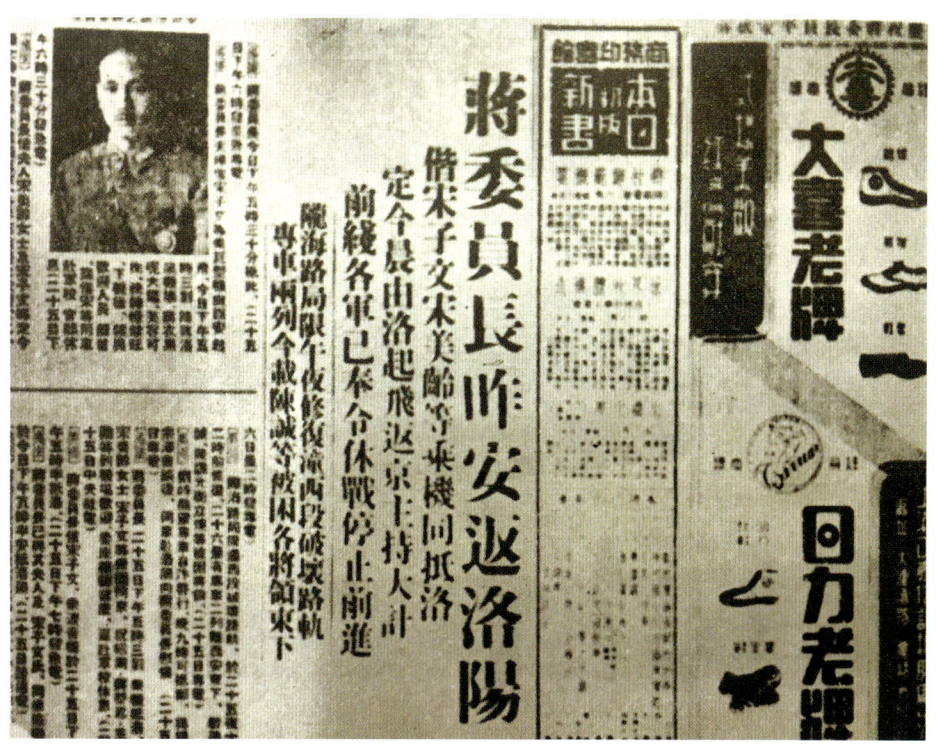

1936年12月26日，上海《大美晚报》关于蒋介石到达洛阳的报道

对张杨的训词

蒋介石

此次西安事变，实为中国五千年历史绝续之所关，亦为中华民国存亡极大之关键，与中华民族人格高下之分野。今日尔等既以国家大局为重，决心送余回京，亦不再强勉我有任何签字与下令之非分举动，亦并无何特殊之要求，此不仅我中华民国转危为安之良机，亦为中华民族人格与文化高尚之表现。中国自来以知过必改为君子。此次事变得此结果，实由于尔等男于改过，足为我民族前途增进无限之光明。以尔等之人格与精神能受余此次精诚之感召，尚不愧为我之部下。尔等所受感应尚能如此迅速，则其他之人更可知矣。尔等过去受反动派之煽惑，以为余待人不公或对革命不诚。现在余一年以来之日记约有六万余言，两月来之公私文电及手拟稿件亦不下四五万言。此外各种救国计划及内政外交军事财政教育等各种政策与方案，总共不下十余万言。尔等均已窝目。在此十余万言中，尔等必已洋细检阅，其中是否有一言一字不为国家而为自私？是否有一丝一毫不诚不实自欺欺人之事？余自兴学带兵以来，

1936年12月25日下午5时45分，蒋介石由西安飞抵洛阳，即令陈布雷以最快的速度写了《对张杨的训词》。训词中表明对张学良、杨虎城训话的地点是在西安。并于12月27日在南京公诸报端。图为《对张杨的训词》的开头部分

蒋介石回到南京后，随即软禁了张学良。国民政府以李烈钧为审判长，朱培德、鹿钟麟为审判官，组成了最高军事法庭，对张学良进行审判。12 月 31 日，张学良被判处有期徒刑 10 年，褫夺公权 5 年。当日下午 2 时，蒋介石又提出对张学良"特赦"，但仍交军事委员会"严加管束"。

　　与此同时，蒋介石决定"以政治为主，军事为从的方略，以解决西北问题"，从两个方面对西安施压。除收买利诱、加紧政治分化外，蒋介石又调集五个集团军的兵力，对西安形成东西夹击的态势。1937 年 1 月 5 日，由杨虎城、于学忠领衔，东北军和第十七路军的主要将领发表了抗议国民政府妄图重新挑动内战的通电，亦即著名的"歌电"。张学良在失去自由的情况下也十分气愤，准备以死抗争，他于 6 日晚连写五封带有遗嘱性质的留言，托付后事。其中，给当国诸公留言道："余诚意救国，到现在反成为误国。余平生以信义自许，不期有今日。余最痛心者，为日本小鬼所快意。余不愿见亡国之事，愿自了，而使他事好了，并盼当国诸公，良心上加以醒觉。介公方面，余已再三陈之矣。想介公聪慧过人，乞再察良言，良为三叩首矣。"为此，南京方面不得不在善后谈判中做出一定的让步，其对红军的政策也开始有了较为切实的转变。

　　然而，就在潼关谈判达成协议开始撤军的关键时刻，东北军内部的战和之争却日趋激烈。在如何营救张学良这个问题上，两派之间分歧极大。以应德田、苗剑秋、孙铭九等为首的少壮派主张以武力同国民政府抗衡，不惜一战，营救少帅；而以王以哲、于学忠、何柱国等为主的元老派，则主张和平营救张学良。双方矛盾僵持不下。

　　2 月 2 日，应德田、孙铭九指派卫队二营五连连长于文俊带领一排人闯入王以哲家中，枪杀了卧病在床的王以哲，酿成了东北军"二二事件"。宋学礼、蒋斌、徐方同时遇害，东北军最早的联共使者高福源也于次日被刘多荃派人诱杀。周恩来、杨虎城力挽狂澜，很快平息了事件。

　　2 月 4 日，由杨虎城、于学忠领衔，东北军、第十七路军的 7 名高级将领，通电发表《和平宣言》，说明西安事变经过，申述事变的目的是"内求和平，外求抗日"。2 月 8 日，中央军开入西安；次日，顾祝同率西安行营人员正式进驻西安。至此，西安事变最终和平解决，东北军、第十七路军和红军"三位一体"的地区性格局已悄然隐去，而国共两党谈判合作、共同抗战的全国性格局则迅速彰显于中国政治的前台。

第一节　蒋介石的对陕方略及报复

蒋介石回到南京后，一方面通过发表歪曲事实真相的《对张杨训词》和组织军事法庭会审报复张学良，以证明自己的"清白"；另一方面则重操"引咎辞职"、以退为进的故伎，很快恢复了国民政府军事委员会委员长、国民党中央常务委员会副主席（主席胡汉民已去世）、中央政治委员会副主席（主席汪精卫尚在归国途中）的职务。事实上，蒋介石的声望和权威不仅没有降低，反而备受推崇和颂扬。除了不明真相的民众外，许多对其抱有"异心"的地方实力派和汪精卫也多次致电慰问、祝贺。

然而，就在新一轮拥蒋浪潮中，国统区的舆论界也提出了大量新的建议、要求、批评和主张。如提醒蒋介石和国民党"整个地需要自己检讨"；希望事变善后的所有纠纷"均得迅速顺利解决"，并要求革新以"虚与位置"为特征的"官僚政治"；认为"当权者与其责备青年，不如多责备自己"，并要求"以民族利益为中心"，自主自立，自信自强，自力更生，以"御侮救国"；批评国民党在训政时期"仍未全脱军政色彩"的弊端，要求改善政治结构，建设"有治人也要有治法"的"政治的常轨"，使中国的政治走向"正规化、近代化"等。这一切，都无疑加重了重掌大权的蒋介石的心理压力。有鉴于此，国民政府于 12 月 29 日发布命令："即日停止军事行动，并将讨逆军总司令部及东、西两路集团军总司令部一并撤销。"而已被中共视为中间派的蒋介石，原本就对日本的侵略强烈不满，也进行了一定的抗战准备，回宁后尽管罔顾道德信义，软禁了张学良，但却在涉及国策问题的抉择上又不能不接受自他掌权以来最为刻骨铭心的教训，既不敢也不愿再冒天下之大不韪，只得如履薄冰似地谨慎对待"善后处理"。他此后连续五六次将双方破裂的时间向后推延，并对西安做出适当让步，尤其是逐步兑现他在西安的主要承诺，就是证明。1937 年元旦，蒋介石召见朱培德、顾祝同、熊式辉、朱绍良、林蔚等会商，决定"以政治为主、军事为从方略，解决西北问题"；同时曲解和歪曲西北形势，为其兵压西安制造借口。1 月 5 日，国民政府发布"陕甘军事善后办法"，旨在由中央军控制西北主要地区，并对杨虎城、于学忠撤职留任，派顾祝同为西安行营主任。此外，又以命令的方式任命孙蔚如为陕西省政府主席、王树常为甘肃绥靖主任。接着，蒋介石又根据张学良意见并加以修改，提出了甲、乙两个方案，要求西安方面只能任择其一。其中，甲案对西安的"三位一体"有利，乙案则意味着"三位一体"的分离。

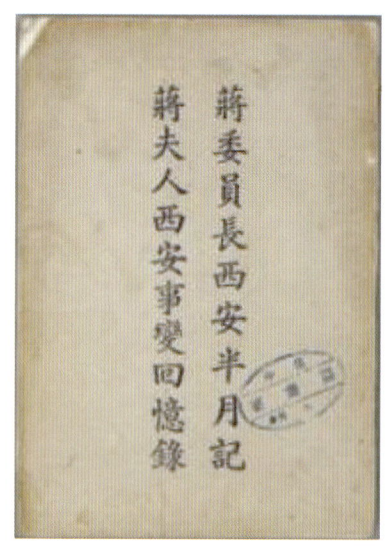

蒋介石的《西安半月记》（由陈布雷事后整理）和宋美龄的《西安事变回忆录》合刊本

1936年12月31日，国民政府军委会遵蒋介石令组织军法会审，判处张学良有期徒刑10年，褫夺公权5年。图为1937年1月1日南京《中央日报》的报道

1936年12月31日下午2时，蒋介石提出对张学良"特赦"，但仍交军事委员会"严加管束"。从此张学良失去自由长达半个多世纪。图为1937年南京《中央日报》的报道

1937年1月5日，南京政府行政院决议：任命顾祝同为西安行营主任；杨虎城、于学忠撤职留任；孙蔚如为陕西省政府主席；王树常为甘肃绥靖主任。图为1937年1月6日南京《中央日报》的报道

第二节　宁陕博弈与西安的战和之争

　　1937年元旦，由于不知道张学良受审后被扣押，西安宣布放假三天，"人们的希望在迅速增长"。为庆祝元旦，西安的《解放日报》和《西北文化日报》发表了张学良、杨虎城以拥蒋为主旨的《告东北军将士》《告官兵书》《告民众书》；当日下午，西安军民在西关大操场举行了盛大热烈的阅兵式和市民大会。杨虎城在阅兵前发表了热情洋溢的演讲，希望大家"一致在我们革命领袖蒋委员长、张副司令的领导下共同奋斗，打倒日本帝国主义，收复失地！"然而，风云突变，当国民政府软禁张学良又兵压西安的消息传来，军民群情激愤。1月5日，由杨虎城领衔、第十七路军和东北军9名高级将领向全国发出"歌电"，强烈抗议国民政府扣押张学良和纵兵西进。同时，红军主力应请求迅速南下邠县（今彬县）、三原、咸阳、蓝田、商雒（今商洛）。西安方面坚持维护三位一体的团结，并对防御作战做了相应的部署。宁陕道上，剑拔弩张与樽俎折冲纵横交织。但是，随着时间的推移和宁陕博弈的不断变化，西安方面在营救张学良的方式上产生了战和之争，尤其是在东北军内部，这种争论十分激烈，最后发展到不可调和的程度。

　　1937年元旦，西安军民在西关操场举行了盛大的阅兵式和市民大会。杨虎城在阅兵开始前发表演说，号召各武装同志"振奋自己，健全自己，以最大的决心，到日本帝国主义炮火之下去牺牲，以达到保卫祖国收复失地的神圣任务"

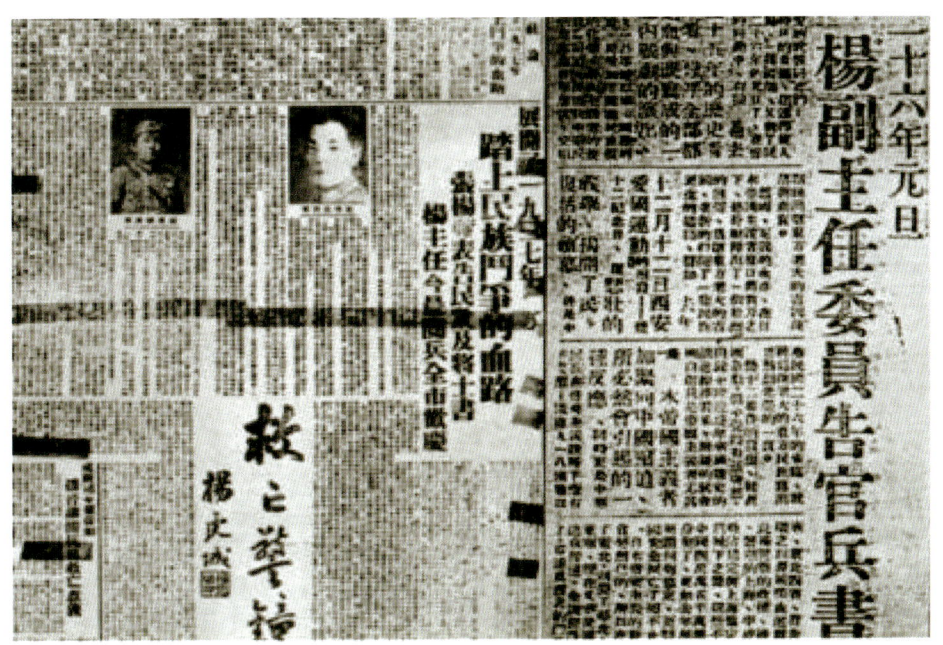

《西北文化日报》发表张学良《告东北军将士》、杨虎城《告官兵书》
和《告民众书》。由于不知道张学良受审后被扣押，上述所有文告和杨虎城
在阅兵式上的演讲，字里行间表现出的都是拥蒋抗日的热望和决心

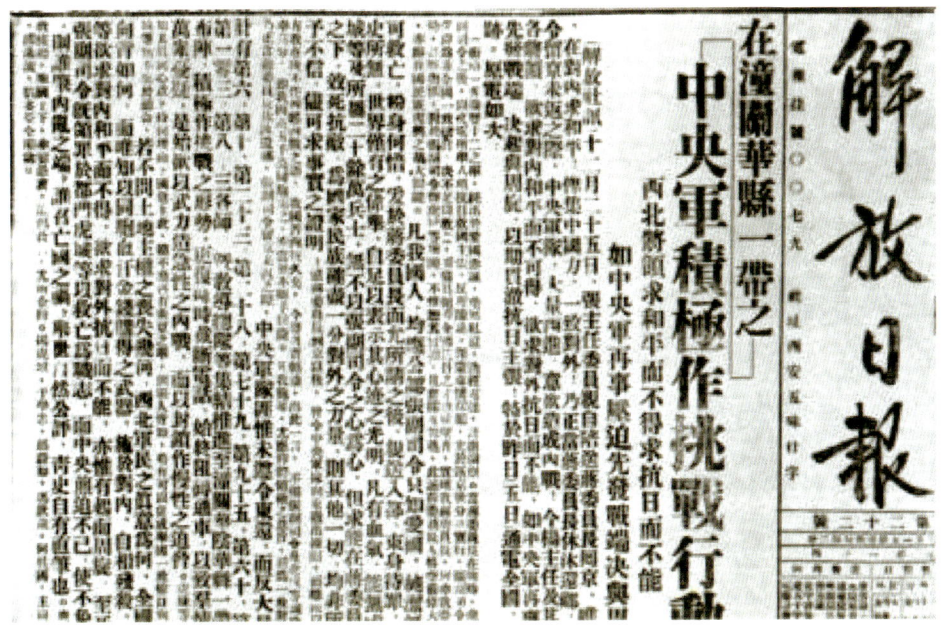

1937年1月5日，风云突变，当得知国民政府扣押张学良又纵兵西进的
消息后，东北军、第十七路军高级将领杨虎城、于学忠等9人联名发出"歌
电"，通电全国，严正抗议国民政府扣押张学良和妄图重新挑起内战的阴
谋。图为1月6日西安《解放日报》关于"歌电"的报道及电文

1937年1月6日，西北各界救国联合会致电蒋介石，敦促蒋介石实行诺言，驱逐亲日分子，发动抗战

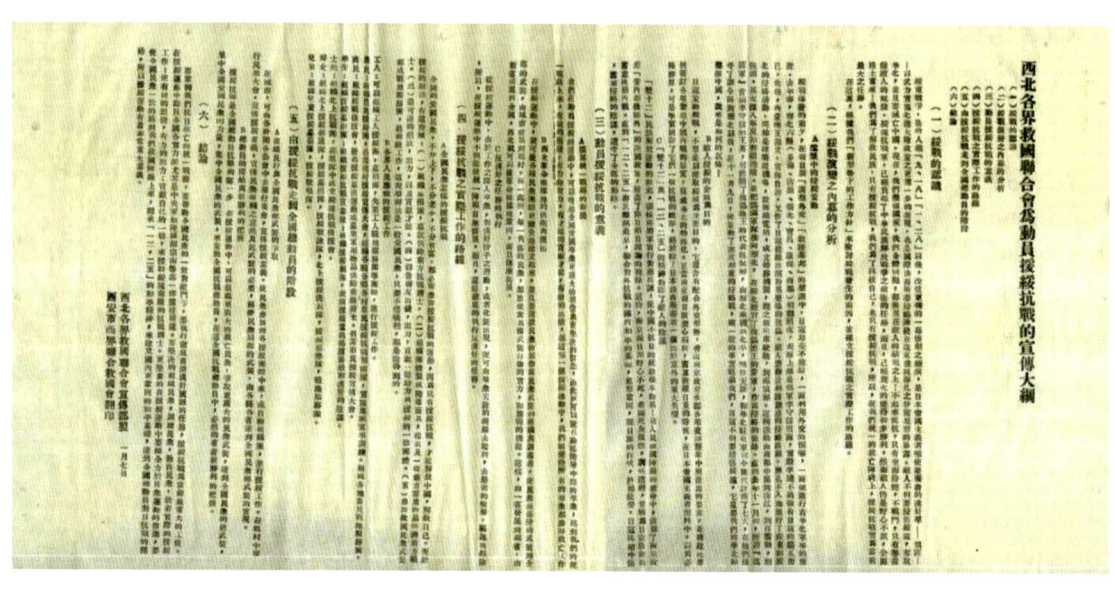

1937年1月7日，西北各界救国联合会印发的《为动员援绥抗战的宣传大纲》

1937年1月9日，西北各界救国联合会、西安学生救国联合会等民众团体十余万余人在革命公园举行武装游行示威，反对内战，要求抗日

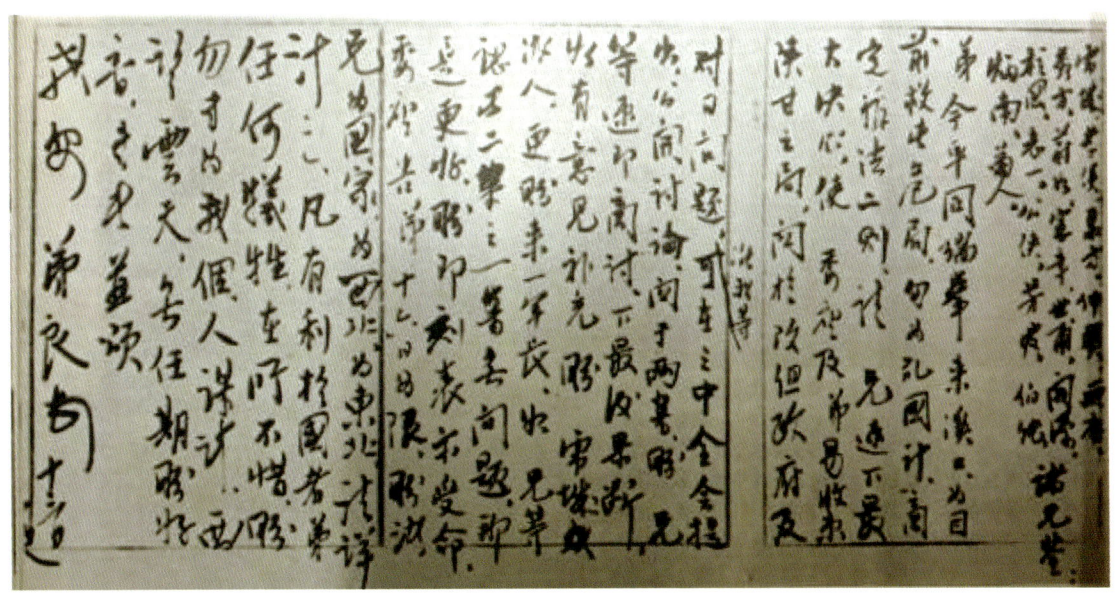

1937年1月13日，张学良在溪口写给杨虎城等17人的信

1937年1月16日至25日，西安方面派出第十七路军驻南京代表李志刚和东北军代表鲍文樾、米春霖多次往返西安与南京、奉化之间，与蒋介石交涉，以争取张学良返回西安。图为第十七路军驻京代表李志刚（左三）在南京机场

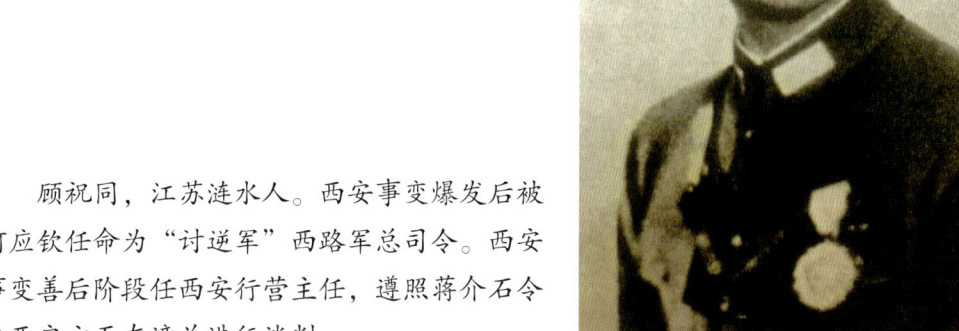

顾祝同，江苏涟水人。西安事变爆发后被何应钦任命为"讨逆军"西路军总司令。西安事变善后阶段任西安行营主任，遵照蒋介石令与西安方面在潼关进行谈判

第三节　中央军入西安与"三位一体"的分离

　　1937年2月8日，国民党军第三十六师师长宋希濂率部和平进入西安。2月9日，顾祝同以西安行营主任的身份进驻西安。随后，中共红军、东北军和第十七路军分别开始与顾祝同谈判，"三位一体"事实上已趋于分离。2月10日，中共中央致电即将召开的国民党三中全会，提出五项要求和四项保证。2月15日，国民党五届三中全会在南京召开，决定将"武力剿共"改变为"和平统一"，实际上接受了中共和张学良、杨虎城关于国共合作抗日的主张。3月2日，东北军发表《致西北同胞书》；从3月3日起，东北军陆续撤离陕甘。至此，"三位一体"成员在完成了逼蒋抗日的重大使命后各归其位，只保留了朋友关系。

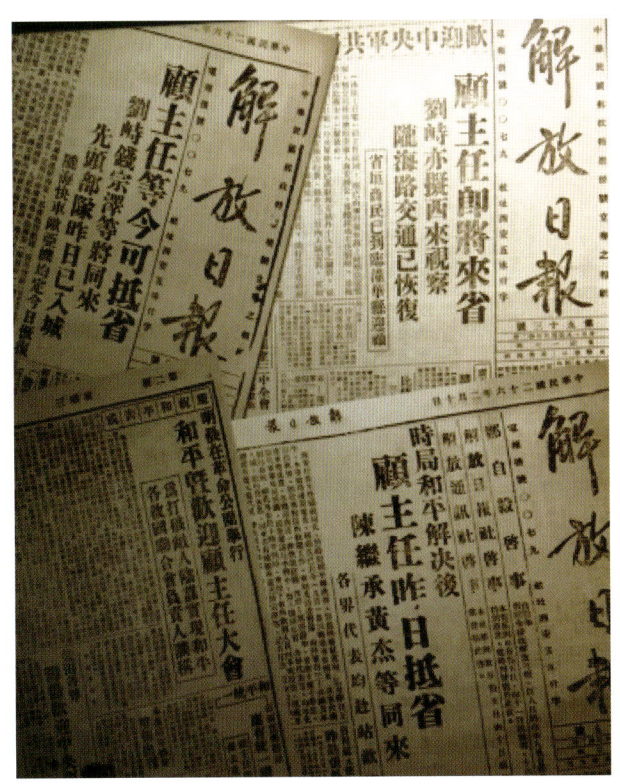

1937年2月8日，中央军和平进驻西安。次日，顾祝同到达西安，履行其西安行营主任职责。图为西安《解放日报》的相关报道

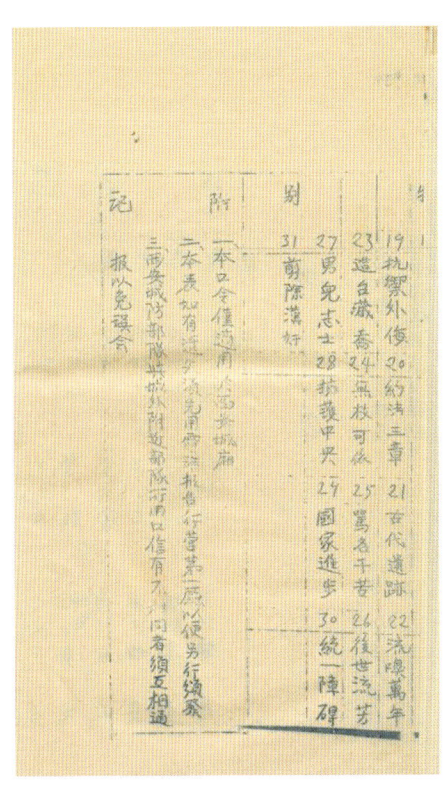

中央军进入西安后的1937年2月中下旬，西安行营发布的第一号口令对照表

1937年2月17日，张学良于奉化溪口雪窦山再次致信杨虎城。这封信是张学良委托何柱国带给杨虎城的。信中的"奋"字，应为"偾"

杨虎城在新城广场向各级军官讲话，宣传西安事变和平解决的意义，说明当前的形势

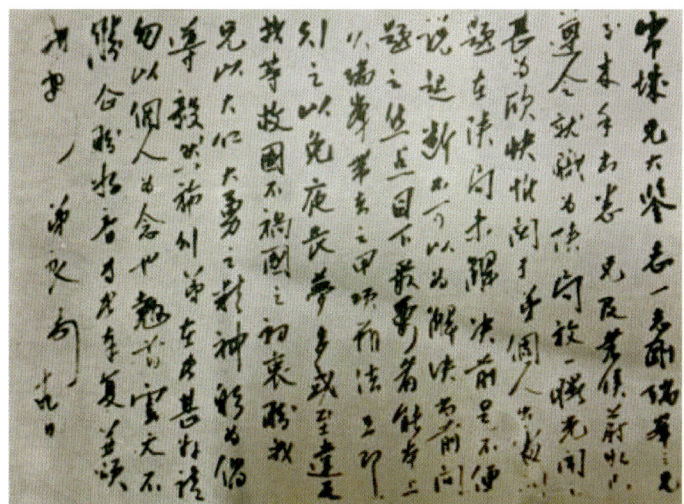

1937年2月19日，张学良在溪口雪窦山第三次致信杨虎城

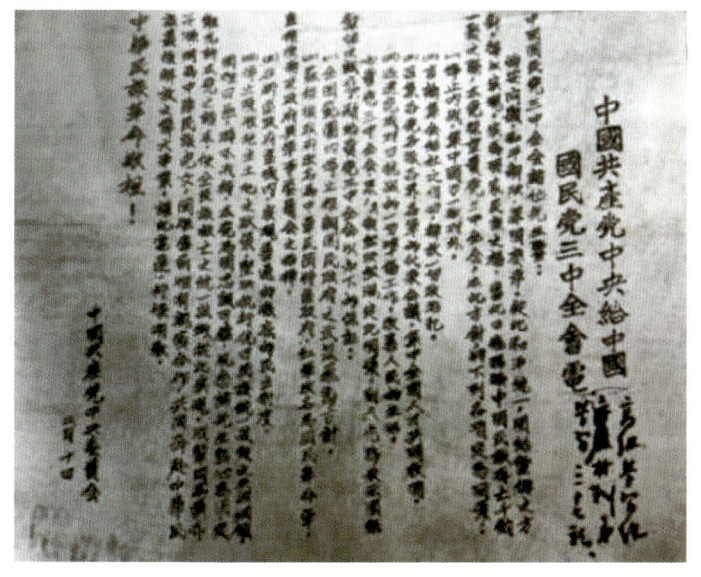

1937年2月10日，中国共产党中央委员会致电中国国民党三中全会，提出五项要求和四项保证，以实现两党重新合作，团结御侮。该电得到宋庆龄等国民党左派和各界爱国人士的热烈赞许

国民党第五届候补
中央执行委员宋庆龄

宋庆龄、何香凝、冯玉祥等向国民党五届三中全会提案，呼吁恢复孙中山"三大政策"

国民党第五届候补中央执行委员于学忠（左）、国民党第五届中央监察委员杨虎城（右）

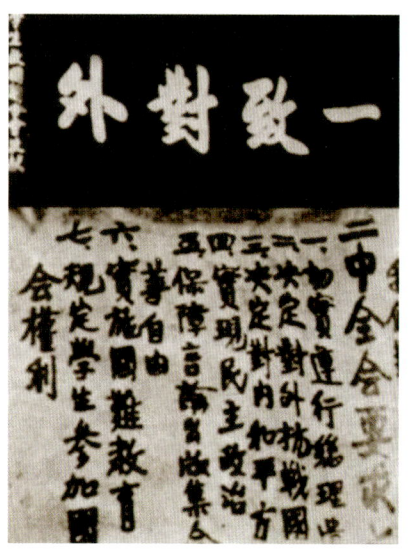

北平学生救国联合会向国民党五届三中全会献旗，要求"一致对外"

1937年4月30日，杨虎城在西安新城大楼举行宴会，庆祝西安事变和平解决。前排左起第七人杨虎城，第八人顾祝同，第九人周恩来

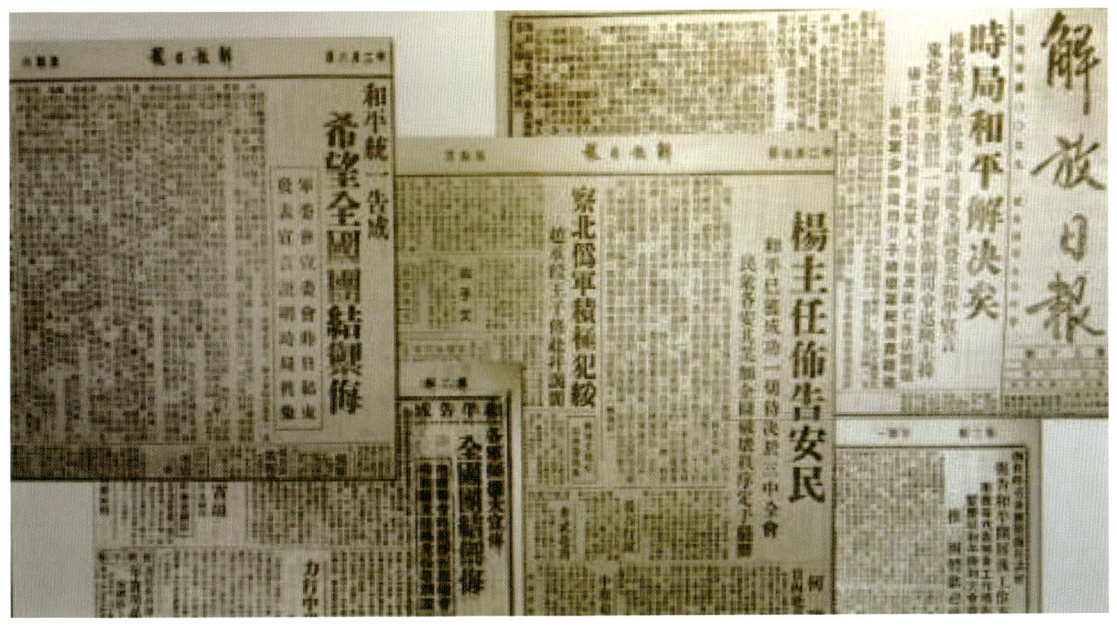

西安《解放日报》对西安事变和平解决的相关报道

1937年5月，国民政府军事委员会下令第十七路军合并改编为第三十八军，军长孙蔚如。图为1937年5月25日国民党《中央日报》关于西安绥靖公署撤销的报道

第九章　张学良、杨虎城功绩永垂青史

具有强烈爱国情怀的张学良、杨虎城两位将军，以逼蒋抗日为出发点，发动了震惊中外的西安事变。事变发生后，又不顾个人安危得失，以民族大义为重，在中共及国民党内部有识之士的共同努力下，通过和平谈判，释放了蒋介石，最终使事变得以和平解决。西安事变的和平解决，挫败了日本侵略者和亲日派的阴谋，促进了国内和平的初步实现，对国共两党的再度合作起了重大的推动作用，为全民族抗战的实现准备了必要的前提，因而成为时局转换的枢纽。

　　西安事变的两个主角却受到了极不公平的待遇：张学良将军送蒋介石回南京反被"严加管束"，失去自由长达半个多世纪；而杨虎城将军在长达 12 年的非人般囚禁后惨遭杀害。作为中华民族的千古功臣、民族英雄，他们的丰功伟绩将永垂青史！爱国主义精神将世世代代永放光芒！

第一节　国共合作谈判与相互让步

　　西安事变及其和平解决，促成了国共两党第二次合作。1937年2月中旬到9月，国共两党进行了多次谈判，相互让步，取得谅解。中共先后派出周恩来、秦邦宪、叶剑英、林伯渠等在西安、杭州、庐山、南京同国民党代表进行了一系列谈判。在此期间，国共两党曾共祭黄帝陵，国民政府也派出国民政府军事委员会委员长西安行营考察团到红军驻地进行考察。七七事变爆发后，周恩来向蒋介石递交了《中共中央为公布国共合作宣言》。1937年8月21日，南京方面同意将红军改编为国民革命军第八路军并成立第八路军总部。9月22日，国民党中央社公开发表了《中国共产党为公布国共合作宣言》。次日，蒋介石发表谈话，公开承认中国共产党的合法地位，并表示要不计前嫌、共赴国难。至此，第二次国共合作正式开始，以国共合作为基础的抗日民族统一战线正式形成。

　　西安事变和平解决后，中共先后派出周恩来、秦邦宪、叶剑英、林伯渠等在西安、杭州、庐山、南京同国民党代表顾祝同、张冲、蒋介石等就国共合作问题进行了一系列谈判。图为1937年2月中旬，国共谈判代表在西安南郊的合影。左起：叶剑英、周恩来、张冲

1937年5月，国共谈判期间，国民党派出以涂思宗为团长的"国民政府军事委员会委员长西安行营考察团"到延安和陕西关中、甘肃东部等红军驻地考察。图为毛泽东等在延安与考察团成员合影。左起：叶剑英、邵华、朱德、涂思宗、毛泽东、萧致平

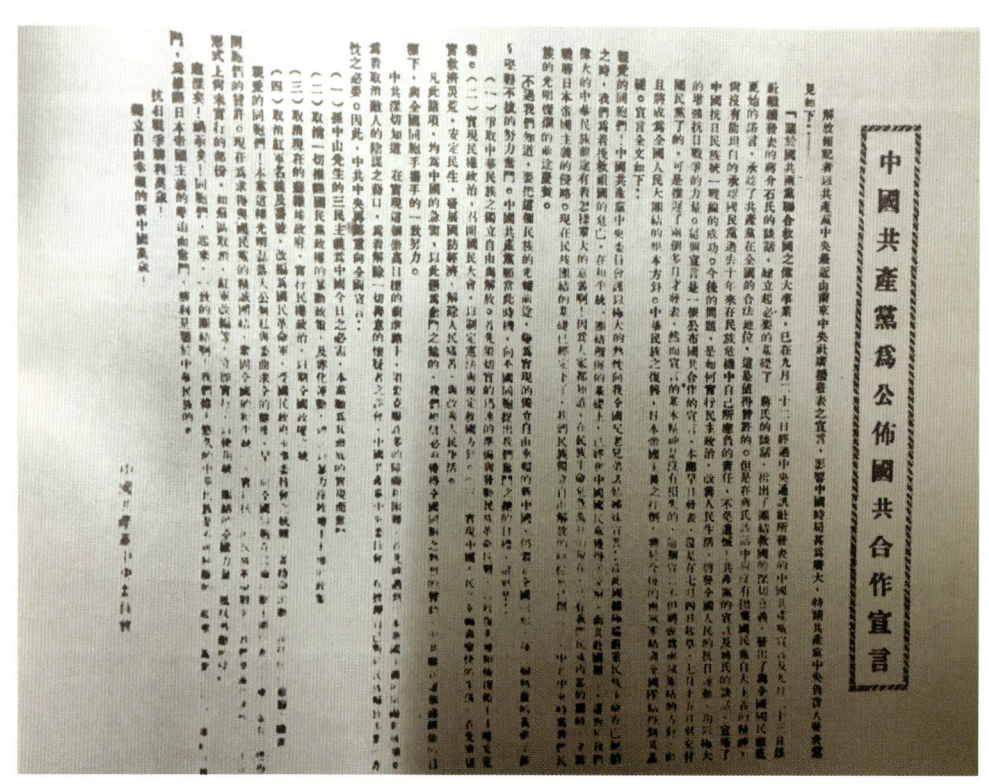

1937年9月22日，国民党中央社发表的《中国共产党为公布国共合作宣言》

第二节　全民族团结抗战

　　第二次国共合作形成后，国共两党带领全国军民一致抗日。1937年7月17日，蒋介石在庐山发表谈话说："我们知道，全国应战以后局势，就只有牺牲到底，无丝毫侥幸求免之心理。如果战端一开，那就是地无分南北，人无分老幼，无论何人，皆有守土抗战之责任。"7月30日，国民政府发表《告抗战全体将士书》称："和平既然绝望，只有抗战到底。"8月14日，国民政府发表《自卫抗战声明书》，表示"中国为日本无止境之侵略所逼迫，兹不得不实行自卫，抵抗暴力。"蒋介石与国民政府的上述谈话、声明的发布，确定了抗战的方针，受到中共和全国同胞的热烈欢迎与支持。1937年8月底至9月间，由红军改编后的八路军各师健儿从渭北出发，东渡黄河，挺进华北抗日前线。

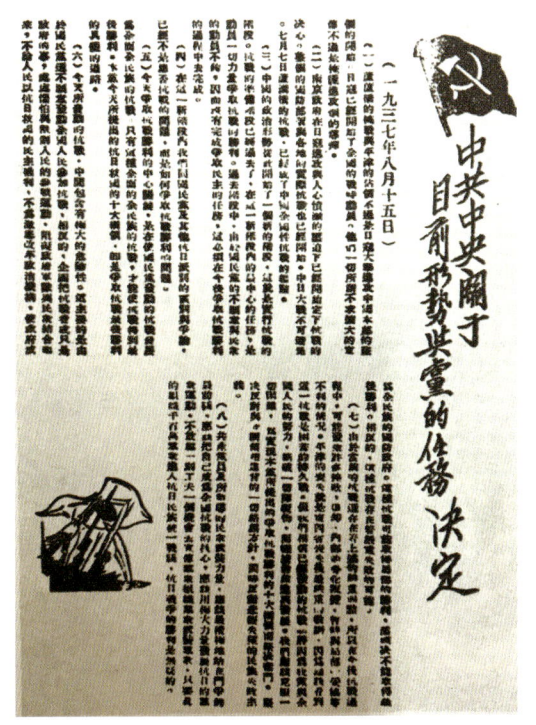

1937年8月中共洛川会议通过的
《关于目前形势与党的任务的决定》

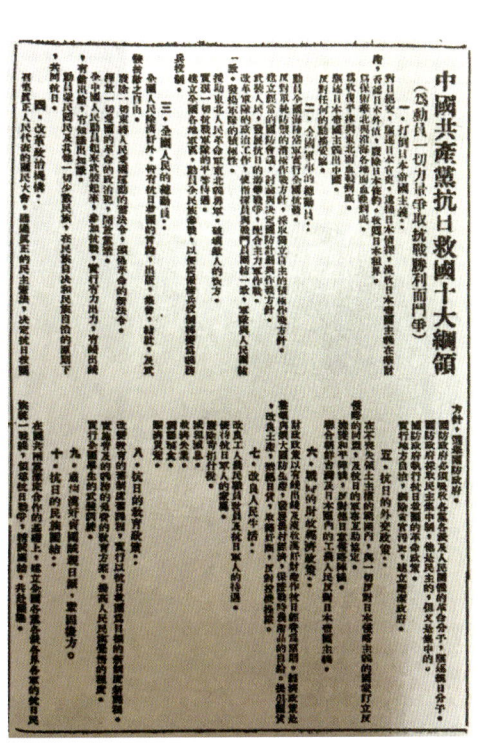

1937年8月中共洛川会议通过的《抗日救国十大纲领》

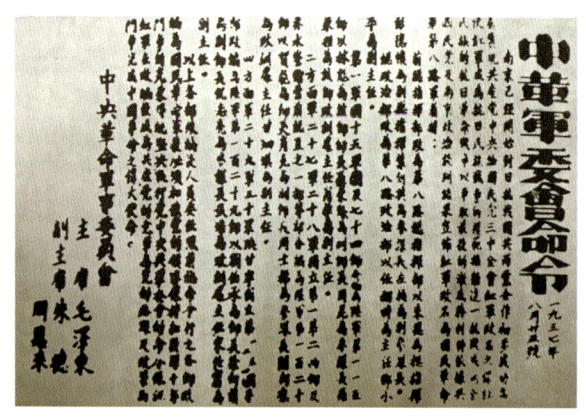

1937年8月25日，中共中央革命军事委员会关于红军改编为国民革命军第八路军的命令

1937年10月2日，国民政府军事委员会宣布，将南方八省十三个地区的红军游击队改编为国民革命军陆军新编第四军。中共中央革命军事委员会任命叶挺为军长、项英为副军长兼政治委员。图为新四军部分领导人在皖南的合影，左起：陈毅、项英、袁国平、李一氓、朱克靖、粟裕、叶挺

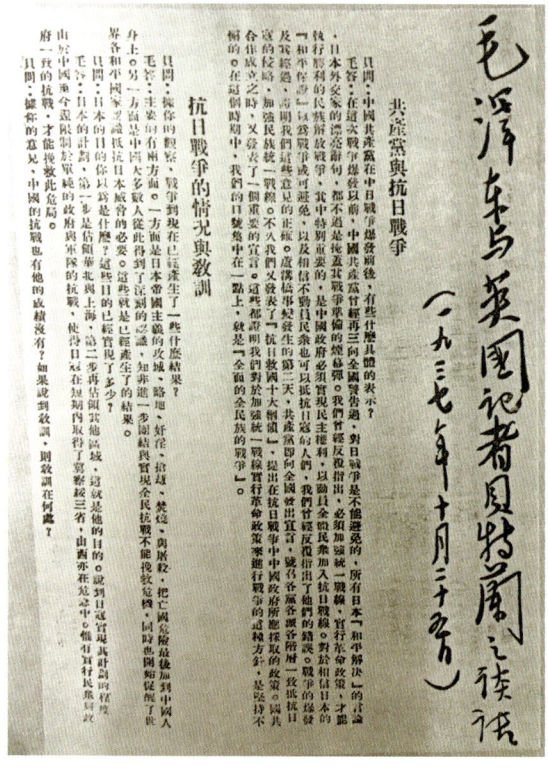

1937年10月25日，毛泽东就抗日战争问题与英国记者贝特兰的谈话

第三节　西安事变的历史地位

西安事变及其和平解决，迫使蒋介石放弃了"攘外必先安内"方针，将国共之间你死我活的内战转化为两党携手合作、共同御侮，将各自为政、相互掣肘、分散片面的局部抗战转变为举国一致的全民族团结抗战，为抗日战争的最终胜利奠定了坚实的基础。然而，西安事变善后阶段王以哲、高福源等人无辜被害，作为西安事变的两位主角，张学良将军被关押，失去自由达半个多世纪，杨虎城将军被囚禁 12 年后又惨遭杀害。张学良、杨虎城将军是中华民族历史上名垂青史的"千古功臣"民族英雄。

第二次国共两党合作实现后，延安大礼堂的旗帜和标语

　　1937年5月2日至14日，中国共产党在延安召开全国代表会议，规定了党在新阶段"巩固和平""争取民主""实现抗战"的新任务，为迎接全国抗日战争的到来做了新的准备。图为会议现场

　　1937年7月17日，蒋介石在庐山发表抗战演说："如果战端一开，那就（是）地无分南北，人无分老幼，无论何人，皆有守土抗战之责任"

1936年12月25日，张学良亲送蒋介石回南京后，反遭蒋的扣押，开始了长达半个多世纪的幽禁岁月。图为张学良被幽禁路线示意图

张学良被囚禁贵州期间，曾在贵阳花溪作七律《答诗友》一首，表示他只承认"以下犯上""违犯纪律不敬"之罪，并不认为西安事变本身有什么错。诗曰：

犯上已是祸当头，作乱原非余所求。

心存广宇壮山河，意挽中流助君舟。

春秋褒贬分内事，明史鞭策固所由。

龙场愿学王阳明，权把贵州当荆州。

杨虎城出国前在上海国际饭店留影

1950年2月7日，杨虎城将军遗体被安葬于西安市韦曲镇杜公祠西侧

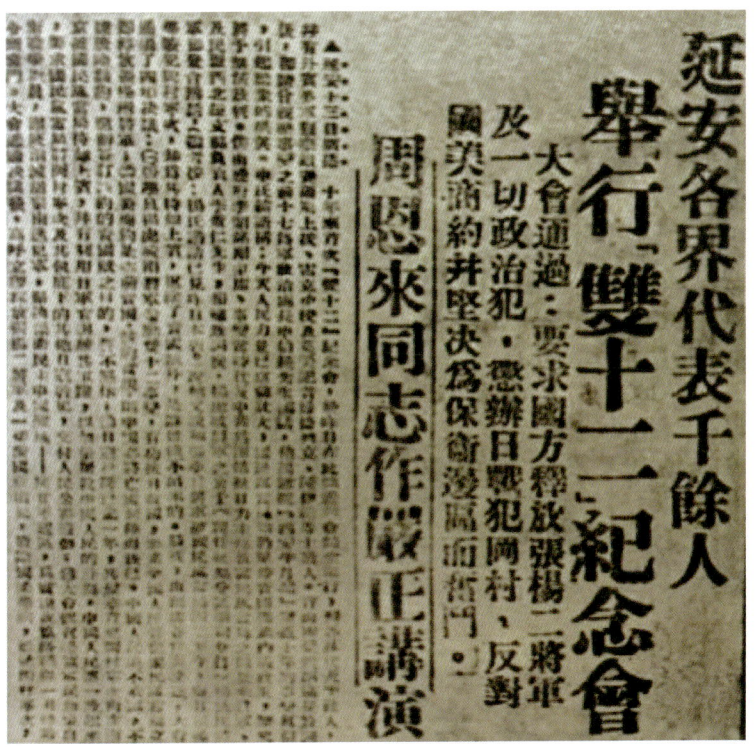

1946年12月12日，延安各界举行西安事变十周年纪念会。图为延安《解放日报》的报道

周恩来同志
在延安各界举行"双十二"十周年
纪念大会上的讲话

（一九四六年十二月十二日）

诸位先生，诸位同志：

双十二事变过了整整十年了。中国从内战转入抗战，现在又不幸的回到内战。这是值得大家研究的一段历史教训。

不管现在又回到内战，中国总经历了八年的抗日战争阶段，日本法西斯被打倒了，抗日的人民军队强大起来了，一万万四千万人口的地区在中国共产党领导下得到了真正的解放，在那里，人民实行民主，农民获得土地，而全中国人民在这种教育之下，亦认识了一个强大帝国主义是可以被打倒的，这就是双十二事变的历史收获。

双十二事变本身的意义，是在它成为当时停止内战发动抗战的一个历史上的转变关键。九一八事变以后，人民已日渐不满于国民党当局的对日不抵抗政策，尤其是在中国共产党领导人民武装北上抗日与号召全国建立抗日民族统一战线之后，全国人民要求停止内战实现抗日的呼声，更因之日益广泛，并影响到当时的"剿共"军队，首先影响到在内战前线的东北军与十七路军。经过一二九学生运动，全国救亡运

1946年12月12日，周恩来在延安各界纪念西安事变十周年大会上发表讲话

周恩来同志
在纪念西安事变二十周年
座谈会上的讲话

（摘要）

（一九五六年十一月十六日）

一九五六年十一月十六日中央统战部在北京召开了西安事变二十周年纪念座谈会。东北、西北两方面参加过西安事变的约有百人参加。

周总理在讲话中，首先谈到召开纪念座谈会的意义。周总理说，西安事变是值得纪念的，但是纪念也要适合当时的形势。十年前，西安事变十周年，那时正是蒋介石撕破和谈决议，大打内战的时候，我们在延安曾大张旗鼓地纪念过，那时开了大会，报纸上还发表了些纪念文章。今年是二十周年，也值得大做，但今年正是提出争取台湾和平解放的时候，所以今年只是小规模地请大家座谈一下，不开大会。

针对过去有人说西安事变张杨的用意是好的行动是不对的，假如那时一枪把蒋介石打死了岂不是天下大乱，给日本人道机会，更促使中国灭亡吗？周总理说，由于西安事变，张杨两将军是千古功臣，这点是肯定的。即使当时一枪打死蒋介石，也是千古功臣，那样不过再大打一阵内战，东北军

1956年11月26日，中共中央统战部在北京召开西安事变二十周年纪念座谈会，周恩来到会并发表讲话

后　记

　　1936年12月12日，在日本帝国主义对华侵略不断扩大，中华民族面临亡国灭种深重灾难的危难时刻，国民党爱国将领张学良、杨虎城两位将军出于民族大义，毅然发动了震惊中外的西安事变。当天清晨，在西安临潼华清池响起了"兵谏"的第一声枪响。西安事变爆发后，在中国共产党的有力推动下，在国民党有识之士和有关各方的共同努力下，促成了事变的和平解决。西安事变的和平解决，成为时局转化的枢纽。此后，国共两党实现了第二次合作，结束了十年内战，基本实现了国内和平。由此，中华民族走上了全民族抗战的道路。西安事变也成为中华民族争取民族生存和解放的一个新的开端。

　　西安是西安事变的发生地，开展西安事变档案资料的汇集和保管工作，宣传西安事变对于中国近代史进程的重要意义，弘扬西安事变所昭示的爱国、统一、进步思想及其映射出的团结、合作、牺牲精神，是我们档案工作者义不容辞的责任和义务。近年来，在上级档案部门的支持下，西安市档案馆（局）开展了对社会散存的西安事变史料的征集和对馆藏西安事变档案史料的发掘整理工作，并在这方面取得了一定的成效。经过申请国家重点档案保护与开发储备项目，在国家档案局的重视支持下，西安市档案馆（局）从2016年年初开始，筹划围绕纪念西安事变八十周年、西安事变和平解决及抗战全面爆发抗日民族统一战线形成八十周年，编辑出版一册西安事变档案史料辑录，定名为《西安事变图文集》，以期通过公布、展示、解读档案史料，能够让各界人士深切领略到事变爆发时那风起云涌、撼人心魄的历史图画，深切缅怀那些为国家为民族付出巨大牺牲、做出巨大贡献的民族英雄、志士仁人。

　　为了使馆藏档案史料有效地与西安事变发生时宏阔的社会背景、曲折的发展进程、重要的历史意义有机结合起来，如实、客观地反映西安事变的来龙去脉和全貌，从而充分展现馆藏档案资料的价值，我们特邀了著名的中国近现代史研究学者、西北大学西安事变研究中心原主任李云峰先生担任《西安事变图文集》的总主编，并邀约石八民、刘东社、张天社等西安事变研究专家参与该书编纂工作。经过他们和本馆工作人员一年多时间的辛苦工作，历经曲折反复，这部《西安事变图文集》终于成稿付梓，即将呈现在读者面前的是一部吸收学界最新研究成果，注重学术性、全面性和权威性，同时又图文并茂、雅俗共赏的弘扬社会正气的精品图书。对此，我们由衷感到欣慰并对所有参与此书编纂的全体人员表示感谢。此外，在该书编纂过程中，西安事变纪念馆、陕西图书馆、陕西华清宫文化旅游有限公司、陕西杨虎城将军福利会、内蒙古农业大学等有关单位、团体也在提供历史资料等方面给予了许多帮助和支持，在此一并表示诚挚谢意！

回望历史是为了更好地展望未来。西安事变及其和平解决的目的，既是为了救亡图存，更是为了振兴中华，实现民族复兴。今天，在以习近平同志为核心的党中央的坚强领导下，我们比历史上任何时期都更接近中华民族伟大复兴的目标，比历史上任何时期都更有信心、有能力实现这个目标。继承和发扬贯穿于中华民族历史的伟大的爱国精神和以天下为己任的家国情怀，团结一切可以团结的力量，调动一切可以调动的因素，"两个一百年"奋斗目标和中华民族伟大复兴的中国梦一定能够实现！

西安市档案馆（局）

2025年5月